Soldes financiers des collectivités publiques

Publications Universitaires Européennes
European University Studies
Europäische Hochschulschriften

Série V
Sciences économiques

Series V Reihe V
Economics and Management
Volks- und Betriebswirtschaft

Vol./Band 3278

PETER LANG
Bern · Berlin · Bruxelles · Frankfurt am Main · New York · Oxford · Wien

Marc-Jean Martin

Soldes financiers des collectivités publiques

Explications théoriques et modélisation simultanée des recettes et des dépenses des cantons suisses

PETER LANG
Bern · Berlin · Bruxelles · Frankfurt am Main · New York · Oxford · Wien

Information bibliographique publiée par «Die Deutsche Bibliothek»
«Die Deutsche Bibliothek» répertorie cette publication dans la «Deutsche National-bibliografie»; les données bibliographiques détaillées sont disponibles sur Internet sous ‹http://dnb.ddb.de›.

Thèse présentée à l'IDHEAP, fondation associée à l'Université de Lausanne, pour obtenir le grade de docteur en administration publique.

Thèse publiée avec le soutien financier de la Chaire Administrations suisses et politiques institutionnelles de l'IDHEAP et du Fonds national suisse de la recherche scientifique (FNS).

ISBN 978-3-03911-479-5
ISSN 0531-7339

Hochfeldstrasse 32, Postfach 746, CH-3000 Bern 9
info@peterlang.com, www.peterlang.com, www.peterlang.net

Remerciements

Cet ouvrage reproduit presque à l'identique le mémoire de thèse que j'ai défendu le 21 septembre 2006 pour obtenir le titre de docteur en administration publique. Les seules différences avec le texte, déposé à l'Institut de hautes études en administration publique et à l'Université de Lausanne, relèvent du détail et ne concernent que la correction de coquilles ou la clarification de certains passages.

Dès lors, il me semble naturel de réitérer les remerciements que j'ai exprimés dans mon mémoire de thèse. Ainsi, je remercie Sonja, mon épouse, de son soutien continu, de ses précieux commentaires et de sa patience face aux nombreuses heures que j'ai consacré à ma thèse et à cet ouvrage.

J'exprime toute ma reconnaissance à mes parents d'avoir su valoriser l'importance des études et de m'avoir permis de les poursuivre au niveau universitaire.

Mes remerciements vont au professeur Nils Soguel, qui en tant que responsable hiérachique et directeur de thèse, a profitablement accompagné et stimulé ma progression et ma réflexion. Je le remercie en particulier d'avoir su me conseiller et me guider efficacement tout en me laissant travailler librement.

Mes remerciements s'adressent aussi aux membres de mon jury, au professeur Jaya Krishnakumar pour son engagement qui s'apparente à celui d'une codirectrice de thèse, aux professeurs Pascal Sciarini et Pascal St-Amour pour leurs jugements pertinents qui ont indubitablement contribué à la qualité de mon travail.

Je remercie Alain Schonenberger, Frederic Varone et Pascal Van Griethuysen d'avoir avantageusement accompagné les réflexions qui ont finalement débouché sur mon projet de thèse.

Je tiens encore à remercier Béatrice Hausmann, surtout, ainsi que Toni Beutler, Diego Rodriguez, Simon Iogna-Prat et Claudio Bologna de la qualité de leur relecture et de la valeur de leurs suggestions. Il va sans dire qu'ils ne doivent en aucun cas être considérés comme responsables des coquilles qui pourraient subsister.

Ma gratitude va aux nombreux collaborateurs des départements cantonaux des finances, ainsi qu'à Elisabeth Etter et Franziska Gholam de l'Administration fédérale des finances pour la rapidité et la précision des renseignements qu'ils m'ont fournis.

Finalement, je remercie mes amis, en particulier Florian Seydoux, de m'avoir encouragé durant les années nécessaires à la réalisation de ce travail.

Table des matières

Table des figures, des tableaux et des graphiques

Figures

Tableaux

Graphiques

Abréviations et acronymes

Liste des acronymes cantonaux

AG: Aargau
AI: Appenzell I.Rh.
AR: Appenzell A.Rh.
BE: Bern
BS: Basel-Stadt
BL: Basel-Landschaft
FR: Fribourg
GE: Genève
GL: Glarus
GR: Graubünden
JU: Jura
LU: Luzern
NE: Neuchâtel
NW: Nidwalden
OW: Obwalden
SG: St. Gallen
SH: Schaffhausen
SO: Solothurn
TG: Thurgau
TI: Ticino
UR: Uri
VD: Vaud
VS: Valais
ZG: Zug
ZH: Zürich
SZ: Schwyz

Liste des acronymes relatifs à l'économétrie*

DMC: Doubles Moindres Carrés (2SLS: Two-Stage Least Squares)
ECM: Error correction model (Modèle à correction d'erreur)
FEM: Fixed Effects Model (Modèle à effets fixes)
i.i.d.: Indépendamment et identiquement distribué (i.i.d.: Independently and identically distributed)
MCGR: Moindres Carrés Généralisés Réalisables (FGLS: Feasible Generalised Least Squares)

* Les acronymes sont donnés en anglais lorsqu'il n'en existe pas en français ou que ces derniers sont peu utilisés. Dans ce cas une traduction française est proposée.

MCO: Moindres Carrés Ordinaires (OLS: Ordinary Least Squares)

MES: Modèle à équations simultanées
(SEM: Simultaneous Equation Model)

REM: Random Effects Model (Modèle à effets aléatoires)

RCM: Random Coefficient Model (Modèle à coefficients aléatoires)

R^2a: Coefficients de détermination ajustés
(Adjusted coefficients of determination)

SUR: Seemingly Unrelated Regression
(Système d'équations apparemment non reliées)

TMC: Triples Moindres Carrés (3SLS: Three-Stage Least Squares)

VI: Variables instrumentales (IV, Instrumental Variable)

WTLS: Weighted Least Squares (Moindres carrés pondérés)

Liste des autres acronymes

AFF: Administration Fédérale des Finances

Badac: Banque de données des cantons et des villes suisses

Filtre
H P10: Filtre Hodrick-Prescott dont le paramètre de lissage est fixé à 10

H P100: Filtre Hodrick-Prescott dont le paramètre de lissage est fixé à 100

OFS: Office Fédéral de la Statistique

OCDE: Organisation de Coopération et de Développement Economique

PIB: Produit Intérieur Brut

RC: Revenu Cantonal

SECO: Secrétariat d'Etat à l'économie

1 Introduction

Depuis les années 1970, les collectivités publiques des pays de l'OCDE accumulent des déficits, avec comme corollaire l'accroissement de leur dette (Tanzi & Schuknecht 2000).[1] En plus de soulever la question de l'équité intergénérationnelle, cet accroissement limite la marge de manœuvre budgétaire des collectivités publiques, tant les ressources consacrées au service de la dette prennent de l'importance. En raison de ces problèmes, la maîtrise des déficits et de l'endettement est (re)devenue un défi majeur dans les pays occidentaux comme dans les pays en développement.

Les solutions adoptées pour surmonter ce défi varient par leur nature et par leurs résultats (Alesina & Perotti 1996a,b, Ford 1998). Les mesures prises ou envisagées par les collectivités publiques vont de l'augmentation des recettes, à la réduction linéaire ou ciblée des dépenses, en passant par l'instauration de mesures institutionnelles de type frein aux dépenses ou à l'endettement, ainsi que par des mécanismes de hausse automatique des prélèvements en cas de déficits excessifs.

Afin d'orienter les responsables dans le choix de mesures préventives ou correctives, de nombreux auteurs ont cherché par des analyses quantitatives à identifier et à mesurer l'influence des déterminants des soldes publics, soit des déterminants des déficits et des excédents publics. Connaître ces influences permet d'anticiper les conséquences financières de l'évolution prévue de facteurs non maîtrisables tels que le vieillissement de la population ou la densification de la population. De plus, connaître l'influence des déterminants sur lesquels les collectivités publiques peuvent agir permet de juger l'efficacité et donc la pertinence des mesures mises en œuvre ou envisagées. Ainsi, constater qu'une disposition institutionnelle particulière (par exemple les référendums financiers)

1 Schick (1997) considère que cette crise financière constitue le révélateur de la défiance des contribuables vis-à-vis de l'Etat-providence. Selon Chevallier (1980) cette défiance s'explique par la prise de conscience des limites de l'Etat-providence ainsi que par la conséquence de la montée en puissance de l'idéologie néoclassique qui représente l'Etat comme castrateur et répressif.

exerce une influence positive sur les soldes publics peut conduire à recommander aux collectivités d'introduire la disposition considérée.

Le but de ce travail consiste à élaborer, puis à valider et commenter les résultats découlant de l'estimation de plusieurs modèles explicatifs des soldes financiers des cantons suisses.[2] Plus précisément, il s'agit de dériver un modèle des soldes publics à partir d'un modèle simultané à deux équations expliquant les recettes et les dépenses cantonales. Il s'agit ensuite de comparer les résultats ainsi obtenus avec ceux découlant de l'estimation des soldes uniquement ainsi qu'avec ceux présentés dans les contributions existantes. Le champ empirique étudié s'étend géographiquement sur l'ensemble des cantons suisses et la période prise en compte va de 1979 à 2002. Si les données postérieures à 2003 n'étaient pas encore disponibles au moment de notre analyse, les données antérieures à cette période n'étaient pas toutes disponibles ou étaient déjà trop anciennes pour en garantir la comparabilité entre les cantons et dans le temps: les données financières, par exemple, ont connu plusieurs ruptures de séries pendant les années septante.

Plusieurs raisons expliquent pourquoi nous avons adopté l'approche simultanée, alors qu'en général seuls des modèles des soldes à une équation sont considérés. D'abord, la modélisation simultanée des recettes et des dépenses a pour avantage de permettre d'apprécier la pertinence d'un modèle à la lumière des influences constatées sur les recettes, sur les dépenses et sur les soldes et non à l'aune seulement de celles exercées sur les soldes. Ensuite, parce que les influences sur les soldes que l'approche simultanée permet d'identifier correspondent bien à celles qui découlent des influences initialement exercées sur les recettes et les dépenses. Or, tel n'est pas forcément le cas de l'estimation de modèles des soldes uniquement, comme nous aurons l'occasion de l'expliciter dans la partie méthodologique. Finalement et indépendamment des

2 *A priori*, il ne s'agit donc pas de modèles pouvant servir à prévoir les soldes publics. En effet, les modèles explicatifs comportent des variables indépendantes pour lesquelles les prévisions ne sont généralement pas suffisamment précises (ou n'existent pas) pour pouvoir servir de base solide à un exercice prévisionnel. C'est d'ailleurs en raison de cette incertitude que les modèles prédictifs ne comportent en général que peu de variables explicatives et qu'ils prennent souvent des formes autorégressives.

résultats obtenus, prendre en considération les recettes et les dépenses implique une compréhension plus approfondie du phénomène étudié, puisque cela nécessite une analyse des mécanismes par lesquels les déterminants des recettes et des dépenses agissent sur les soldes publics.

Cette recherche considère plusieurs enjeux scientifiques et pratiques. Ces enjeux reposent essentiellement sur la question de l'existence ou non d'une relation de simultanéité entre les recettes et les dépenses. Si une telle relation existe, les théories prédisant ou reposant sur son existence se verraient renforcées. De plus, cela impliquerait qu'une éventuelle théorie générale des soldes publics puisse rendre compte de cette simultanéité. Cela impliquerait aussi qu'il faille adopter l'approche simultanée pour expliquer ou prédire les soldes publics ou pour tester des hypothèses quant à l'influence de certaines variables sur ces derniers. Il se pourrait par exemple que la prise en compte ou non du lien entre les recettes et les dépenses change les constats que l'on peut tirer quant à l'influence d'un ou plusieurs déterminants des soldes publics. Or, un tel changement ne serait pas anodin dans la mesure où des constats divergents peuvent conduire à des recommandations différentes sur les mesures à adopter. Finalement, l'existence d'une relation de simultanéité entre les recettes et les dépenses a pour conséquence de rendre nécessaire leur étude simultanée même si l'on ne s'intéresse qu'à l'une ou l'autre de ces variables.

Indépendamment de l'existence ou non du lien supposé entre les recettes et les dépenses, les résultats obtenus nous permettront d'émettre des recommandations sur différentes mesures visant à agir sur les soldes. Ces résultats constitueront en outre une source d'informations aussi exacte et précise que possible sur laquelle les collectivités publiques pourront se baser pour prendre leurs décisions.

La situation financière précaire de certains cantons tout comme différents éléments laissant présager de la détérioration future des finances cantonales nous confortent d'ailleurs quant à l'actualité et l'utilité de ce travail. Certes, la marge de manœuvre des cantons s'est nettement accrue ces dernières années comme l'atteste la baisse de la part des dépenses consacrées au service de la dette entre le début et la fin de la période étudiée (4,5% en 1979 contre 3,2% en 2002). Toutefois, il faut relever que la chute des taux d'intérêt a largement contribué à cette baisse. Il faut aussi relever que cette baisse relative ne s'explique pas par le recul des intérêts passifs, mais par une progression plus forte des dépenses: ces dernières ont augmenté de 63% (de 5'336 à 8'687 frs/hab.) contre +17% pour les intérêts passifs qui ont cru de 240 à 281 francs par habitant. Or, il y a fort à parier qu'à l'avenir les cantons ne parviendront plus à contenir la progression de leurs intérêts passifs et à financer la hausse de leurs dépenses par l'augmentation de leurs ressources. Le début des années 2000 a en effet été marqué par une vague de projets et d'initiatives visant à réduire la pression fiscale dans les cantons. Ces années ont aussi été marquées par la volonté d'équilibrer les comptes de la Confédération. Cette volonté s'est concrétisée par une tendance à contenir, voire à réduire, les transferts octroyés aux cantons ainsi qu'à reporter certaines tâches sur ces derniers. A ces éléments, s'ajoutent notamment les faibles perspectives de croissance des économies européennes ainsi que la hausse prévue des coûts associés au vieillissement démographique.

En plus de la variété des cas à traiter du point de vue des situations financières, soit de la forte disparité entre les situations financières cantonales, les cantons fournissent un sujet d'étude particulièrement intéressant du point de vue de la recherche des déterminants des soldes publics. En effet, des larges compétences budgétaires et fiscales dont ils jouissent, il découle une diversité extraordinaire de pratiques et d'organisations cantonales à étudier.[3] Relevons par exemple qu'en 2002, trois cantons sont munis uniquement d'un référendum financier obligatoire sur les nouvelles dépenses, 11 cantons ne sont dotés que d'un référendum financier facultatif et 12 disposent de ces deux types de référendum. Relevons également la forte hétérogénéité constatée en termes d'effectifs de communes par canton: en 2002, cet effectif va de trois pour Bâle-Ville à 400 pour Berne et sa valeur moyenne se situe à 110 communes

3 Les cantons jouissent de compétences étendues en matière budgétaire et fiscale. Cela s'explique par le principe de subsidiarité qui veut qu'une tâche ne puisse être confiée à la Confédération que si les cantons ne sont pas en mesure de l'assurer. Cela s'explique aussi par la pratique du *fédéralisme d'exécution* qui veut que les cantons mettent en œuvre des politiques pilotées par la Confédération.
Notons que l'étendue de la souveraineté fiscale des cantons se manifeste par la relative faiblesse des impôts exclusivement réservés à la Confédération (Schoneneberger & Zarin-Nejadan 2001).

pour l'ensemble des cantons. L'étude des cantons a en plus l'avantage d'éviter une frange importante des problèmes inhérents aux comparaisons internationales. D'une part, elle n'est pas confrontée à des variables exprimées en devises différentes. D'autre part, elle offre la possibilité de travailler avec des données définies et recueillies de la même façon pour chaque collectivité étudiée. Il se trouve en effet que la plupart des données nécessaires sont centralisées et souvent retravaillées par les services de la Confédération: par exemple, l'Administration fédérale des finances redresse les données financières cantonales afin de permettre des comparaisons intercantonales.

Chacun des chapitres suivants peut s'inscrire dans l'une des 7 étapes qu'il a fallut franchir pour mener à bien cette recherche. La première étape consiste naturellement à circonscrire l'objet d'analyse. C'est précisément ce que fait le chapitre 2 en présentant, tout en décrivant leur articulation, les recettes, les dépenses, les soldes publics et leurs déterminants. Ce faisant, ce chapitre montre que la compréhension des mécanismes conduisant aux déficits publics passe par la prise en compte explicite des recettes et des dépenses.

La deuxième étape consiste à se forger une vue aussi exhaustive que possible de l'état des connaissances théoriques et pratiques du domaine étudié. Le chapitre 3 en constitue le compte rendu. En effet, il met en perspective les contributions empiriques, ainsi que les principales théories normatives et positives en lien avec l'explication des soldes budgétaires. Sans surprise, l'étude d'ouvrages et de revues scientifiques ainsi que le suivi du débat public en matière de gestion financière des cantons sont les moyens utilisés pour franchir cette étape.

La troisième étape a pour but de dresser la liste des variables théoriquement pertinentes pour l'analyse. Pour établir cette liste, nous avons recensé les variables utilisées dans les contributions empiriques, fourni un effort de réflexion propre et consulté plusieurs experts et praticiens du domaine. Nous avons de surcroît bénéficié des informations recueillies lors d'une enquête réalisée à l'occasion de la préparation d'un article traitant de la perception des chefs des services cantonaux des finances sur les variables influençant les soldes de fonctionnement des cantons suisses (Martin *et al.* 2003). Le chapitre 4 expose le fruit de ces démarches. Il motive d'abord la décision d'étudier les soldes financiers ainsi que le choix de le faire par une analyse simultanée des recettes et des dépenses. Il présente ensuite les éléments théoriques justifiant l'intérêt des variables retenues à ce stade de la recherche.

La quatrième étape est celle de la récolte des données qui peuvent l'être (toutes les variables ne sont pas mesurables). Pour ce faire, nous avons exploité les banques de données (en libre accès) et les publications de l'Office Fédéral de la Statistique (OFS) et de l'Administration Fédérale des Finances (AFF) ainsi que celles du Centre d'études et de documentation sur la démocratie directe, de la Banque de données des cantons et des villes suisses (Badac) et de l'Institut de science politique (Institut für Politikwissenschaft). Certaines données sont également recensées dans diverses contributions ponctuelles comme celles de Trechsel & Serdült (1999) et de Novaresi (2001). Finalement, le dépouillement de deux enquêtes nous a permis de compléter notre base de données. Ces enquêtes ont été soumises aux chancelleries et aux départements des finances des cantons dans le cadre du projet financé par le Fonds national scientifique «Analyse du lien entre recettes et dépenses publiques: impact sur les soldes budgétaires et modélisation économétrique». Cette étape ne fait pas l'objet d'un chapitre en soi. Relevons qu'une liste de variables non récoltables est tout de même établie au chapitre 4 et que les sources utilisées pour chaque variable sont précisées dans le chapitre 5.

La cinquième étape consiste à examiner les données récoltées afin de déterminer si elles sont utilisables dans le cadre de l'analyse. Un tel examen a également pour but de repérer les éventuels ajustements nécessaires à l'exploitation des données. Les constats dressés suite à de nombreuses analyses descriptives et graphiques ont donné lieu à d'intenses échanges avec les départements cantonaux des finances ainsi qu'avec les collaborateurs de l'AFF. Le chapitre 5 présente le fruit de ces échanges. Concrètement, il donne d'une part les raisons expliquant la mise à l'écart de certaines variables. Il explicite, d'autre part, les solutions adoptées pour pallier aux problèmes de mesure des variables considérées.

La sixième étape comprend l'exploitation des données finalement retenues et le commentaire des résultats ainsi obtenus. Ces deux aspects font précisément l'objet des chapitres 6, 7 et 8. En effet, le chapitre 6 s'appuie sur différentes statistiques descriptives pour commenter les principaux développements des recettes, des dépenses et des soldes publics sur la période étudiée. De leur côté, les chapitres 7 et 8 traitent de l'exploitation économétrique des données récoltées. Plus précisément, le chapitre 7 présente les éléments méthodologiques nécessaires à cette exploitation et le chapitre 8 en présente le fruit. Ce dernier commence par rapporter les éléments conduisant aux choix des modèles retenus parmi les nombreux modèles testés. Il présente et commente ensuite les résultats obtenus et les compare finalement à ceux des contributions traitant des cantons suisses.

La mise en perspective des résultats obtenus et des travaux effectués constitue la dernière étape de cette recherche. Le contenu du chapitre 9 correspond en tout point à cette étape. Ce chapitre conclusif rappelle d'abord les principaux axes de ce travail. Il en récapitule ensuite les principaux résultats. Finalement, il dégage des enseignements théoriques quant à la modélisation des recettes, des dépenses et des soldes publics et émet des recommandations à l'attention des collectivités publiques.

2 Présentation des recettes, des dépenses, des soldes et de leurs différents types de déterminants

L'étude du phénomène de l'endettement est un exercice particulièrement délicat en raison de la complexité du processus dont il découle. Ce processus d'allocation va de la formation des souhaits des citoyens à la fourniture des prestations publiques en passant par le mode de financement de ces prestations. La complexité de ce processus est telle que nous nous contentons d'aborder les aspects dont dépend l'évolution de la dette, soit le niveau et la distribution dans le temps des recettes, des dépenses et donc des soldes publics.

Les soldes publics de l'année t (S_t) se définissent comme la différence entre les recettes (R_t) et les dépenses publiques (D_t):

$$S_t = R_t - D_t \qquad [2.1]$$

Sur la base de cette définition, on peut distinguer les situations déficitaires accroissant la dette ou réduisant l'épargne ($S_t < 0$, si $R_t < D_t$), de celles excédentaires ($S_t > 0$, si $R_t > D_t$) et d'équilibre budgétaire ($R_t = D_t$). Ainsi, un déficit correspond soit à l'incapacité de couvrir les dépenses par les recettes actuelles, soit au choix de dépenser plus que ce que les recettes ne le permettent. On comprend dès lors que le phénomène de l'endettement (ou de l'épargne) ne prend corps que par le biais des recettes et des dépenses.

La réécriture en différence de l'équation 2.1 permet de montrer que l'augmentation (respectivement la diminution) d'une dépense nécessite une augmentation (diminution) des recettes ou une diminution (augmentation) d'une autre dépense, faute de quoi les soldes se détériorent (s'améliorent). De façon analogue, l'équation 2.2 permet aussi de montrer que la modification d'une recette nécessite celle des dépenses et/ou la modification inverse des autres recettes, pour que les soldes restent inchangés:

$$\Delta D_t = \Delta R_t - \Delta S_t \qquad [2.2]$$

Il convient de souligner que les soldes jouent le rôle de lien intertemporel entre les recettes et les dépenses de périodes différentes. Concrètement, l'endettement (solde déficitaire) résulte d'un choix mettant en balance l'utilité que procurent les dépenses avec leur coût futur. Le coût de l'endettement est constitué par sa charge d'intérêt et par l'éventuel effort nécessaire à son remboursement. Ce coût se traduit dans le futur par un renoncement à dépenser et/ou par une charge fiscale plus importante. *Mutatis mutandis*, l'épargne (solde excédentaire) résulte de la mise en balance d'un renoncement actuel à consommer avec la perspective d'une charge fiscale réduite et/ou d'une capacité accrue de procéder à des dépenses.

La formalisation de la fonction de lien intertemporel des soldes passe par la combinaison des équations 2.1 et 2.3 (ci-après). Pour une collectivité endettée, cette équation met en relation les dépenses hors intérêts passifs, aussi appelées dépenses primaires (Dp_t), avec les dépenses (D_t) de la période, la dette accumulée jusqu'à la fin de la période précédente (B_{t-1}) et les taux d'intérêts moyens sur la période (i_t):

$$Dp_t = D_t - i_t \times B_{t-1} \qquad [2.3]$$

Ainsi, on peut effectivement montrer que les recettes et les dépenses actuelles sont en partie prédéterminées par celles passées:

$$D_t = R_t - S_t = i_t \times B_{t-1} + Dp_t \qquad [2.4]$$

Concrètement, cette influence provient de la présence des intérêts passifs dans l'équation 2.3 et par le rappel que les dettes ne sont rien d'autre que le cumul des soldes passés:

$$\text{comme } B_1 = - S_1 = - R_1 + D_1 \text{ et } B_2 = B_1 - S_2, \qquad [2.5]$$
$$\text{on a } B_2 = - R_1 + D_1 - R_2 + D_2, \text{ etc.}$$

La substitution de B_t par son expression dans l'équation 2.4 permet de mettre en évidence l'influence d'un déficit sur la(les) période(s) ultérieure(s). De fait, en écrivant l'équation obtenue pour la période suivante, on a:

$$R_{t+1} - S_{t+1} = i_{t+1} \times B_t + Dp_{t+1} = i_{t+1} \times (B_{t-1} - S_t) + Dp_{t+1} \qquad [2.6]$$

En fait, un déficit pèse plus ou moins fortement sur les recettes et les dépenses futures d'une collectivité selon la volonté (ou la nécessité) de rembourser ou non la dette contractée pour financer le déficit considéré. Si le remboursement n'est pas nécessaire ou n'est pas souhaité, un déficit ne pèse dans le futur que par le biais des intérêts passifs. Par contre, si le remboursement n'est pas différé, la dette contractée n'engendre pas d'intérêts composés, mais se répercute plus sèchement sur la période suivante.

Pour mettre en évidence le poids des intérêts composés, il suffit de considérer une situation initiale sans dette et d'examiner les conséquences générées par un déficit reconduit sur les périodes ultérieures. Formellement, on a:

$$R_{t+1} = i_{t+1} \times (- S_t) + Dp_{t+1}, \qquad [2.7]$$
$$\text{puis } R_{t+2} = i_{t+2} \times (- S_t) \times (1 + i_{t+1}) + Dp_{t+2}$$

avec $S_t < 0$ et, pour plus de clarté, les situations ultérieures équilibrées ($S_{t+i} = 0$ si $i \neq 0$).

Ainsi, à recettes constantes, les dépenses primaires se voient chaque année amputées d'un montant qui s'accroît au fil du temps en raison de l'accumulation des intérêts composés ($-S_t \times i_{t+1} \times i_{t+2}$, pour cet exemple).

En reprenant l'exemple précédent, mais en en considérant le remboursement en t+1, on constate que, pour des recettes données, les dépenses primaires doivent être réduite du montant des intérêts ($- S_t \times i_{t+1}$) et du montant nécessaire au remboursement du déficit enregistré pendant la période de référence:

$$R_{t+1} = i_{t+1} \times (- S_t) + Dp_{t+1} - S_t, \qquad [2.8]$$

car $S_{t+1} = - S_t$ pour que la dette soit remboursée.

La plupart des collectivités publiques reconduisent en totalité ou en grande partie leur dette d'une période à l'autre. Une telle reconduction ne pose pas de problème, si ces collectivités voient leurs recettes augmenter dans des proportions suffisantes pour couvrir le service de leur dette (en particulier grâce à la croissance économique). Sans une telle croissance, ces collectivités verraient à terme exploser leur dette en raison du cumul des intérêts composés ainsi que de l'augmentation de la rémunération exigée par les bailleurs de fonds (prime de risque). D'ailleurs, l'une des raisons pour lesquelles les collectivités s'efforcent de contenir, voire, de stabiliser leur dette (certaines vont jusqu'à chercher à la réduire) réside précisément dans le souci d'éviter une telle explosion. La volonté de contenir la part des dépenses consacrées au service de la dette en constitue une raison plus générale. De ce souci de préserver la marge d'action publique découle la dépendance des recettes et des dépenses actuelles à celles attendues ou souhaitées: puisque les soldes se répercutent sur les recettes et les dépenses futures, il est possible qu'une collectivité se préserve une marge de manœuvre (en dépensant moins ou en prélevant plus de recettes) si elle envisage ou craint de nouvelles dépenses.

Relevons que la nécessité pour les collectivités de préserver leur marge de manœuvre crée, évidemment, aussi un lien entre les recettes et les dépenses d'un même exercice. En effet, ces dernières sont largement prédéterminées par les décisions budgétaires qui se prennent en fonction des recettes et des dépenses attendues: lorsqu'elles arrêtent des décisions en matière de recettes, les collectivités se demandent ce qu'elles doivent ou souhaitent financer et lorsque les collectivités décident de leurs dépenses, elles se demandent se qu'elles peuvent se permettre. De même, certaines décisions budgétaires sont prises en cours d'exercice en fonction des recettes et des dépenses à disposition: parfois, les collectivités publiques profitent de recettes plus élevées qu'attendues pour fournir des prestations supplémentaires. D'autres fois, elles renoncent à délivrer certaines prestations lorsque les recettes se révèlent insuffisantes. Relevons finalement que l'interdépendance entre les recettes et les dépenses découlent parfois de la logique d'action ayant motivée ces dernières: par exemple, certaines recettes désincitatives n'ont pu obtenir le soutien des milieux touchés qu'à condition d'être affectées à des dépenses particulières. De même, certaines recettes n'ont été levées que dans le but de financer des prestations particulières.

Il convient, finalement, de souligner la difficulté de modifier les compositions et les niveaux des recettes et des dépenses. Cette inertie découle de la persistance du cadre législatif et de la difficulté de réorienter un appareil administratif tourné vers la réalisation de certaines tâches. Elle s'explique également par la résistance des citoyens à la modification des recettes et des dépenses. Cette résistance se manifeste surtout contre la suppression de prestations et l'introduction de nouveaux prélèvements. Toutefois, elle se manifeste aussi à l'encontre des projets modifiant la structure des recettes et des dépenses. Il faut dire que des bénéficiaires des prestations publiques (publics cibles et prestataires) dépendent les compositions des recettes et des dépenses et la répartition du poids du financement de ces prestations.[1]

Après nous être intéressé à l'articulation entre les recettes, les dépenses et les soldes publics, il convient à présent de nous pencher sur leurs déterminants. Sans anticiper le passage en revue réalisé au chapitre 4, on peut déjà relever que les déterminants des soldes ne sont rien d'autre que ceux des recettes et des dépenses publiques.

La Figure 2.1 présente ces agrégats ainsi que les quatre catégories de déterminants qu'il est possible d'identifier, soit les déterminants spécifiques aux recettes (DS_R), ceux spécifiques aux dépenses (DS_D), ceux communs aux recettes et aux dépenses qui influencent les soldes publics (DC_1) et ceux communs qui n'influencent pas les soldes publics (DC_2). En plus de symboliser les influences de ces déterminants par des flèches, la figure représente le lien de simultanéité attendu entre les recettes et les dépenses par une flèche bidirectionnelle reliant ces dernières. Notons que l'utilisation du pointillé témoigne de l'incertitude quant à l'existence de ce lien.

1 Les recettes, les dépenses et les soldes publics déterminent aussi en partie leur pendant privé. Par exemple, les recettes publiques influencent le revenu disponible des ménages de deux façons. D'une part, elles influencent la politique salariale des entreprises. D'autre part, elle détermine le passage du revenu brut au revenu disponible. Par ailleurs, comme les impôts frappent certaines catégories de biens plus fortement que d'autres, les recettes publiques influencent aussi la composition des dépenses privées. De même, certaines dépenses publiques (subvention ou même fourniture de prestations) permettent de rendre certains biens comme l'éducation, la santé ou la culture plus accessibles.

Figure 2.1
Agrégats à modéliser

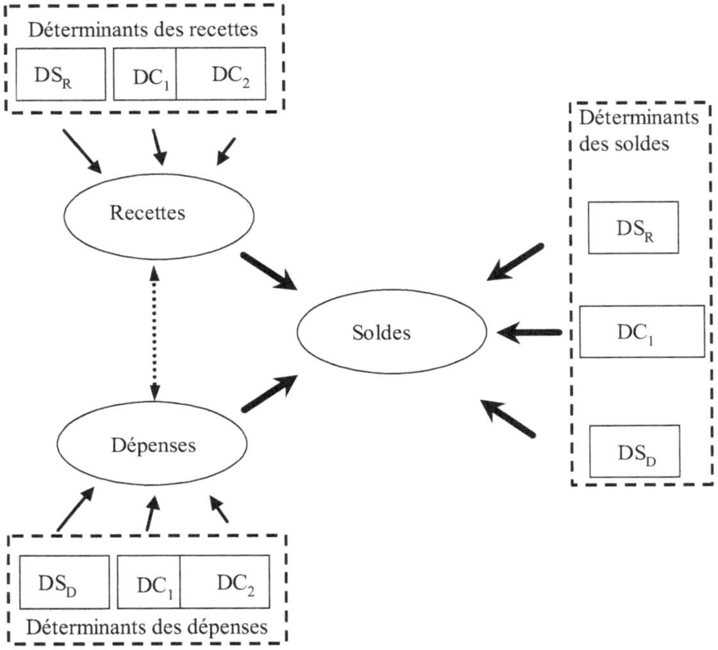

La première catégorie regroupe les déterminants spécifiques aux recettes [DS_R] et la deuxième ceux spécifiques aux dépenses [DS_D]. Chacun de ces déterminants influencent les soldes par le biais de leur influence positive ou négative sur les recettes ou les dépenses. Par exemple les référendums financiers en matière de nouvelles dépenses, qui sont potentiellement des DS_D, devraient réduire les dépenses, tout en n'ayant pas d'influence directe sur les recettes. Leur influence nette sur les soldes publics devrait donc être positive.

La troisième catégorie de déterminants comprend ceux communs aux recettes, aux dépenses et aux soldes publics [DC_1]. Ces déterminants influencent à la fois les recettes et les dépenses, mais potentiellement dans un sens et avec une intensité différente. Par exemple, la croissance économique stimule les recettes fiscales, réduit les dépenses sociales et améliore les soldes publics.

La quatrième catégorie regroupe les déterminants communs dont l'influence nette sur les recettes compense exactement celle exercée sur les dépenses [DC_2]. Il s'agit donc de déterminants communs aux recettes et aux dépenses dont l'influence sur les soldes est nulle. Les DC_2 découlent vraisemblablement essentiellement des théories qui expliquent pourquoi les recettes ou les dépenses devraient être influencées par un déterminant, sans toutefois prédire une influence réelle sur les soldes. Or, si aucun mécanisme par lequel un tel déterminant influencerait les soldes ne peut être explicité, il y a fort à parier que ce dernier ne les influence pas. Notons, toutefois, qu'il n'est pas exclu qu'un tel déterminant influence effectivement les soldes publiques et qu'il faille donc trouver le mécanisme par lequel il exerce son influence.

3 Etat de la recherche et des théories en lien avec les soldes publics

3.1 Relative absence d'études conjointes des recettes et des dépenses

Le vingtième siècle a été marqué par la croissance du secteur public dans les sociétés industrialisées. La «quote-part» de l'Etat (soit le rapport entre les dépenses publiques et le produit intérieur brut) sert traditionnellement de mesure de la taille du secteur public (Abizadeh & Basilevsky 1990: 354). C'est pourquoi, les analystes de la politique budgétaire ont tout d'abord consacré leurs efforts à décrire et à expliquer la croissance relative des dépenses publiques dans ces sociétés. Cette littérature, particulièrement abondante, a notamment été passée en revue par Tarschys (1975), Larkey *et al.* (1981) et Holsey & Borcherding (1997).

Depuis les années 1970, les pays de l'OCDE ont connu des déficits répétés (Tanzi & Schuknecht 2000); ce qui s'est traduit par un accroissement important de leur dette publique et partant de la part des intérêts passifs dans leur budget. Cet accroissement n'a pas été sans poser de problèmes en matière de gestion budgétaire (perte de marge de manœuvre, problèmes de crédibilité de la politique budgétaire, problèmes d'équité intergénérationnelle, etc.). Par leur nature, ces problèmes ont focalisé l'attention des économistes sur la situation des finances publiques.

La volonté de résoudre ces problèmes a encouragé la dimension normative des contributions. Ces contributions réactualisent le débat entre la vision classique selon laquelle la gestion publique doit viser l'équilibre budgétaire (Barro 1979, Lucas & Sargent 1979) et la vision keynésienne selon laquelle la politique budgétaire a pour objectif de limiter l'impact des fluctuations conjoncturelles (Greenwald & Stiglitz 1980, Fischer 1985).

Parallèlement, la volonté de comprendre le phénomène de l'endettement public a entraîné un essor des contributions privilégiant la dimension positive. Dès lors, de nombreuses études économétriques s'efforcent d'identifier les déterminants de la dette publique et la plupart se consacrent à l'analyse des soldes budgétaires.

Les chercheurs se sont d'abord penchés sur des variables économiques (taux de croissance, taux d'intérêts, etc.) et structurelles (démographiques, géographiques, etc.).

La constatation que ces seuls déterminants sont insuffisants pour expliquer l'évolution financière des pays de l'OCDE (Alesina & Perotti 1995: 2, Poterba 1997: 56), mais aussi les développements théoriques récents[1] et l'introduction des critères de convergence associés au processus d'intégration de l'Union monétaire européenne (Poterba & von Hagen 1999: 1-2) ont porté l'attention des chercheurs sur le contexte politico-administratif des politiques budgétaires. Cet intérêt, également relayé par des politologues, a élargi le champ d'investigation aux variables politiques et institutionnelles. Par exemple, Kontopoulos & Perotti (1999) s'intéressent aux éléments caractérisant le contexte politique; De Haan & Sturm (1994) étudient l'influence des règles institutionnelles et von Hagen & Harden (1996) privilégient l'étude des procédures budgétaires.

Caractérisées par la grande diversité des modèles utilisés et des champs empiriques explorés, ces études divergent en partie sur les déterminants à considérer et sur leur influence respective.[2] Elles convergent néanmoins sur la nécessité de prendre en considération quatre catégories de

1 Longtemps, les dispositions institutionnelles ont été considérées (par les économistes surtout) comme un *voile institutionnel* qui couvrait les individus sans influencer leur comportement (Poterba 1996: 395). A présent, les auteurs (notamment von Hagen & Harden 1994: 341) considèrent que les dispositions institutionnelles cadrent et structurent le processus de formation des choix publics.
D'ailleurs, les études empiriques montrent que des collectivités ayant des caractéristiques semblables, mais des dispositifs institutionnels différents ont des politiques budgétaires différentes. Krol (1997), Poterba (1997), Alesina & Perotti (1999) et Kirchgässner (2002) passent en revue les études empiriques visant à mesurer l'influence des facteurs institutionnels.

2 Cette divergence s'explique fondamentalement par la complexité de la réalité étudiée et l'incertitude théorique qui en découle quant à la liste, au codage et à l'ampleur relative de l'influence des variables explicatives ou de contrôle à retenir (Western 1996).
Elle s'explique peut être aussi par la diversité des modèles utilisés et des champs empiriques explorés, que cela soit en termes de périodes ou de collectivités étudiées.

déterminants, soit des déterminants économiques, structurels, politiques, et institutionnels. Alesina & Perotti (1995), Persson & Tabellini (1999), Poterba & von Hagen (1999), Drazen (2000) et Imbeau & Pétry (2004) proposent tous une revue des théories et des hypothèses testées concernant les dépenses, les soldes et la dette publique.

Bien des travaux se sont intéressés aux modalités des recettes publiques (définition et étendue de l'assiette fiscale, barème fiscal, etc.). Ces travaux vont de ceux initiés par Wagner (1976) et continués par Dickson & Yu (2000) sur l'illusion fiscale à ceux inspirés par Groves & Kahn (1952) et poursuivis par Otsuka & Braun (1999) sur la stabilité des recettes fiscales. Par contre, seuls quelques auteurs se sont intéressés aux déterminants des recettes publiques (Larkey & Smith 1984, Bretschneider & Gorr 1992, Kenny & Winer 2001). Hettich & Winer (1999) recensent et mettent en perspective les théories et les contributions empiriques en lien avec l'économie politique des recettes publiques. Soulignons qu'ils mettent, en plus, en avant la nécessité de construire les éventuels modèles des recettes à une équation comme des formes réduites de modèles simultanés des recettes et des dépenses.

Les études traitant à la fois des recettes et des dépenses ne sont pas légion. Matusaka (1995) construit pour différents pays de l'OCDE des modèles explicatifs des dépenses, mais aussi des recettes pour mesurer l'influence du droit d'initiative dans les Etats américains. Alesina *et al.* (1997) ont fait de même pour déceler les effets des cycles électoraux sur ces mêmes agrégats. D'autres analyses statistiques évaluent la réussite des programmes d'assainissement des finances publiques entrepris dans les pays industrialisés (Alesina & Perotti 1996a,b, Perotti *et al.* 1997). Ces travaux plaident même pour une vision désagrégée des recettes et des dépenses. Ils montrent que les ajustements passant par une réduction des dépenses de transferts et de salaires ont de meilleures chances de réussite (sont plus durables) que ceux passant par la réduction des autres types de dépenses ou par l'augmentation des recettes. Alesina *et al.* (1998) font un pas supplémentaire en utilisant différentes variables testées pour la modélisation des soldes pour expliquer la réussite des ajustements budgétaires entrepris dans une vingtaine de pays de l'OCDE.

Les études empiriques traitant des recettes et des dépenses de manière conjointe sont plus rares encore. Certes, il existe un nombre important de contributions appliquant le test de causalité de Granger après avoir estimé des modèles mettant en relation les recettes et les dépenses d'une ou de plusieurs collectivités. Toutefois, ces contributions ne sont pas en rapport direct avec cette recherche: ces études permettent d'identifier la relation intertemporelle entre les recettes et les dépenses et non d'expliquer quels en sont les déterminants.[3] Le lecteur intéressé par cette littérature peu avantageusement se référer à la contribution de Payne (2003) qui en donne une vue exhaustive ou presque.

A notre connaissance, il n'y a guère qu'Alt & Lowry (1994) pour procéder à une modélisation récursive allant des recettes vers les dépenses dans le but d'étudier l'influence sur ces dernières de différentes variables politiques et institutionnelles qui sont également testées dans les modèles de soldes. Une telle approche leur permet de mettre en évidence par quel canal les déterminants agissent sur les soldes (par le canal des recettes, par le canal des dépenses ou par les deux canaux), tout en leur permettant (aussi) de contribuer à l'effort de modélisation des soldes.

Si l'on constate les mêmes déficits de connaissance au niveau des collectivités suisses, les études économétriques en lien avec les recettes, les dépenses et les soldes publics des cantons suisses devraient se multiplier prochainement. En effet, le nombre d'auteurs s'intéressant à la question s'est largement accru ces dernières années et différentes bases de données en accès libre comme celles de la Badac ou du Service suisse d'information et d'archivage pour les sciences sociales s'enrichissent considérablement, facilitant l'accès à ce champ empirique pour d'autres chercheurs.

3 Les auteurs ont cherché à identifier la relation intertemporelle entre les recettes et les dépenses afin d'évaluer s'il était préférable de lutter contre les déficits en augmentant les recettes ou en diminuant les dépenses: si une augmentation des recettes implique une augmentation des dépenses alors que l'inverse n'est pas vrai, l'ajustement des dépenses serait préférable à un ajustement des recettes. Dans la mesure où cette relation est recherchée sur le long terme, identifier le sens d'une telle relation permet plutôt de se prononcer sur la pertinence des théories explicatives de la croissance de l'Etat ou plus précisément sur le poids relatif des explications impliquant une relation allant des recettes vers les dépenses par rapport à celles impliquant une relation inverse.

Pour le moment, il n'existe pas d'études, à part celle-ci, visant à expliquer les soldes à partir de modèles simultanés des recettes et des dépenses.[4] D'ailleurs, il n'existe que de rares autres études qui s'intéressent à la fois aux recettes et aux dépenses des cantons suisses. En effet, les seules à la faire sont celles de Kirchgässner & Pommerehne (1997), de Feld & Kirchgässner (2001a) et de Vatter & Freitag (2002).

Parmi les études d'intérêts, celle de Freitag *et al.* (2003) analyse les déterminants des recettes cantonales. Les autres, plus nombreuses, s'intéressent aux soldes, aux dépenses et à la dette des cantons (Pujol 2000, Dafflon & Pujol 2001, Martin & Soguel 2002 et 2004, Feld & Matsusaka 2003 et Bodmer 2004).

Le Tableau 3.1 (cf. p. 22) recense les variables expliquées, les champs empiriques étudiés, ainsi que les méthodes utilisées dans ces études en lien direct avec l'explication des soldes cantonaux.

Il convient finalement de mentionner d'autres études qui ne sont pas en lien direct avec l'explication des soldes des cantons suisses, mais dont les préoccupation en sont proches. Il s'agit des études de Feld (1997) et de Feld & Kirchgässner (2001b) qui estiment des modèles explicatifs des recettes fiscales cantonales de 1990 par classes de revenus, ainsi que de celle de Feld *et al.* (2003) qui font de même de pour les cantons et les communes ensemble de 1980 à 1998. Il s'agit encore de l'étude de Schaltegger & Feld (2003) qui a pour but d'expliquer le degré de centralisation des cantons suisses sur la période 1980 à 1998 et de Schaltegger (2001) qui analyse séparément les recettes et les dépenses des cantons et des communes ensemble.

4 Relevons par ailleurs qu'il n'existe que les études de Joulfaian & Mookerjee (1990), de Manzini & Zarin-Nejadan (1995) et de Krishnakumar *et al.* (2004) qui s'intéressent à la relation intertemporelle entre les recettes et les dépenses des cantons suisses. A ces études, s'ajoutent celles de Ram (1988), de Joulfaian & Mookerjee (1991) et de Koren & Stiassny (1995) qui traitent de cette relation au niveau de la Confédération.

Tableau 3.1

Etudes en lien avec l'explication des soldes financiers dans cantons suisses

Contribution	*Variable expliquée*[a]	*Champ empirique*	*Méthode*
Etude conjointe des recettes et des dépenses			
Kirchgässner & Pommerehne (1997)	Etude conjointe par rapport au revenu cantonal (forme réduite): – des recettes – des dépenses – des transferts – des déficits	Ensemble des cantons de 1961 à 1987, soit 27 observations	SUR contraint (mêmes coefficients pour les cantons)
Feld & Kirchgässner (2001a)	Etude séparée des: – log(recettes / habitants) – log(dépenses / habitants) – log(soldes absolus / habitants)	Chaque canton de 1986 à 1997, soit 312 observations	FGLS avec σ_i et un rho
Vatter & Freitag (2002)	Etude séparée par habitant: – des dépenses – des recettes – des dépenses sociales – des dépenses administratives	Chaque canton de 1988 à 1998, soit 286 observations	FGLS avec un rho et correction de White
Autre étude			
Pujol (2000), Dafflon & Pujol (2001)	Soldes financiers cumulés	Moyenne de chaque canton de 1979 à 1996, soit 26 observations	WLS (population et racine carrée de la population)[b]
	Soldes financiers	Chaque canton de 1981 à 1995, soit 390 observations	FGLS avec σ_i
Martin & Soguel (2002, 2004)	Soldes financiers / dépenses	Chaque canton de 1980 à 1998, soit 494 observations	FEM
Feld & Matsusaka (2003)	Dépenses / habitants	Chaque canton de 1980 à 1998, soit 494 observations	OLS, OLS et correction de White, FGLS avec σ_g[c] et IV[d], tous avec effets temporels fixes
Freitag, Müller & Vatter (2003)	Log (recettes fiscales / habitants) Recettes fiscales / produit intérieur brut cantonal	Chaque canton, sauf Glarus, de 1992 à 1999, soit 200 observations	FGLS avec un rho et correction de White
	Indice de la charge fiscale: – globale – sur les personnes physiques – sur la fortune	Chaque canton, sauf Glarus, de 1992 à 2000, soit 225 observations	FGLS avec un rho et correction de White
Bodmer (2004)	Delta (dépenses / habitants) Soldes financiers / habitants	Chaque canton de 1990 à 2000, soit 286 observations	OLS et effets temporels fixes
	Log(dépenses / habitants)	Chaque canton de 1980 à 1998, soit 494 observations	OLS et effets temporels fixes

[a] Toutes les variables monétaires ont été exprimées en termes réels.

[b] Cela revient respectivement à appliquer les MCO au modèle divisé par la population au carré et par la population.

[c] Les variances au sein de différents groupes de cantons sont supposées identiques.

[d] Selon les auteurs les référendums financiers dépendent des situations financières cantonales (cf. point 4.2.2 en page 58). C'est pourquoi, ils les instrumentent par leur retard.

3.2 Théories normatives des soldes publics

Avant la présentation des théories positives permettant l'explication des différents agrégats en lien avec les soldes budgétaires, les trois principales théories normatives quant au rôle de la politique budgétaire sont exposées.[5] La présentation de ces théories permet de mieux comprendre les théories positives présentées plus loin. En effet, ces théories servent souvent de point de références pour situer et parfois articuler les théories positives qui sont mentionnées dans cet ouvrage. Par exemple, selon Alesina & Perotti (1995: 8) toute théorie positive des soldes budgétaires devrait prendre le lissage fiscal comme norme de comparaison.

3.2.1 La règle d'or

Selon la conception classique, le marché est le meilleur moyen pour atteindre une allocation optimale des ressources. En d'autres termes, les tenants de cette conception considèrent le processus décentralisé du marché comme un moyen d'allocation *efficient* et *efficace*, soit comme un moyen d'assurer la production des prestations souhaitées au moindre coût. Par ailleurs, ils considèrent que le processus étatique centralisé n'est pas efficace. C'est pourquoi, ils militent pour un Etat minimal. Ainsi, plus la place de l'Etat serait restreinte (*i. e. plus* la place du marché serait importante) et meilleure serait l'allocation des ressources.

Cette conviction résulte de l'acceptation du concept de *main invisible* développé par Adam Smith au dix-huitième siècle. Selon ce concept, la poursuite par chaque individu de ses propres intérêts aboutit par le biais

5 Les principales théories normatives présentées de cet ouvrage sont partiellement concurrentes, dans la mesure où la vision du monde dont chacune découle peut être utilisée comme contre-argument aux autres théories. Ainsi, la croyance dans l'une ou l'autre de ces théories et donc son adoption dépend des préférences de chacun. Cela étant, notons qu'il existe un certain nombre de critiques ou d'arguments qui peuvent spécifiquement être soulevés contre un aspect ou l'autre de ces théories. Le lecteur peut notamment les trouver chez Shaviro (1997), Martin (1999), Pujol (2000) et Novaresi (2001).

du marché (des marchés) à la maximisation de l'intérêt général. Pour cela, il faut que le principe du bénéficiaire-payeur soit respecté et donc que le cercle des bénéficiaires soit équivalent au cercle des décideurs. Si ce principe est respecté, chaque individu met en balance, par une analyse coût-bénéfice, le coût des prestations qu'il souhaite avec les bénéfices qu'il en retire.

Malgré l'inefficience qu'ils prêtent à l'Etat, les classiques lui attribuent un rôle en matière de sécurité publique notamment. Afin de régir les dépenses publiques d'une façon s'approchant du principe du bénéficiaire-payeur, ils ont formulé la règle d'or. Cette règle veut que les charges courantes (y compris les amortissements et les intérêts passifs) soient intégralement financées par des ressources propres de l'Etat (impôts, taxes, etc.) et que seuls les investissements soient financés en partie ou en totalité par l'emprunt. Cette règle découle du fait que, pour les classiques, le recours à l'endettement permet de reporter la charge des dépenses actuelles sur les générations futures. Dès lors que les dépenses d'investissements ne produisent pas leurs effets au moment de leur réalisation, mais dans une phase ultérieure, il est juste du point de vue de l'équité intergénérationnelle de reporter la charge des dépenses d'investissement sur les générations futures. Ainsi, le cercle des payeurs se confond avec celui des bénéficiaires. Par contre, les dépenses courantes, qui ne bénéficient qu'à la génération présente, doivent être entièrement financées par l'impôt et les autres revenus courants. Selon ses partisans, le respect de la règle d'or, en plus d'être moralement juste d'un point de vue intergénérationnel, force les contribuables à intégrer le coût réel des prestations publiques actuelles. L'impôt jouerait ainsi le rôle de «prix» des prestations publiques et les contribuables demanderaient le niveau de prestations publiques correspondant à l'optimum social et non à un niveau supérieur à cet optimum.

3.2.2 Le lissage fiscal

Selon l'école des anticipations rationnelles, il est préférable, en cas de circonstances exceptionnelles, d'emprunter aujourd'hui et de rembourser l'emprunt grâce à une faible hausse d'impôt sur une longue période, plutôt que de procéder à une hausse massive et temporaire de la charge fiscale. Cette prescription a pour but de minimiser la charge fiscale excédentaire. Comme cette dernière augmente de façon croissante avec le taux d'imposition (Weber 1997), la charge excédentaire provoquée par une hausse d'impôt unique est supérieure à la somme des charges excédentaires due à une hausse d'impôt équivalente lissée sur une période plus longue. Dans un contexte où le financement d'une prestation par l'endettement n'a pas d'impact sur la demande globale, *i. e.* dans un monde où le théorème de l'équivalence de l'impôt est vérifié[6], il est socialement optimal d'utiliser l'endettement pour lisser la charge fiscale en fonction de l'évolution tendancielle des dépenses publiques. Ainsi, les recettes et les dépenses devraient suivre une évolution commune de long terme afin de maintenir l'équilibre budgétaire dans le temps. Seules des dépenses exceptionnelles, comme celles causées par les guerres, peuvent justifier le recours à l'endettement. Ajoutons qu'Alesina & Perotti (1995: 8) mentionnent que Barro (1986 et 1987) considère que le lissage fiscal a une bonne capacité explicative des soldes publics. Cette capacité s'expliquer vraisemblablement par le caractère inévitable de certaines dépenses imprévues, ainsi que par la difficulté pour une collectivité à y faire face avec ses seules ressources.

3.2.3 La régulation économique

L'école keynésienne avance que la demande globale ne rencontre pas toujours l'offre globale au niveau de plein emploi des facteurs de production (main-d'œuvre et capital). Ainsi, les économies peuvent atteindre des équilibres de sous-emploi des facteurs de production. Au contraire, elles peuvent se trouver en situation de surchauffe. Dans ce cas, la demande est réduite par une hausse générale des prix (inflation). L'observation rétrospective des économies de marché montre que la demande globale

6 Selon le théorème de «l'équivalence de l'impôt» émis par Ricardo le financement par l'emprunt est équivalent au financement par l'impôt. Lorsqu'une collectivité s'endette ses membres anticipent la hausse d'impôt nécessaire à son remboursement. Par conséquent, le financement par l'impôt ou par l'endettement n'a pas d'impact différent sur la demande globale.

tend à osciller autour du chemin de croissance de l'offre potentielle. Une oscillation complète est appelée *cycle économique* ou *cycle conjoncturel*. Cette notion de cycle économique est illustrée à l'annexe 1.

Compte tenu des conséquences néfastes du sous-emploi des facteurs de production (en particulier le chômage) et du suremploi (l'inflation notamment), il est socialement désirable de maintenir l'équilibre entre l'offre et la demande globale au niveau de plein emploi des facteurs de production. Or l'Etat, par le budget, peut intervenir sur la demande globale. En phase de sous-emploi, il devrait augmenter sa consommation et/ou stimuler les dépenses privées (en diminuant la charge fiscale). En phase de surchauffe, l'Etat devrait diminuer ses dépenses et/ou réduire les dépenses privées par l'encaissement de recettes supplémentaires. En d'autres termes, l'Etat doit mener une politique anticyclique *volontariste* en prenant des mesures *discrétionnaires* visant à stimuler les dépenses en cas de crise et à inhiber les dépenses en cas de surchauffe.

On sait par ailleurs que la conjoncture influence les soldes budgétaires par le biais des stabilisateurs automatiques. Les *stabilisateurs automatiques* se définissent comme les recettes qui évoluent de concert avec la conjoncture et les dépenses qui évoluent de façon opposée à l'évolution de la conjoncture. Par exemple en phase de surchauffe, certaines recettes (ex: impôts) augmentent mécaniquement et certaines dépenses (dépenses de sécurités sociales) diminuent de façon automatique. Cela a notamment comme effet de réduire la demande globale. Les stabilisateurs contribuent donc à la régulation automatique de l'économie, soit à maintenir l'équilibre entre la demande globale et l'offre globale au niveau de plein emploi des facteurs de production. L'influence de ces stabilisateurs se fait bien sûr sentir sur les finances publiques: en phase de surchauffe, les soldes sont meilleurs que ce qu'ils auraient été, si l'économie s'était trouvée sur son chemin de croissance tendanciel, alors qu'ils en sont plus mauvais, en phase de sous-emploi des facteurs de production. Notons que plus les écarts entre la production potentielle et la production observée sont importants et plus les soldes enregistrés sont différents de ce qu'ils auraient été dans une situation hypothétique où la collectivité s'était trouvée sur son chemin de croissance de long terme.

Une autre règle, plus prudente face à l'emprunt que celle prescrivant une action volontariste de l'Etat, découle de l'existence des stabilisateurs automatiques. Selon cette règle, l'Etat doit renoncer à une politique volontariste, mais doit tout de même laisser jouer les stabilisateurs automatiques, c'est-à-dire, qu'il doit laisser ses soldes s'écarter de l'équilibre au gré des fluctuations conjoncturelles.

3.3 Théories en lien avec l'explication des soldes publics

3.3.1 Considérations générales

Les théories formulées en lien avec l'explication des soldes publics sont nombreuses. Si certaines visent directement à expliquer les soldes, d'autres s'attachent spécifiquement à expliquer différents aspects de la politique budgétaire en lien avec l'explication des soldes. Parmi ces aspects, on trouve notamment la quote-part de l'Etat, les recettes, les dépenses, les ajustements budgétaires ou l'endettement. Relevons d'ailleurs qu'il n'est pas possible de classer ces explications en fonction des aspects qu'elles traitent, parce qu'elles en éclairent plusieurs à la fois.

Suivant Holsey & Borcherding (1997), ces théories ou ces thèses sont présentées selon qu'elles impliquent ou non l'existence de distorsion(s) entre les prestations offertes par l'administration et celles souhaités par les citoyens. Celles qui n'impliquent pas de distorsion(s) prédisent des changements équivalents à ceux qui résulteraient d'un processus rationnel visant à maximiser le bien-être collectif. Les autres, par contre, considèrent la possibilité qu'un acteur (individuel ou collectif) puisse infléchir en sa faveur le processus d'allocation public. En fait, elles considèrent ce processus d'allocation comme inefficient (aboutissant à une allocation sous-optimale) et expliquent cette inefficience (écart par rapport à l'allocation optimale) par l'interaction des acteurs participant au processus allant de la formation des choix publics à la fourniture des prestations publiques (Persson & Tabellini 1999: 1400). Soulignons ici que la notion de prestation est entendue au sens large et qu'elle comprend autant les services, les biens que les impôts et les taxes.

La plupart des explications formulées dans la littérature donnent à la fois un éclairage sur la composition et sur le niveau des recettes et des dépenses publiques. Or, les soldes publics ne dépendent pas de la composition de ces dernières, mais de la différence de niveau entre les recettes et les dépenses. C'est pourquoi, ce travail ne se focalise que sur les théories explicatives de ces niveaux. Bien sûr, il traite aussi des théories intégrant la composition de ces agrégats, dans la mesure où des enjeux dans ce domaine ont des effets sur les niveaux des recettes et des dépenses.

3.3.2 Théories n'impliquant pas de distorsion(s) entre les prestations souhaitées par les citoyens et celles offertes par l'administration

La plupart des explications présentées dans cette section peuvent s'inscrire dans la théorie du votant médian. Selon cette théorie, les collectivités publiques adaptent leurs prestations à la demande exprimée par les citoyens. Ces derniers déterminent le niveau optimal de prestation qu'ils souhaitent en confrontant le bénéfice marginal de chaque prestation à son coût marginal (Downs 1957, Musgrave 1966, Holcombe 1985). Notons que le coût marginal d'une prestation n'est pas composé uniquement par son coût de production, mais aussi par son coût d'opportunité. Ce dernier s'exprime en termes de renoncement à consommer un autre bien (privé ou public) ou à épargner. Comme tout choix économique, les choix décrits par la théorie du votant médian comprennent donc une base en partie subjective puisqu'ils dépendent des préférences individuelles.

Les théories présentées dans cette partie s'inscrivent dans le monde du votant médian, car elles permettent d'expliquer des déplacements des courbes de demande et de production des prestations publiques, ainsi que des changements aux niveaux des bénéfices marginaux et des coûts marginaux des prestations étatiques (y compris coût d'opportunité). D'une manière plus générale, les changements expliqués par ces théories pourraient résulter d'un processus rationnel visant à maximiser le bien-être collectif. C'est pourquoi, l'allocation résultant du monde décrit par la théorie du votant médian est considérée, sauf mention explicite, comme équivalente à celle qui résulte de l'action d'un dictateur omniscient et bienveillant. Il s'agit d'une pratique courante comme l'atteste l'exemple d'Alesina & Perotti (1995: 15) qui, en présentant une application de la théorie du votant médian de Cukierman & Meltzer (1989), notent que l'allocation qui en découle est celle qu'aurait choisie un dictateur omniscient et bienveillant. Soulignons que l'action d'un dictateur de ce type conduirait à des allocations socialement optimales.[7] En effet, un dictateur, ayant à son service une administration dévouée ou neutre, peut réallouer les ressources de sa collectivité comme il l'entend: la vision traditionnelle du *benevolent dictator* ou du *benevolent planner* postule que l'action de l'administration n'interfère pas dans le processus de fourniture des prestations publiques (Alt & Lowry 1994: 812). Or, étant omniscient et altruiste, il connaît les préférences de ses administrés et peut donc agir pour atteindre une allocation qui maximise leur bien-être.

Explication de changements qui conduiraient le votant médian à choisir une autre allocation

Une première explication suppose une influence du processus d'industrialisation et de l'enrichissement qui l'accompagne. Concrètement, cet enrichissement se serait traduit par un accroissement plus que proportionnel de la demande de prestations publiques. Ce phénomène connu comme la loi de Wagner (1893) suppose donc que les biens publics sont des biens supérieurs, soit des biens dont l'élasticité-revenu est supérieure à 1. Notons que même s'ils étaient des biens normaux[8] l'enrichissement des individus aurait pour conséquence un accroissement des prestations publiques en valeur absolue.

7 Contrairement à l'allocation que choisirait un dictateur bienveillant, celle voulue par le votant médian ne correspond pas toujours à l'optimum social. Il se peut en effet que ce dernier soit victime d'illusion fiscale et sous-estime le coût des prestations publiques. Il se peut aussi que le choix arrêté par le votant médian ne corresponde pas aux souhaits de l'ensemble de la population lorsque un ou plusieurs groupes particuliers ne se rendent que peu aux urnes. Relevons d'ailleurs que le choix du votant médian ne correspond pas forcément à une allocation socialement optimale lorsque les préférences individuelles ne sont pas unimodales et/ou que les individus considèrent plusieurs dimensions lors de leur prise de décision (Drazen 2000).

8 Biens dont l'élasticité-revenu prend une valeur comprise dans l'intervalle]0;1].

La deuxième explication part du constat que le processus d'industrialisation a eu pour conséquence de disloquer les cadres sociaux. Ce phénomène aurait rendu nécessaire une prise en charge plus importante des individus par l'Etat. Par exemple, les prestations traditionnellement offertes par la famille ont notamment été remplacées par la sécurité sociale (Breton 1989: 725). De surcroît, il se peut que le phénomène de l'individualisation ait rendu, aux yeux des individus, plus légitime le recours aux prestations de l'Etat.

Le modèle de redistribution intergénérationnelle de Cukierman & Meltzer (1989) explique le montant d'endettement choisi par une collectivité en fonction de différents paramètres. Bien que ses auteurs le présentent sur un horizon infini, nous le présentons sur deux périodes. Une telle pratique a pour avantage d'en simplifier la présentation sans toutefois causer de perte quant à la complexité appréhendée. En plus de deux périodes, ce modèle fait intervenir deux générations et deux types d'individus. Lors de la première période, la génération actuelle décide de ses consommations présente et future. De ce choix découlent l'héritage (privé) et l'endettement public que cette génération va léguer. Comme elle est soucieuse du bien-être de sa descendance, elle en tient compte dans sa décision. Le premier type d'individus désire léguer un héritage positif à sa progéniture, alors que l'autre désire lui en léguer un négatif. Etant donné qu'il n'est pas possible de léguer un héritage négatif, le deuxième type d'individus favorise le recours à l'endettement. Le premier groupe étant indifférent face à l'emprunt – il peut s'en prémunir en acquérant des obligations d'Etat –, une tendance à l'accumulation de déficit apparaît. Tabellini (1991) propose une extension de ce modèle expliquant pourquoi les générations futures honorent les dettes accumulées par leurs parents. Dans un tel contexte, l'ampleur du déficit dépend de plusieurs paramètres parmi lesquels on peut mentionner la proportion d'individus de chaque type dont est composée la société et le taux de croissance attendu (plus il est élevé et moins l'endettement légué pèsera sur les générations futures).

Selon Baumol *et al.* (1985), il existe trois types de biens, les biens à productivité croissante, ceux à productivité stagnante et ceux à productivité asymptotiquement stagnante. Pour autant que les activités publiques ne soient majoritairement pas des activités à productivité croissante, cette complexification du monde ne change pas la structure de l'argumentaire présenté dans l'article de Baumol (1967). Dans cet article, Baumol explique la croissance relative des dépenses publiques par la différence de productivité qui existerait entre le secteur public et le secteur privé. Pour ce faire, il se place dans un monde à deux facteurs de production le capital et le travail. Il postule ensuite que les activités du secteur public sont plus exigeantes en travail que celles du secteur privé (ces dernières sont donc plus exigeantes en capital). Or, les activités exigeantes en capital peuvent bénéficier de gains de productivité plus importants que les autres (activités publiques). Dès lors, toutes hausses de productivité se répercutent par des hausses plus fortes des salaires privés et donc par une perte de compétitivité du secteur public. Toutefois, et contrairement à ce que prévoit le modèle de Baumol pour les autres biens dont la productivité n'est pas croissante, ces pertes ne se traduisent pas par la diminution relative des prestations publiques, mais par des hausses des dépenses publiques. Il se trouve en effet que Baumol suppose la demande pour les prestations publiques inélastique. Or, une telle inélasticité implique le maintien de la production des prestations publiques. Elle implique donc un accroissement des salaires et des emplois publics qui se traduit évidement par une hausse des dépenses publiques. Ainsi et malgré les apparences, le mécanisme de Baumol repose essentiellement du côté de la demande des prestations publiques plutôt que du côté de leur offre.

Les préférences des individus et des groupes qui composent une société jouent évidemment un rôle sur les niveaux de ses recettes et de ses dépenses. Ainsi, des différences de préférences peuvent expliquer des écarts de niveaux entre plusieurs collectivités ou entre plusieurs périodes pour une même collectivité. Holsey & Borcherding (1997: 579) notent que des variables socio-économiques sont souvent utilisées pour capter les préférences des collectivités.

Peacock & Wisemann (1979: 9) donnent une explication en lien avec les changements de préférences. Ils postulent que les contribuables opposent une résistance à la hausse de la charge fiscale. Par conséquent, les demandes pour de nouvelles prestations restent en grande partie latentes. Ce n'est qu'en cas de situations exceptionnelles (guerres, crises économiques, etc.) que les contribuables acceptent une hausse simultanée des prestations et des prélèvements. Une fois la crise passée, les dépenses et les recettes s'ajustent à la baisse sans toutefois retourner à leur niveau initial.

La figure suivante donne une illustration de la théorie de Peacock & Wisemann (1979), dite de l'effet de déplacement.

Figure 3.1
Effet de déplacement

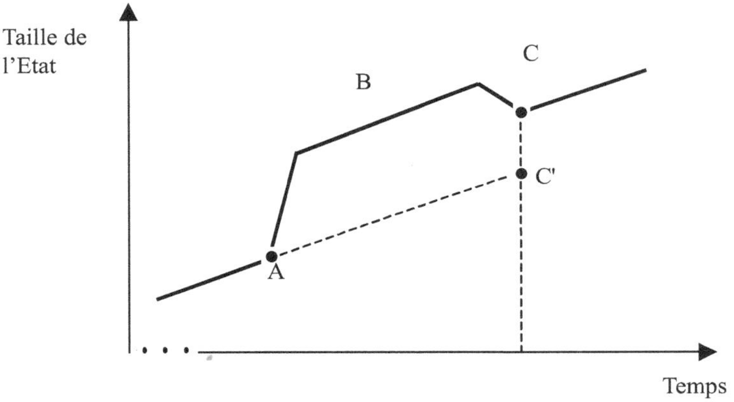

Dans cette figure, la taille de l'Etat suit un trend croissant jusqu'au point A. Survient alors une crise qui rend nécessaire une intervention accrue de l'Etat (segment B). Une fois la crise passée l'Etat réduit son activité (jusqu'au point C), sans toutefois que cette réduction suffise pour ramener la taille de l'Etat sur sa trajectoire tendancielle initiale (point C'). Henrekson (1993: 54-56) présente différentes variantes de l'effet de déplacement. Ces variantes se différencient selon le trend suivi par la taille de l'Etat (trend plus ou moins croissant, stable ou décroissant), sur l'importance du déplacement, ainsi que sur sa persistance ou non une fois la crise passée. Dans la version présentée ci-dessus, les recettes et les dépenses suivent une trajectoire croissante commune par pallier et les situations exceptionnelles jouent un rôle de révélateur des préférences des citoyens.

Higgs (1987) décrits trois autres mécanismes pouvant expliquer que la taille de l'Etat ne retourne pas à son niveau tendanciel initial, soit que l'on assiste à un effet de déplacement vers le haut du niveau des dépenses publiques. Ces mécanismes sont présentés selon l'ordre de pertinence que leur prête l'auteur. Notons que, si le premier ne s'inscrit pas dans la théorie du votant médian, les suivants le font.

1) Les bureaucrates opposent une résistance au redimensionnement à la baisse de l'appareil étatique. Cette explication est compatible avec la constatation de Weber (1947: 318) selon laquelle les dirigeants d'une organisation parviennent à la maintenir en place, même lorsqu'elle n'a plus raison d'être.
2) Pendant la période de crise les acteurs du dispositif politico-administratif ont acquis une expertise plus grande. Cette expertise s'est traduite par une hausse de leur productivité et donc du bénéfice marginal associé à la consommation de prestations publiques.
3) Les citoyens ont changé de perception sur l'utilité de l'Etat pendant la crise, faisant évoluer les préférences des administrés en direction des prestations publiques. Cette évolution se traduit par la hausse du taux marginal de substitution entre les prestations étatiques et les autres biens et services.

Explications qui cadrent l'analyse du votant médian.

Pour Laffer (1981), il existe une limite supérieure aux recettes disponibles pour l'Etat dans une économie de marché. Jusqu'à cette limite les prestations publiques peuvent être financées par les impôts, au-delà elles ne peuvent qu'être financées par l'endettement.

La courbe de Laffer, présentée dans la Figure 3.2, lie le taux d'imposition t (en abscisses) aux recettes fiscales r (en ordonnées). Pour un taux nul, les recettes fiscales sont évidement nulles. Ensuite, une hausse de la pression fiscale permet à l'Etat d'augmenter ses recettes fiscales. La concavité de la courbe s'explique par l'effet désincitatif de l'impôt sur l'activité économique, ainsi que par l'augmentation de l'élusion et de l'évasion fiscale. Au taux t^*, l'Etat maximise ses recettes fiscales. Au-delà de ce taux, toutes hausses de la pression fiscale se répercute par une baisse des recettes fiscales: la hausse de t est plus que compensée par l'effritement de la base fiscale (élasticité inférieure à -1). Lorsque la taxation atteint les 100%, il n'y a plus d'activité et les recettes fiscales sont nulles.

Figure 3.2
Courbe de Laffer

Rendement de l'impôt

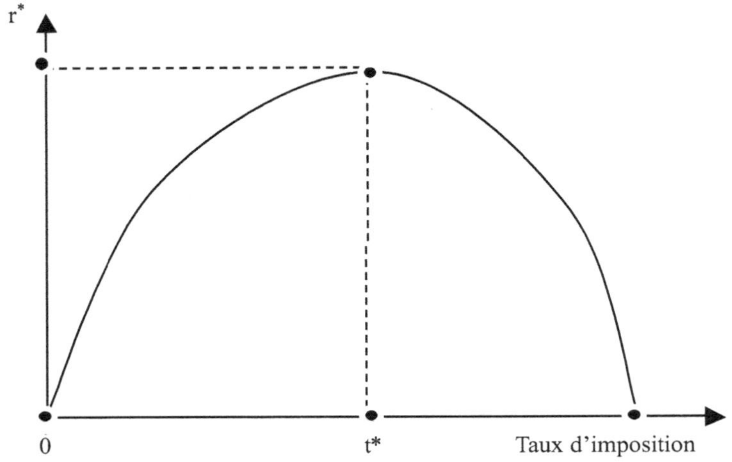

Cette théorie encadre l'analyse du votant médian, puisqu'elle ne donne pas une explication sur un changement qui conduirait ce dernier à choisir une nouvelle allocation, tout en expliquant comment évoluent les recettes en fonction du taux d'imposition. Précisons qu'en fait chaque individu aurait sa propre courbe dont l'agrégation conduirait à la courbe présentée (Hettich & Winer 1988).

Le niveau d'endettement d'une collectivité en début d'exercice détermine en partie les dépenses et donc en partie les soldes de l'exercice. De fait, la dette par le biais de la charge d'intérêts constitue une part des dépenses publiques. Comme l'Etat doit respecter ses obligations contractuelles face à ses bailleurs de fonds s'il veut pouvoir emprunter à nouveau, les intérêts passifs constituent même des dépenses incompressibles, soit des dépenses qui ne pourraient pas être refusées par le votant médian. Relevons par ailleurs que les intérêts passifs peuvent en cas d'endettement excessif faire entrer une collectivité dans *la spirale de l'endettement*. Après une élévation de la dette au-delà d'un certain niveau, cette spirale se caractérise par l'effet circulaire et cumulatif suivant:

nécessité d'un nouveau recours à l'emprunt pour financer la charge d'intérêt qui résulte de l'augmentation de la dette, etc.[9] Face au risque d'explosion de sa dette, un Etat ne peut effectuer ses dépenses librement et voit une partie de ses ressources mobilisées pour lutter contre cet effet boule-de-neige. Certes, il peut renoncer à cette lutte pour conserver sa marge de manœuvre, mais il risque alors de voir sa dette atteindre des niveaux non maîtrisables. Soulignons que ce problème se fait particulièrement sentir lorsque la situation économique est mauvaise: lorsque c'est le cas, les collectivités doivent souvent prendre des mesures d'assainissement pour éviter d'entrer dans (ou pire, pour lutter contre) la spirale de l'endettement, alors qu'il serait préférable d'un point de vue macroéconomique qu'elles prennent des mesures de relance.

3.3.3 Théories prédisant des distorsions entre les souhaits des citoyens et la fourniture des prestations publiques

Les distorsions entre les souhaits de la populations et les prestations fournies peuvent intervenir à trois moments du processus d'allocation public: 1) les choix réellement exprimés par la population diffèrent du choix qu'aurait fait le votant médian, 2) les choix exprimés par la population ne sont pas parfaitement répercutés par les élus et 3) les prestations offertes par l'administration ne correspondent pas à celles décidées par les élus. Souvent, la norme par rapport à laquelle ces distorsions sont mesurées est l'allocation qui résulterait de la théorie du votant médian ou de l'action d'un dictateur bienveillant. Par exemple, Alesina & Tabellini (1990: 403) posent leur modèle comme l'abandon de celui du *benevolent planner* et utilisent ce dernier comme référence pour juger de l'écart allocatif prédit par leur nouveau modèle. Par ailleurs, Holocombe (1985: 48) présente la théorie

9 Le niveau de la dette à partir duquel la dette n'est plus maîtrisable dépend notamment de la croissance économique de la collectivité et des taux d'intérêts. Voir Blanchard (1990) pour une présentation théorique de ce phénomène et une élaboration d'indicateurs permettant de le mesurer. Soguel (1996) et Mottu (1997) les appliquent à la Suisse, Weinmann (1997) au canton de Neuchâtel et Martin (1999) au canton de Genève.

du votant médian comme la référence vers lequel doit tendre l'action des démocraties.

Avant de présenter les théories se rapportant à chacun des trois moments du processus d'allocation présentés, voyons sur quelle vision de la société elles se basent. Selon cette vision, la société est composée d'individus formant plusieurs groupes d'intérêts particuliers. Ici la notion de groupe particulier doit être prise au sens large, soit au sens de force sociale. Elle inclut aussi bien des formations partisanes, des corporations, des associations, que des groupes informels. Ces groupes se caractérisent par leur capacité à influencer les politiques budgétaires en leur faveur, soit à modifier ou orienter la composition et le niveau des recettes et des dépenses publiques.[10] Concrètement, un groupe peut orienter la décision concernant une mesure de telle sorte que l'utilité ou les conséquences négatives de cette mesure soient surestimées ou sous-estimées selon qu'il en soit bénéficiaire ou non.[11]

En général, deux mécanismes permettent à un groupe d'exercer son influence. D'une part, un groupe peut chercher à gagner les autres composants de la société à sa (ses) cause(s). Pour cela, il dispose de différents moyens: informations par les médias, stands de mobilisations, etc. D'autre part, il peut agir en s'assurant le soutien d'élus en contribuant notamment à leur élection. Un groupe peut contribuer à l'élection d'un candidat en lui octroyant ses voix et/ou en lui mettant à disposition des ressources: moyens financiers, canaux d'informations, etc. Une fois au pouvoir, les élus décident de politiques budgétaires visant à satisfaire les

10 Les individus peuvent avoir plusieurs raisons pour constituer un – et agir en tant que – groupe. Olson (1987) et Becker (1983) présentent des modèles classiques dans le sens où les individus cherchent par leurs actions à maximiser leurs intérêts (exprimés en termes de biens et services). D'autres motivations comme la défense de valeurs ou d'idéologies peuvent être mentionnées: voir notamment Kristov *et al.* (1992), Higgs (1997-1987) et Sen (2001).

11 Selon Holcombe (1985: 130) notamment, les groupes d'intérêts ou leurs représentants cherchent plutôt à augmenter les dépenses qu'à réduire les recettes. Ce biais s'expliquerait par le fait que les dépenses bénéficient souvent à des groupes particuliers identifiables, alors que les réductions de recettes bénéficient à l'ensemble de la population. Notons que cela n'est pas le cas pour les déductions et les exonérations fiscales dont peuvent bénéficier différentes catégories particulières de contribuables.

groupes qu'ils représentent (Weingast *et al.* 1981, Holcombe 1985) et s'assurent ainsi les voies des groupes dont ils défendent les intérêts.

En plus de ces mécanismes, les fonctionnaires et les prestataires parapublics peuvent exercer leur influence au moment de la production et de la fourniture des prestations publiques. Ils peuvent le faire en profitant de l'asymétrie d'information dont ils jouissent pour accroître les ressources consacrées aux prestations publiques, ce qui se concrétise par une surproduction et/ou production inefficiente de prestations publiques.

Bien qu'ils ne permettent aucune conclusion quant aux soldes financiers, deux résultats intéressants découlent d'un tel monde, soit d'un monde où des individus et des groupes particuliers cherchent à orienter les choix publics et où les élus cherchent à gagner les voix de ces groupes. Ces résultats divergent quant à leur corollaire sur le niveau des dépenses.

Le premier résultat consiste en la fourniture de prestations supérieure à l'optimum social (quantité souhaitée par le votant médian). D'une part, les élus, afin d'assurer leur réélection, vont chercher à orienter les choix publics vers des prestations ne bénéficiant essentiellement qu'à des groupes particuliers. D'autre part, ils vont chercher à collectiviser le coût de ces prestations. Cette asymétrie entre les bénéficiaires et les payeurs conduit à la surestimation de l'utilité des prestations publiques et/ou à la sous-estimation de leurs coûts et donc à une production excessive de prestations étatiques (Olson 1987).

Le deuxième résultat est qu'en cas de disparité des ressources, les groupes ayant plus de moyens parviennent mieux à orienter le processus public de décision que les autres (Clark 1997: 189). C'est précisément le cas des milieux économiques (Oppenheimer 1980: 133). Or, ceux-ci étant traditionnellement pour une intervention réduite de l'Etat, il devrait résulter du processus d'allocation public un niveau des prestations inférieur à l'optimum social.

Les choix réellement exprimés par la population diffèrent du choix qu'aurait fait le votant médian

Selon cette théorie, les électeurs sont victimes d'illusion fiscale et sous-estiment le coût des prestations publiques. Il en découle que la demande de prestations est supérieure à l'optimum social: l'allocation optimale est celle qu'aurait choisie un dictateur bienveillant ou le votant médian s'il n'avait pas été victime d'illusion fiscale. Ce biais en faveur des dépenses expliquerait pourquoi les collectivités connaissent des déficits chroniques. Avant de passer en revue les résultats empiriques visant à tester l'existence de l'illusion fiscale dont serait victime les citoyens, Dollery & Worthington (1996) en recensent cinq sources. A part la troisième et la quatrième, elles découlent de la vision politique du monde présentée.

1) Les citoyens n'appréhendent pas correctement la contrainte budgétaire intertemporelle de l'Etat. En fait, les générations futures n'ont pas la possibilité de faire valoir pleinement leurs intérêts, même si certains élus s'en font leurs défenseurs. Par conséquent, les citoyens sous-estiment le coût réel des dépenses financées par l'emprunt. C'est pourquoi, la génération actuelle ne tient pas pleinement compte de la renonciation à consommer que représente l'endettement pour les générations futures. Elle est donc demandeuse de davantage de prestations publiques en cas de financement par l'emprunt. Cet endettement est excessif, car il est plus important que celui qu'aurait choisi un dictateur bienveillant.[12]
2) Selon la théorie de l'effet papier collant, les transferts resteraient «collés» aux dépenses publiques: une collectivité lorsqu'elle reçoit une subvention augmente ses prestations (et donc ses dépenses) au-delà de ce qu'auraient souhaité les citoyens au lieu de leur restituer tout ou partie du montant du transfert à ses contribuables sous forme de baisse d'impôt (Oates 1979).
3) La population serait victime d'illusion fiscale en ne s'attachant qu'à la pression fiscale et non au montant de l'impôt payé. C'est pourquoi, à la suite d'une variation de la richesse d'une collectivité et donc de

12 Cette tendance est accentuée par le fait que les membres d'une collectivité ne sont pas individuellement responsables de la dette contractée par leur collectivité. Par conséquent, ils préfèrent financer les dépenses par l'emprunt s'ils pensent quitter la collectivité (déménagement, décès, etc.). De plus, l'Etat jouit de meilleures conditions d'emprunt que les contribuables. Ceux-ci ont donc intérêt à ce que l'Etat emprunte à leur place. C'est particulièrement vrai pour les contribuables qui n'auraient pas accès au crédit et qui pourraient ainsi disposer de ressources auxquelles ils n'auraient pas pu avoir accès autrement.

l'élargissement de son assiette fiscale, ses membres n'exigeraient pas une adaptation de la pression fiscale qui compenserait la variation des recettes due à l'effet-revenu (Oates 1975: 141).

4) Pour Buchanan (1967: 137) l'impôt joue le rôle de «prix» des prestations publiques. Or, la complexité croissante des systèmes fiscaux rend difficile pour les citoyens d'appréhender le prix réel de ces prestations.
5) Les rentiers ne paient pas d'impôts sur leur revenu. Ils ne perçoivent donc pas le coût des programmes de dépenses pour lesquels ils votent. Il en irait de même pour la frange de la population qui se situe hors de la zone d'imposition.

La pratique incrémentaliste consiste à accroître de façon proportionnelle et marginale (sans remise en question des tâches) le budget de l'année précédente pour établir le budget de l'année en cours (Wildawski 1975). A l'instar de celle découlant de la théorie précédente, l'allocation qui résulterait d'une telle pratique se distingue de celle qu'aurait choisie un dictateur bienveillant, mais pas forcément de celle qu'aurait choisie le votant médian. De fait, une telle pratique peut s'expliquer par la nécessité de réduire la complexité et le coût de la procédure budgétaire: rediscuter à chaque exercice de chaque prestation est un exercice lourd et coûteux. Ce faisant, la pratique incrémentaliste permet donc d'éviter la rédaction de nombreux rapports et études, ainsi que de difficiles négociations sur la pertinence et la priorité des tâches envisagées. De même, une telle pratique peut s'expliquer par la rationalité limitée des individus telle que définie par Simon (1976: 65). Ce dernier s'est élevé contre la conception de l'homme rationnel défendue par Downs (1957: 6). Pour Simon, il n'est pas possible de recueillir et traiter toutes les informations nécessaires pour définir a) une situation, b) les alternatives envisageables et c) leurs conséquences. C'est pourquoi, les individus ne poursuivraient pas leur investigation jusqu'au bout, mais se satisferaient des alternatives matérialisées par la pratique incrémentale. Relevons toutefois que cette pratique pourrait aussi trouver son origine dans la capacité des prestataires publics à influencer le processus aboutissant à la fourniture de prestations publiques. En effet, de part sa non-remise en cause des prestations publiques, cette pratique assure la pérennité de la situation de ces prestataires. Cette pratique pourrait donc aussi être située dans la partie relative aux distorsions dues aux prestataires publics (cf. point 3.3.3 en page 35).

Buchanan & Wagner (1977: 182-183) affirment que les élus utilisent la théorie keynésienne pour servir leurs intérêts. Lorsque la situation économique est bonne (soit en situation d'écart de production positif), les élus défendent l'équilibre des finances et donc des dépenses supplémentaires et/ou des réductions d'impôts. Lorsque la situation économique est mauvaise (écart de production négatif), ils militent en faveur d'une politique de régulation des cycles économiques, soit à nouveau pour des dépenses supplémentaires et/ou pour des réductions d'impôts. Cette asymétrie dans l'application des conceptions keynésiennes, en plus d'amplifier les fluctuations conjoncturelles dues à des phases de surchauffe, conduit à un endettement chronique. Cette interprétation se base sur le postulat que les électeurs ne perçoivent pas correctement l'influence des cycles conjoncturels sur les finances publiques. En effet, si tel était le cas, ils sanctionneraient ce type de comportement. Notons que ce postulat suffit pour prédire que les politiques budgétaires mises en œuvre seront pro-cycliques. Dans ce cas, les votants exercent une pression plus forte lorsque des fonds sont disponibles (soit souvent en période de haute conjoncture) et relâchent leur pression lorsque les finances se détériorent (soit souvent en période de basse conjoncture). Ainsi, les hommes politiques en jouant leur rôle de représentants adoptent un comportement plus dépensier lorsque les finances sont bonnes et plus économe lorsque la conjoncture se dégrade.

Les choix exprimés par la population ne sont pas parfaitement répercutés par les élus

L'hétérogénéité des préférences constitue une des sources de distorsion entre les prestations souhaitées par la population et celles déterminées par les élus. En effet, la tenue d'élection a pour conséquence de minoriser, voire d'exclure certains groupes de la représentation électorale. Or, il semble difficile de croire que les élus ne poursuivent pas la politique souhaitée par leurs électeurs plutôt que celle souhaité par l'ensemble de la population.

Le modèle des cycles partisans de Hibbs (1992) est d'ailleurs construit sur cette hypothèse. Ce modèle prédit que les politiques budgétaires varient en fonction des partis au pouvoir. Pour Hibbs, les composantes de la société peuvent être rangées dans deux groupes distincts. Un des groupes (assimilable aux partis de gauche) prête un rôle plus large à l'Etat que l'autre groupe (assimilable aux partis de droite). Dans ce contexte, les politiciens fondent leurs actions sur les préférences de leurs partis et des électeurs qui les soutiennent. Non seulement les politiciens et les partis attachent de l'importance au fait d'être élus ou d'avoir des représentants élus, mais défendent également des préférences propres qu'ils partagent avec leurs électeurs (Alesina & Rosenthal 1995). Pour cette raison, ils ne cherchent pas uniquement à maximiser leurs chances d'être élus en préconisant des politiques centristes susceptibles de satisfaire une tranche d'électeurs plus importante. Ce qui les retient de le faire c'est la perte d'utilité que représente le renoncement à mettre en œuvre des politiques correspondant à leurs préférences (Alesina *et al.* 1997: 49). C'est pourquoi chaque décideur tend à maximiser le bien-être du groupe qu'il représente et non celui de l'ensemble des électeurs. Cela a pour conséquence de créer des cycles partisans. Ainsi, les politiques budgétaires devraient varier en fonction des représentations partisanes au pouvoir. Malgré le caractère général de cette prédiction et du mécanisme qui la sous-tend, remarquons que cette théorie n'a de réelle capacité prédictive que pour des systèmes politiques marqués par une réelle polarisation entre les programmes mis en œuvre par les partis se succédant au pouvoir. Remarquons de surcroît que ce mécanisme implique que l'écart entre les politiques mises en œuvre et les souhaits de la population s'amoindrit avec l'éventail des préférences représentées au pouvoir.

Weingast *et al.* (1981) donnent une explication fondée sur la concentration géographique des avantages découlant des prestations publiques. Dans leur modèle, les décideurs publics sont élus dans différentes régions géographiques. Afin d'assurer leur mandat électoral, ils cherchent à orienter les décisions de telle sorte que les dépenses publiques déploient essentiellement leurs effets dans leur région d'élection tout en étant financées au niveau supérieur (national dans le modèle des auteurs). Ainsi, le niveau des prestations publiques fournies par région est supérieur à celui qu'aurait choisi le votant médian si la population avait été consultée au niveau national au sujet de l'ensemble des dépenses des régions. Ce modèle prédit que plus le nombre de régions géographiques est important et plus la taille de l'Etat le sera aussi.

D'une manière plus générale, le modèle de Persson *et al.* (1998) met en avant la marge de manœuvre dont disposent les élus pour satisfaire leurs propres intérêts. Il montre en fait que les élus peuvent choisir entre allouer le budget selon leurs préférences et ne pas se faire réélire ou ne pas trop s'écarter des préférences des électeurs dans l'optique de se faire réélire. Dès lors, moins les élus-candidats risquent de sanction politique et plus ceux-ci peuvent se permettre de s'écarter des préférences de leurs électeurs (Holcombe & Miles 1995).

L'incertitude électorale constitue également une source de distorsion entre les prestations souhaitées par la population et celles déterminées par les élus. Elle permet notamment d'introduire un comportement clientéliste des élus qui engendrerait l'apparition de cycles électoraux.

Dans le modèle des cycles électoraux de Nordhaus (1975), les élus sont loin de poursuivre l'intérêt général, puisqu'ils cherchent non seulement à défendre les intérêts des groupes qu'ils représentent, mais aussi à poursuivre leurs propres intérêts. Chaque élu cherche en particulier à se faire réélire. Lorsque les élections approchent les élus « s'achètent » des voix en augmentant les dépenses publiques ou en diminuant les prélèvements supportés par les contribuables. Ils favorisent ainsi l'apparition de déficits. Les citoyens sont myopes et ne sanctionnent pas un tel comportement. Remarquons que Rogoff & Sibert (1998) montrent que la théorie des cycles électoraux reste valable même si l'on considère que les électeurs sont rationnels pour autant que l'information, notamment sur l'habileté de gestion des décideurs, soit incomplète. Alesina *et al.* (1997) présentent bon nombre d'extensions du modèle des cycles électoraux de Nordhaus.

La prise en compte des élections permet surtout d'introduire une incertitude sur la composition des préférences représentées au pouvoir après les élections. Ainsi, les groupes au pouvoir ne sont pas certains que les prestations fournies après les élections satisfassent leurs attentes. Dans ce cas, les élus en place vont choisir des politiques budgétaires différentes de celles qu'ils auraient choisies s'ils étaient sûrs d'être réélus. Les modèles ci-dessous expliquent pourquoi et comment les politiques budgétaires sont affectées par cette incertitude. Relevons d'amblée que les effets décrits sont probablement d'autant plus forts que les issues des scrutins semblent défavorables aux partis au pouvoir.

Le modèle de Persson & Svensson (1989) explique comment un groupe d'intérêts peut influencer la politique de son successeur en cas de non réélection. Prenons une société composée de deux groupes d'intérêts. Ces groupes ont les mêmes préférences quant à la composition des dépenses, par contre ils sont en désaccord quant à leur niveau. Admettons que le groupe A préfère un niveau de dépenses supérieur à celui préféré par le groupe B. S'il est au pouvoir, le groupe A va choisir un niveau d'endettement d'autant plus bas que sa probabilité de se faire réélire est faible. Ainsi, dans le cas où il n'est pas réélu, le groupe B dispose de plus de ressources, et dépense plus que ce qu'il aurait choisi de faire. Selon la même logique, le groupe B, s'il est au pouvoir, va choisir de dépenser plus qu'il ne l'aurait fait s'il avait été sûr d'être réélu. Ainsi, le groupe A, s'il accède au pouvoir, voit une partie des ressources mobilisée par la dette et doit choisir de dépenser moins que ce qu'il aurait fait.

Alesina & Tabellini (1990) et Tabellini & Alesina (1990) montrent que les groupes au pouvoir choisissent un niveau d'endettement supérieur à celui qu'ils auraient choisi s'ils avaient été sûrs que leurs représentants se feraient réélire. En effet, si ces derniers ne sont pas réélus, la perte correspondant au renoncement à consommer demain (pour consommer aujourd'hui) est moins grande que s'ils avaient été réélus. Cette perte est moins grande, car ils n'auraient pas pu choisir la composition des dépenses demain n'étant pas réélus.

Alesina & Drazen (1991) proposent un modèle expliquant pourquoi les déficits imprévus risquent de perdurer au-delà de ce qu'il serait souhaitable pour le bien-être collectif. Leur modèle montre qu'il est rationnel pour les groupes représentés au pouvoir de retarder la mise en œuvre des ajustements nécessaires au rétablissement de l'équilibre. Les groupes s'accordent quant à la nécessité ou non de prendre des mesures permettant de rétablir l'équilibre (augmentation des recettes et/ou réduction des dépenses). Pour chaque groupe, la perte d'utilité induite par un arrangement donné (répartition de l'effort en termes de part d'ajustement supportée) est plus faible aujourd'hui que pour le même arrangement demain (l'ajustement de départ reste inchangé et la dette croît à cause des intérêts). Toutefois, les efforts supportés par chaque groupe diffèrent selon les mesures envisagées. C'est pourquoi, chaque groupe essaye de reporter la part la plus importante du fardeau de l'ajustement sur l'autre groupe. Or, aucun des groupes ne connaît la propension de l'autre groupe à accepter d'être le perdant, soit d'accepter de supporter une part plus importante de l'ajustement nécessaire. Lors des négociations, les groupes mettent en balance la perte d'utilité marginale causée par le fait de vivre encore une situation de déséquilibre avec le gain potentiel d'être le gagnant plutôt que le perdant multiplié par la probabilité conditionnelle que l'autre groupe accepte d'être le perdant. Les négociations prennent fin lorsque l'un des groupes accepte d'être le perdant, soit lorsque le coût associé au report de l'ajustement est supérieur au gain potentiel d'être le gagnant plutôt que le perdant à l'instant suivant. Spolaore (1993) a élargi ce modèle à des gouvernements de coalition. En prenant comme norme le lissage fiscal, il prédit qu'un gouvernement de coalition va prendre des mesures correctives plus tard que ce qui serait socialement optimal. Au contraire, un gouvernement ne défendant qu'un intérêt particulier prendra des mesures plus rapides et plus fortes.

Velasco (2000) propose un modèle dynamique s'inspirant de ceux expliquant la surexploitation des ressources communes. Dans son modèle, le budget de l'Etat est considéré comme une ressource commune exploitée par les groupes d'intérêts. Dans ce contexte, apparaissent deux sources de distorsion entre l'allocation qu'aurait choisie le votant médian et celle qui résulte du modèle. 1) Chaque groupe base ses décisions de dépenses sur l'ensemble du budget (du réservoir), alors que ces dépenses ne profitent qu'à lui. 2) Chaque groupe décide de son épargne en fonction des bénéfices futurs qu'il peut en tirer, soit des dépenses rendues possibles par le montant épargné et par l'intérêt qu'il engendre. Or, toute ressource non utilisée reste dans le pot commun. Par conséquent, les ressources épargnées par un groupe ne profite pas qu'à ce dernier, mais à l'ensemble des groupes. De ces deux mécanismes, il ressort une surexploitation (surdépenses) de la ressource commune (budget). Ce modèle permet en outre de modéliser un phénomène de stabilisation retardée proche de celui présenté par Alesina & Drazen (1991). En fait, un tel comportement est acceptable (viable) pour les groupes d'intérêts tant que les ressources disponibles sont suffisantes. Plus la menace de voir ces ressources disparaître se dessine et plus les groupes sont incités à se mettre d'accord pour préserver le stock de ressources communes. On peut prédire, à partir du modèle de Velasco, que plus le nombre de partis représentés au pouvoir est important et plus les dépenses et les déficits devraient l'être, puisque chaque élu serait enclin à mettre en oeuvre des politiques favorisant ses électeurs sans pleinement tenir compte de la contrainte budgétaire.

Les prestataires publiques ne produisent pas exactement les prestations qui leur sont demandées

Selon Niskanen (1971), il existe une autre distorsion entre l'allocation voulue par la population et celle observée. Cette distorsion naît de l'écart entre les souhaits répercutés par les élus et les prestations finalement délivrées l'administration. Comme la classe politique, les fonctionnaires ne poursuivent pas que l'intérêt général, mais cherchent aussi à satisfaire leurs intérêts. Or, ils n'ont pas la possibilité de réaliser (maximiser) de profit. C'est pourquoi ils tendent à maximiser leur budget, afin d'augmenter leur pouvoir, leur prestige, etc. Pour ce faire, ils profitent de l'asymétrie d'information sur le coût de production des prestations publiques dont ils jouissent. Comme les fonctionnaires se trouvent en situation de monopole, la pression concurrentielle du marché sur les coûts ne s'exerce pas. Par conséquent, le coût budgétaire observé pour la fourniture de ces prestations ne correspond pas forcément au coût de production optimal.[13] Cette «rente de monopoleur» se matérialiserait sous la forme d'équipements superflus (bureau plus luxueux, etc.) ou de personnel supplémentaire. Relevons que cette inclinaison des fonctionnaires à maximiser leur pouvoir se manifesterait aussi par l'effet papier-collant décrit par Oates (1979). Dans ce cas, l'administration capte des ressources supplémentaires non pas uniquement sous forme d'inefficience, mais aussi sous forme de dépenses supplémentaires. D'une façon plus générale, l'argumentation développée par Niskanen s'applique à l'ensemble des prestataires publics, à la différence près que certaines d'entre-eux peuvent réaliser des bénéfices.

13 Il suffit qu'une seule des conditions d'existence du marché pur et parfait ne soit pas remplie pour que le marché ne soit pas efficient. Or, comme ces conditions ne sont jamais remplies, le marché ne parvient pas non plus au coût de production optimal.

Explications qui cadrent les théories prédisant des distorsions entre les souhaits des citoyens et la fourniture des prestations publiques

Toutes les théories présentées dans cette partie cherchent à expliquer la distorsion entre l'allocation voulue par les administrés et celle effectivement observée. Tel n'est pas le cas des arguments avancés quant à l'influence des facteurs institutionnels. Toutefois, ces arguments ont lieu d'être classées dans cette partie, car s'ils n'expliquent pas un (ou des) mécanisme(s) dont découle une telle distorsion, ils se fondent néanmoins sur une vision politique du processus public de décision. En effet, les auteurs qui les intègrent dans leurs analyses (notamment von Hagen & Harden 1994: 341) considèrent que les dispositions institutionnelles limitent et cadrent les interactions des acteurs jouant un rôle dans la formation des choix publics.

La notion de facteur institutionnel est large et comprend des caractéristiques comme la centralisation et la transparence du processus budgétaire, ainsi que des dispositions comme le droit d'initiative, les référendums financiers ou des règles concernant les soldes ou l'endettement (équilibre annuel, etc.).

L'influence des facteurs institutionnels s'exerce de deux façons. D'une part, ils influencent indirectement les choix publics en modelant les préférences de tous les acteurs qui en sont partie prenante: un cadre institutionnel stable joue un rôle dans la formation des préférences des citoyens (Bowles 1998: 75). Ainsi, une règle fixant un objectif quant aux soldes est internalisée par les acteurs du processus de formation des choix publics et sert donc de référence par rapport auquel ces acteurs perçoivent et élaborent leurs actions.

D'autre part, les facteurs institutionnels influencent directement les comportements de deux manières. 1) D'abord, ils limitent le champ d'action des participants au processus budgétaires. Ainsi les règles, fixant des objectifs en termes de solde (par ex. équilibre), limitent ou du moins contraignent les issues possibles du processus budgétaire. 2) Ensuite, ils donnent aux différents acteurs les moyens pour infléchir les choix publics. Par exemple, les référendums financiers, en permettant aux citoyens d'exprimer leur avis sur les dépenses supérieures à une certaine limite, laissent à différents groupes (élus, etc.) la liberté de décider de certaines dépenses, tout en donnant la possibilité aux citoyens de refuser ces dépenses.

Relevons que l'existence d'instruments tels que les référendums financiers repose sur la possibilité que le processus de décision publique puisse aboutir à des propositions qui ne correspondent pas aux choix qu'auraient faits les votants. Relevons par ailleurs que le mécanisme *voice* présenté par Hirschman (1970) laisse supposer que les instruments consultatifs tels que les initiatives puissent exercer des influences à la hausse sur les dépenses et/ou sur les recettes. Ce mécanisme se résume ainsi: les individus, lorsqu'ils peuvent donner leur avis, sont plus enclin à accepter et assumer les décisions prises. Par conséquent, ils seraient plus disposés à les financer. De plus, les citoyens sont plus enclins à dépenser puisque les projets qui leur sont proposés correspondent mieux à leurs attentes.

3.3.4 Mise en perspective

La multiplicité des théories présentées dans ce chapitre dénote de – et s'explique par – la complexité du monde qui nous entoure. Le pouvoir explicatif de ces théories diffère certainement d'une théorie à l'autre. D'ailleurs, certaines sont peut-être erronées et n'en ont aucun. Toutefois, les tests empiriques n'ont pas permis de rejeter l'une ou l'autre de ces théories de manière définitive.[14] C'est pourquoi, on considère pour la suite du travail que chacune de ces théories apporte un (ou des) élément(s) permettant l'explication des soldes publics. De ce fait, on procède plus par superposition que par articulation ou sélection des théories présentées.

Comme il n'existe pas de théorie générale les articulant, il convient d'adopter une vision suffisamment complexe de la société pour permettre l'utilisation de chacune des théories explicatives des soldes publics et,

14 Holsey & Borcherding (1997: 585) imputent la difficulté de discriminer les théories explicatives des soldes sur la base de tests empiriques au fait que plusieurs explications théoriques (qui sont parfois très différentes, voire incompatibles) peuvent justifier l'introduction dans un modèle d'une même variable explicative.

partant, l'étude d'un grand nombre de déterminants potentiels des soldes publics. Selon cette vision, les politiques budgétaires observées sont le fruit de l'interaction entre diverses catégories d'agents cherchant à défendre (accroître ou maintenir) leurs intérêts, dans un environnement à dimensions multiples et en mutation. Ces agents sont à la fois des individus à part entière et des membres de différents groupes d'intérêts au sens large (formations partisanes, associations particulières, etc.) dont les objectifs ne sont pas la moyenne ou la somme des objectifs des individus qui les composent. Ces groupes se caractérisent par leur capacité à influencer les politiques budgétaires en leur faveur, soit à modifier ou à orienter la composition et le niveau des recettes et des dépenses publiques. L'environnement dans lequel ils évoluent comprend notamment les dimensions institutionnelles, économiques, démographique et sociétale.

Partant de cette vision, on peut formuler plusieurs méta-hypothèses à partir des théories présentées dans ce chapitre. Ces méta-hypothèses prédisent que les niveaux des recettes, des dépenses et des soldes publics dépendent: 1) des préférences de la population, 2) des préférences des élus, 3) de la marge de manœuvre des prestataires publics, 4) du cadre institutionnel, 5) des caractéristiques propres aux collectivités publiques et 6) de l'évolution de facteurs externes aux collectivités publiques.

La première méta-hypothèse provient aussi bien des théories prédisant que les prestations fournies correspondent aux désirs de la population que de celles pouvant expliquer l'existence d'un écart entre les souhaits des citoyens et les prestations fournies par les collectivités publiques. Les moyens formels par lesquels les citoyens peuvent faire valoir leurs préférences sont les élections, ainsi que les divers instruments de démocratie directe.

La deuxième méta-hypothèse trouve son origine dans le mode d'attribution des mandats électoraux, soit dans la logique élective. D'une part, cette logique conduit les élus à favoriser les préférences de leurs électorats respectifs, plutôt que celle de l'ensemble de la population. D'autre part, le risque de perdre leur mandat conduit les élus à ne pas tenir pleinement compte du coût d'un renoncement à une consommation future, soit du coût d'un endettement. En fait, les élus sous-estiment ce coût, car ils ne seraient plus en position d'allouer les dépenses publiques selon leurs préférences (ou des groupes qu'ils représentent) en cas de défaite électorale.

La troisième méta-hypothèse provient de la marge de manœuvre dont dispose les prestataires publics pour infléchir l'action publique en leur faveur. En général, on considère que cette marge de manœuvre est relativement importante pour l'administration publique, car elle n'est qu'indirectement soumise aux contraintes du marché.

La quatrième méta-hypothèse rend compte du rôle joué par le cadre institutionnel dans la structuration et la détermination du processus d'allocation des prestations publiques. Il se trouve, en effet, que ce cadre sert de norme par rapport à laquelle la population, les élus et les fournisseurs de prestations publiques définissent leurs attentes. Il se trouve, d'autre part, que ce cadre définit le champ et les modalités d'actions des acteurs.

La cinquième méta-hypothèse vise à rendre compte des effets causés par différentes caractéristiques propres aux collectivités sur lesquelles ces dernières n'ont que peu de prise sur les court et moyen termes. Il s'agit par exemple des influences dues aux structures socio-économique et démographique des cantons ainsi que des influences causées par la présence de différentes infrastructures dans les cantons.

La sixième méta-hypothèse permet de tenir compte de l'influence exercée par les facteurs externes aux collectivités publiques. Pour les cantons, il s'agit notamment des effets induits par les communes et/ou la Confédération (par ex. transferts de charges), ainsi que ceux provoqués par des changements observés sur le plan international (évolution cyclique de l'économie, etc.).

4 Prémisses pour la modélisation

Ce chapitre présente les variables envisagées, ainsi que les justifications des relations attendues entre les variables explicatives et celles expliquées. Les variables explicatives sont présentées selon leur appartenance à l'une des 3 catégories suivantes: 1) les variables pouvant servir aux collectivités d'instruments de contrôle des soldes publics; 2) celles sur lesquelles les cantons ne peuvent pas agir et 3) celles qu'il n'a pas été possible de récolter.

Décrire de façon détaillée les justifications des influences attendues des variables explicatives sur les recettes et les dépenses constitue un exercice délicat, car ces descriptions n'existaient pas toutes ailleurs dans la littérature. Ainsi, dans la perspective d'une modélisation conjointe des recettes et des dépenses (et partant des soldes), il est souvent nécessaire (en particulier pour les recettes) de partir des mécanismes expliquant l'influence de certains déterminants sur les soldes pour identifier les déterminants potentiels des recettes et des dépenses.

4.1 Variables expliquées

4.1.1 Différents concepts des soldes publics

Le modèle de compte harmonisé des cantons suisses, élaboré par la Conférence des directeurs cantonaux des finances en 1977, fournit une base conceptuelle homogène et empirique solide pour l'étude des soldes publics.

Ce modèle, illustré dans la Figure 4.1, distingue le compte des investissements du compte de fonctionnement. Les recettes d'investissement (notamment les subventions acquises pour des investissements) et les dépenses d'investissement sont comptabilisés dans le compte des investissements. Son solde, appelé *investissement net*, correspond à la part des investissements que les collectivités doivent financer elles-mêmes.

Figure 4.1
Présentation schématique du nouveau modèle de compte[a]

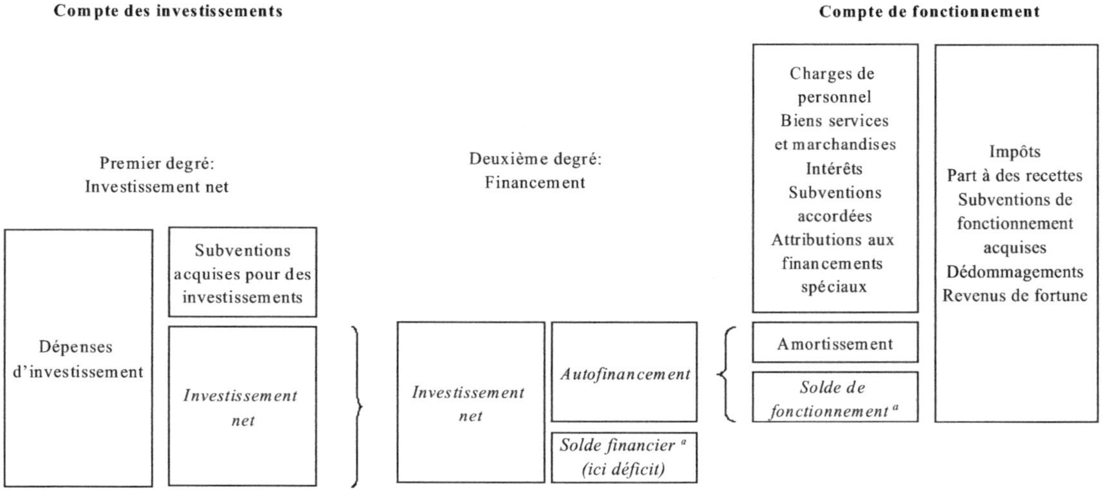

Adapté du manuel de comptabilité publique (Conférence des Directeurs cantonaux des finances 1982).

[a] Cas avec un excédent de revenus du compte de fonctionnement, un autofinancement positif et une insuffisance de financement.

Le compte de fonctionnement rassemble les charges et les revenus courants de l'Etat. Ses charges comprennent les dépenses courantes, dont les intérêts sur la dette, et diverses charges comptables, dont l'amortissement du patrimoine administratif issu des investissements. Dès lors que le *solde de fonctionnement* sommé aux amortissements donne l'*autofinancement*, la différence entre les investissements nets et l'autofinancement correspond à l'*insuffisance ou l'excédent de financement*, soit au *solde financier*. L'accumulation des soldes financiers au cours des années détermine le niveau de la dette nette d'un canton.

Le modèle harmonisé permet de dégager, sans toutefois les mentionner explicitement, deux autres types de soldes susceptibles d'être étudiés dans le contexte de cette recherche, soit le *solde primaire* et le *solde structurel*. Ils peuvent être calculés tant pour le solde de fonctionnement que pour le solde financier. Par exemple, il est possible de calculer le solde structurel de fonctionnement et le solde structurel financier. Le *solde primaire* se définit comme le solde financier ou de fonctionnement hors intérêts passifs. Le *solde structurel* se définit quant à lui comme le solde financier ou de fonctionnement hypothétique qui aurait été atteint, si l'économie s'était trouvée à un niveau de référence donné du produit intérieur brut (PIB).[1]

4.1.2 Signification et utilité des soldes définis

Chacun des soldes définis permet de mettre en lumière une réalité particulière des finances d'une collectivité. Cette partie présente justement la signification et l'utilité de chacun de ces soldes.

Selon le plan comptable harmonisé inspiré par la philosophie de la règle d'or, le *solde de fonctionnement* devrait être équilibré à chaque exercice comptable. Cette norme repose sur deux bases. 1) Elle repose

1 Généralement, le PIB de plein emploi est choisi comme niveau de référence, car le plein emploi est l'un des grands objectifs macro-économiques.
Le *solde conjoncturel*, qui est le pendant du solde structurel, n'est pas discuté ici. Notons néanmoins qu'il se définit comme la différence entre le solde effectif (de fonctionnement ou financier) et le solde structurel.

d'abord sur l'idée qu'une allocation optimale des ressources n'est possible que si le principe d'équivalence fiscale est respecté: ce principe veut que les bénéficiaires d'une prestation en soient aussi les payeurs. 2) Elle repose ensuite sur le fait que les opérations liées aux prestations publiques courantes (et uniquement celles-là) soient toutes comptabilisées dans le compte de fonctionnement. Il est donc postulé que les amortissements correspondent à la dépréciation effective du patrimoine administratif. Ainsi, lorsque ce compte est équilibré, la génération actuelle finance exactement les prestations dont elle bénéficie. En cas de déficit de fonctionnement, l'équité intergénérationnelle n'est pas respectée, car la génération actuelle consomme davantage qu'elle ne contribue: dans ce cas, elle consomme au crédit des générations futures.

Le *solde financier* mesure la variation annuelle de la dette de la collectivité considérée. En d'autres termes, le cumul des soldes passés détermine le niveau de la dette. Le modèle de compte harmonisé ne prône pas un niveau absolu particulier pour le solde financier. Par contre, il recommande que les déficits financiers n'excédent pas 20 à 40% des investissements nets. Suivie, cette recommandation devrait assurer aux collectivités publiques un taux d'autofinancement suffisant de leurs investissements. Une revue de la littérature montre qu'il ne se dégage pas de la théorie économique de recommandation indiscutée sur le montant (qu'il soit relatif ou absolu) du solde financier. Notons néanmoins que du point de vue de l'équité intergénérationnelle, le financement par l'emprunt (solde financier déficitaire) ne peut être justifié que pour des dépenses qui bénéficieront aux générations futures. Notons par ailleurs que l'importance du déficit financier qu'une collectivité peut se permettre est notamment limitée par le risque d'explosion de sa dette (Martin 1999: 14).[2]

Le *solde primaire* peut également être un sujet d'étude intéressant. Comme indiqué précédemment, il se définit comme le solde effectif moins le montant des intérêts passifs. Or, les intérêts passifs sont des charges

2 Selon Novaresi (2001: 48), Roubini (1995: 15) relève par exemple qu'une application naïve de la règle d'or – financement par l'emprunt de dépenses ayant un retour sur investissement social, mais non financier – peut pousser une collectivité dans une situation d'insolvabilité.

incompressibles à court terme découlant des décisions passées. En ce sens, ils constituent une part non discrétionnaire des dépenses annuelles. Par conséquent, l'étude du solde hors intérêts passifs permet d'avoir une meilleure idée de la véritable politique budgétaire conduite par une collectivité que l'étude des soldes effectifs.

Le *solde structurel*, dans la mesure où il ne dépend pas des fluctuations économiques, est souvent utilisé comme indicateur de l'ajustement budgétaire nécessaire à une gestion saine des finances publiques. En outre, les variations du solde structurel donnent l'orientation et l'intensité des impulsions discrétionnaires adoptées par la collectivité étudiée: une augmentation du solde structurel indique une politique budgétaire expansive, alors qu'une diminution de ce même solde indique une politique restrictive. L'étude du solde structurel renseigne donc sur la dimension régulatrice de la politique budgétaire menée par une collectivité.

4.1.3 Choix des soldes financiers

En plus du fait que l'étude de plusieurs types de soldes dépasse le cadre de ce travail, plusieurs raisons peuvent être avancées pour expliquer le choix de ne se consacrer qu'à l'étude des soldes financiers.

Tout d'abord, l'accumulation des soldes financiers détermine le niveau d'endettement d'une collectivité. Or l'endettement public, par le biais de la charge d'intérêts, est au centre des problèmes budgétaires et macroéconomiques sur lesquels les praticiens et les scientifiques concentrent leur attention. D'ailleurs, c'est probablement la raison pour laquelle les critères de Maastricht sont liés aux soldes financiers: l'un de ces critères prescrit que le déficit financier rapporté au produit intérieur brut (PIB) ne doit pas excéder 3% pour une année et l'autre que la dette (soit la somme des soldes financiers passés) n'excède pas 60% du PIB. Selon toute vraisemblance, c'est également la raison pour laquelle la plupart des études réalisées jusqu'ici utilisent cette définition. Ainsi, en plus de son caractère pertinent intrinsèque du point de vue théorique, ce choix donne un premier gage de la comparabilité des résultats avec ceux déjà obtenus ou à venir.

D'autres arguments sont plus spécifiques à chacun des autres types de soldes. Certes l'étude des soldes de fonctionnement ne manque pas d'intérêt. Toutefois, la difficulté que posent les pratiques comptables des cantons pour distinguer les recettes et les dépenses de fonctionnement des recettes et des dépenses d'investissement ne permet pas de disposer d'une base empirique homogène tant du point de vue intercantonal qu'intertemporel.

Dans un ordre d'idée similaire, les difficultés théoriques et empiriques pour estimer le montant exact du solde structurel conduisent à mettre de côté cette dernière définition. Concrètement, on constate, d'une part, qu'il n'existe pas de critère théorique ou pratique indiscutable permettant de choisir l'une ou l'autre des méthodes d'estimations existantes (Canova 1998: 476-477). On constate, d'autre part, que l'estimation du solde structurel peut donner des résultats sensiblement différents selon la méthode utilisée (Commission européenne 1995: 38, Canova 1998: 478).

4.2 Déterminants des recettes, des dépenses et des soldes publics

4.2.1 Recettes, dépenses et soldes publics: des variables endogènes explicatives des modèles?

Différents modèles basés sur la théorie du votant médian (notamment ceux de Musgrave 1966 et de Meltzer & Richard 1981) prédisent que les recettes *(RECETTES)* et les dépenses *(DEPENSES)* varient de façon simultanée. Selon ces modèles, les collectivités publiques adapteraient leurs prestations à la demande exprimée par une population qui confronte le bénéfice marginal de chaque prestation à son coût marginal. En fait, ces modèles formalisent le bon sens qui veut que les décisions prises concernant les recettes le soient en considérant les dépenses: que faut-il financer? Il en va de même au sujet des recettes pour les décisions concernant les dépenses: que peut-on se permettre?

Introduire le montant des dépenses comme variable explicative des recettes et vice versa semble d'autant plus raisonnable que le processus budgétaire cherche précisément à maintenir une certaine adéquation entre ces dernières. De fait, la première étape de l'exercice budgétaire consiste à prévoir l'évolution des recettes étatiques. Ensuite, des consignes budgétaires élaborées sur cette base sont transmises aux départements qui transmettent à leur tour leurs demandes de crédits de paiement. Une négociation intervient alors pour réduire les demandes de dépenses qui sont généralement supérieures aux recettes prévues (Potter & Diamond 1999, Delalay 1999). L'exécution du budget provoque des variations par rapport aux volumes prévus des recettes et des dépenses. Par exemple, les crédits de paiements votés peuvent être insuffisants et nécessiter des crédits supplémentaires; ou au contraire être excessifs et dégager des soldes de crédits. Relevons que Martin *et al.* (2003) mettent en perspectives les causes pouvant engendrer ces variations. De telles variations peuvent être la source d'ajustements: par exemple, une limitation des dépenses lorsque les recettes s'avèrent inférieures à leur niveau attendu. De tels ajustements impliquent aussi l'existence d'une relation simultanée entre les recettes et les dépenses. Il en va de même de ceux découlant de la publication des résultats comptables de l'année précédente: un solde comptable plus défavorable que budgété peut amener à davantage de retenue dans l'engagement des crédits de paiements, alors que des recettes inattendues sont souvent dépensées (rebudgétées) de manière discrétionnaire et plus informelle que des dépenses inscrites dans le budget initial (Rubin 1987: 83).

En raison de la nature intertemporelle des choix budgétaires et de l'obligation légale pour les collectivités publiques d'équilibrer leur budget et/ou leur compte[3], on peut s'attendre à ce que les collectivités ajustent leurs recettes et leurs dépenses (et donc leurs soldes) en fonction des

3 Rappelons que pour financer une dépense, une collectivité peut emprunter, augmenter ses recettes et/ou diminuer ses autres dépenses.
Par ailleurs, une collectivité peut devoir emprunter à la suite d'un choc budgétaire inattendu (permanent ou non). En cas de surplus, elle ajustera ses budgets futurs par une combinaison de hausses des dépenses et/ou de baisses des recettes. Elle les ajustera par des baisses des dépenses et/ou des hausses des recettes en cas de déficit.

soldes passés (*SOLDES(-1)*): en cas de déficit, les collectivités sont supposées augmenter leurs recettes et/ou réduire leurs dépenses, alors qu'en cas d'excédent l'inverse peut être attendu.

Relevons par ailleurs que la pratique incrémentaliste (Wildawski 1975) pourrait également justifier l'introduction des dépenses passées dans l'explication des dépenses. Rappelons que cette pratique consiste à accroître de façon proportionnelle le budget de l'année précédente pour établir le budget de l'année en cours. En plus de cette pratique, une inertie des recettes et des dépenses s'expliquerait par la relative persistance du cadre législatif qui assurerait la non-remise en cause de nombreuses recettes et dépenses. De telles inerties pourraient aussi s'expliquer par les arguments détaillant pourquoi les dépenses ne se rétablissent pas à leur niveau tendanciel après une hausse importante due à un événement exceptionnel, soit dans le cadre de la théorie de l'effet de déplacement formulée par Peacock & Wisemann (1979). Ces raisons motivent l'introduction dans les équations des recettes et des dépenses retardées d'une période, soit de *RECETTES(-1)* et de *DEPENSES(-1)*.

4.2.2 Variables sur lesquelles les cantons peuvent agir

Les règles de contrôle budgétaire, le droit d'initiative et surtout les référendums financiers ont déjà fait et feront encore l'objet d'une attention particulière. La principale raison à cela réside vraisemblablement dans le caractère instrumental de ces déterminants: il s'agit d'instruments sur lesquels les collectivités peuvent agir. Dès lors, l'intérêt est grand de connaître le sens et l'ampleur de leur influence sur les soldes publics.

Les référendums financiers permettraient aux citoyens de contrôler les ardeurs dépensières de leur collectivité. Ils le permettraient d'une part directement en donnant la possibilité aux citoyens de refuser les dépenses soumises à un référendum et d'autre part indirectement en modérant l'ampleur des projets envisagés: cette modération découle de la volonté d'éviter qu'un projet soit soumis au référendum ou au moins (s'il y est soumis) qu'il ne soit pas jugé excessif. Dès lors, on peut formuler les hypothèses que les référendums permettent de diminuer les dépenses et d'améliorer les soldes publics. Les études empiriques réalisées à ce jour tendent à montrer que les référendums financiers exercent de telles influences (Feld & Kirchgässner 2000, Kirchgässner 2002). Afin de vérifier si cela se confirme dans cette étude la variable *REFERENDUM* a été construite. Son codage, comme celui de toutes les autres variables, est présenté au chapitre suivant.

Le droit d'initiative est un autre instrument de démocratie directe qui pourrait influencer les finances cantonales. Cet instrument permet aux citoyens de proposer des modifications à la hausse ou à la baisse des recettes et/ou des dépenses. *A priori*, il ne semble pas possible de prévoir dans quel sens le droit d'initiative *(INITIATIVE)* influence les soldes publics. On peut, toutefois, penser que ce droit permet surtout aux différents groupes d'intérêts de mettre à l'agenda politique de nouvelles dépenses, ainsi que des allègements fiscaux. Dans ce cas, l'influence d'INITITIATIVE se traduirait par une diminution des recettes, une augmentation des dépenses et une amélioration des soldes publics. Au contraire, on peut penser que le droit d'initiative, en permettant aux citoyens de proposer des lois, rend plus difficile pour les groupes d'intérêts de manipuler l'agenda politique afin de favoriser leurs intérêts (Matsusaka 1995: 588-589). Les citoyens, supposés préférer des solutions moins dispendieuses que celles proposées, utiliseraient le droit d'initiative pour baisser les dépenses. Relevons que le mécanisme *voice* présenté par Hirschman (1970) laisse supposer que les initiatives puissent exercer des influences à la hausse sur les recettes et les dépenses: les individus, lorsqu'ils peuvent donner leur avis, sont plus enclin à accepter et assumer les décisions prises. Dès lors, les citoyens seraient plus disposés à dépenser puisque les projets qui leur sont proposés correspondent mieux à leurs attentes.

Il ressort notamment des contributions de Buiter *et al.* (1992), de Dafflon (1994) et de Bohn & Inman (1996) que les règles budgétaires ne disposant pas d'un mécanisme de contrainte ou de sanction en cas de non-respect ne sont que faiblement susceptibles de déployer des effets. C'est pourquoi, parmi les nombreux types de règles existantes, seules sont prises en considération les règles prévoyant des mesures correctrices telle qu'une hausse automatique des recettes. Comme certaines règles cantonales prévoient des mesures correctives impératives et que d'autres ne font que proposer des mesures en cas d'infraction, nous avons construit deux variables: *REGLESOLDES* et *MESURESOLDES*. Traditionnellement, il est attendu que l'influence de ces variables se manifeste par des recettes plus élevées, des dépenses plus basses et par une amélioration des soldes publics. Or, ces règles sont plutôt destinées à maintenir les soldes publics proches de l'équilibre. C'est pourquoi leur influence sur les recettes devrait être négative lorsque des excédents sont enregistrés et positive en cas de déficits. Il en irait de même, mais de façon inverse pour les dépenses.

D'autres variables, moins (ou pas) discutées dans la littérature, sur lesquelles les collectivités peuvent également agir, suscitent notre intérêt. La première repose à la fois sur le comportement dépensier prêté par Niskanen (1971) à l'appareil étatique et sur l'optique présentée par Velasco (2000) selon laquelle le budget des collectivités publiques peut être considéré comme une ressource commune exploitée par différents groupes d'intérêts. Concrètement, plus les parties prenantes seraient nombreuses et plus les dépenses seraient importantes et plus mauvais seraient les soldes publics. Fort de cette optique, il est possible de formuler l'hypothèse selon laquelle plus le nombre de départements au sein de l'administration *(NBDPT)* est important, plus les dépenses sont élevées et plus les soldes publics sont mauvais.

La répartition des tâches entre un canton et ses communes exerce probablement une influence sur les finances cantonales. En formulant l'hypothèse que la répartition des dépenses publiques donne une bonne image de la répartition des tâches entre les niveaux institutionnels suisses (Dafflon 1994), il est possible de construire un indicateur du degré de *CENTRALISATION* des tâches cantonales et communales en calculant la part des dépenses publiques cantonales dans les dépenses cantonales et communales. *A priori*, l'effet de cette variable sur les soldes est faible voire nul, car si un canton centralisé supporte plus de dépenses qu'un canton décentralisé (effet à la hausse sur les dépenses), il bénéficie aussi de davantage de recettes (effet positif sur les recettes). Toutefois, un examen attentif permet de prédire un effet négatif de la centralisation sur les soldes. D'une part, les communes seraient soumises à un contrôle démocratique plus important en raison notamment de la plus grande proximité entre l'électorat et les élus, ainsi qu'entre les élus et les fonctionnaires. Ce contrôle social plus important limiterait les dépenses étatiques dans les cantons décentralisés. D'autre part, une plus grande décentralisation conduirait à un meilleur respect des préférences locales (Oates 1972). Par conséquent, les contribuables seraient davantage disposés à financer les prestations étatiques locales que celles centrales.

Indépendamment de la répartition des tâches, le nombre de communes *(NBCOMMUNES)* dans un canton pourrait avoir une influence à la hausse sur les dépenses qui se répercuterait par une détérioration des soldes publiques. Ces influences s'expliqueraient de deux façons. 1) D'abord, les communes peuvent directement décider de dépenses qui sont partiellement supportées par les cantons par le biais de subvention. 2) Ensuite, elles peuvent orienter les dépenses cantonales en leur faveur, en exagérant leurs besoins ou les avantages qu'elles en retirent. Ce type de comportement s'apparente à celui modélisé par Weingast *et al.* (1981) ou par Velasco (2000). Notons finalement qu'il n'est pas exclu que NBCOMMUNES exerce les influences inverses à celles attendues pour CENTRALISATION, puisqu'elle peut aussi servir d'indicateur de décentralisation.

L'étude du lien entre la charge fiscale *(CHARGEFISCALE)* et les recettes enregistrées revêt un intérêt particulier pour les collectivités, tant il est vrai que ces dernières ne peuvent que difficilement connaître jusqu'à quel niveau elles peuvent élever leur taux d'imposition. Partant d'une charge fiscale nulle, une augmentation de celle-ci engendre une hausse des recettes étatiques. Toutefois, au-delà d'un certain seuil les individus estiment ensuite qu'il ne vaut plus la peine de travailler et diminuent leur activité, si l'on se réfère à la courbe de Laffer (1981). Pour obtenir ce type de courbe, il faudrait introduire à la fois la variable CHARGEFISCALE et la variable CHARGEFISCALE élevée au carré. Il faudrait aussi que le signe du coefficient de CHARGEFISCALE soit positif et que celui du terme quadratique soit négatif. Le phénomène de la concurrence fiscale nous oblige cependant à nuancer cette hypothèse. De fait, si cette concurrence est forte, il se pourrait que la relation entre la charge fiscale et les recettes soit négative: plus sa charge fiscale est basse et plus une collectivité attire des contribuables (en particulier à forte capacité contributive).

Outre nuancer la relation attendue entre la charge fiscale et les recettes, cette explication appelle l'introduction d'une ou plusieurs variables de contrôle reflétant l'importance de la concurrence fiscale à laquelle chaque canton doit faire face. La charge fiscale moyenne des cantons limitrophes, ainsi que la charge fiscale la plus basse parmi celles des cantons limitrophes pourraient servir d'indicateur de l'importance de la concurrence fiscale.

Les individus seraient victimes d'illusion fiscale et ne percevraient pas complètement le coût des prestations publiques. Par conséquent, ils accepteraient plus de prélèvements et plus de dépenses que ce qu'ils ne le feraient, s'ils percevaient le coût des prestations publiques correctement. Pour Buchanan (1967: 137) les impôts jouent le rôle de prix des prestations publiques. Ainsi, la perception du coût des prestations publiques serait d'autant plus correcte que la part des recettes fiscales dans les recettes totales *(PARTIMPOTS)* est importante. C'est pourquoi, la relation attendue entre PARTIMPOTS et les recettes est négative. *A priori*, l'effet de PARTIMPOTS sur les soldes devrait être nul: sa hausse entraînerait des baisses des recettes et des dépenses de mêmes ampleurs. Cette hypothèse suppose que les dépenses financées par d'autres sources que l'impôt n'auraient pas été approuvées, si elles avaient dû l'être par des recettes fiscales. Toutefois, on peut aussi formuler l'hypothèse que l'influence sur les soldes publics de la part des impôts est positive: les individus seraient d'autant plus concernés par la gestion des affaires publiques et donc par la santé financière des collectivités publiques qu'ils perçoivent l'importance de leur effort fiscal.

4.2.3 De la nécessité d'instrumenter les variables sur lesquelles les cantons peuvent directement agir

Les variables sur lesquelles les cantons peuvent agir sont potentiellement corrélées avec les résidus des équations les comprenant. En effet, les cantons pourraient déjà avoir sciemment agi sur ces variables afin de piloter leur action budgétaire. Cela impliquerait que ces variables soient dépendantes des situations financières cantonales et donc des termes d'erreurs des équations estimées. *A priori*, la solution à ce problème d'endogénéité consiste à utiliser la méthode des variables instrumentales (voir chapitre 7, en page 135).

Avant d'évoquer quelques pistes pour la recherche d'instruments adéquats, soulignons que cette recherche n'est pas forcément nécessaire pour toutes ces variables. En effet, l'analyse descriptive pourrait montrer que certaines d'entre-elles ne varient pas dans le temps. Or, une telle stabilité implique leur indépendance vis-à-vis des situations financières cantonales. Mentionnons par ailleurs que, suivant Alesina & Perotti (1996b: 4), plusieurs auteurs considèrent les dispositions institutionnelles comme exogènes, car elles ne peuvent pas être modifiées sur le court terme et ne peuvent que difficilement l'être sur le moyen terme. Soulignons que nous adopterons cette optique pour les variables ne présentant que peu de variations interannuelles.

Relevons par ailleurs, que les variables CENTRALISATION et PARTIMPOTS auraient dû être instrumentalisées, tout comme PARTSUBVENTION, même si elles n'avaient pas pu servir d'instrument de pilotages des recettes, des dépenses et des soldes publics. Nous verrons en effets que les dépenses et les recettes entrent respectivement dans leur codage. Ces variables sont donc par construction corrélées avec les termes d'erreurs des équations des soldes et respectivement des recettes et des dépenses.

A l'instar de ce que font Feld & Matsusaka (2003) pour REFERENDUM et Feld *et al.* (2003) pour CENTRALISATION, nous utilisons comme instrument les variables à instrumenter elles-mêmes décalées dans le temps (d'une ou de plusieurs période). En plus d'être valide, cette pratique à l'avantage de la simplicité. De plus, même si l'utilisation des variables retardées d'une année a pour défaut de ne rendre possible l'analyse que sur la période 1980 à 2002, cela n'est pas dommageable dans le contexte de notre étude. En effet, l'introduction prévue des retards des recettes et des dépenses implique de toute façon la «perte» des observations de 1979.

Une autre façon de procéder passe par l'utilisation de variables qui seraient explicatives de celles à instrumenter, mais pas corrélées avec les termes d'erreurs des équations. On pourrait par exemple utiliser le cumul des soldes passés pour instrumenter l'une ou l'autre des variables institutionnelles. Il semble en effet que les décisions en la matière dépendent en partie de la situation financière traversée par les collectivités. Par contre et contrairement à ce que proposent plusieurs auteurs (Dafflon & Pujol 2001: 56), il ne semble pas pertinent d'utiliser une variable captant les préférences de la population pour instrumenter les variables institutionnelles. Certes, les préférences jouent vraisemblablement un rôle dans l'explication de ces variables (Ricker 1980: 444, Poterba 1994: 813), toutefois elles jouent aussi un rôle dans celles des recettes, des dépenses et des soldes publics. Elles figurent donc déjà dans les équations comme variable explicatives. De même, l'utilisation de la densité de la population pour instrumenter CENTRALISATION n'est possible que si cette densité n'est pas explicative des recettes, des dépenses et des soldes publics.

Finalement, il est également possible d'utiliser des variables corrélées avec celles à instrumenter, sans en être explicatives. On peut par exemple utiliser les retards des autres variables explicatives exogènes du modèle. C'est d'ailleurs ce que nous ferons dans un premier temps pour les variables qu'il faut effectivement instrumenter. Cet exercice nous permettra de tester l'absence d'autocorrélation des résidus. Un tel test est nécessaire pour s'assurer de la validité des retards des variables à instrumenter comme instruments. En effet, en cas d'autocorrélation, ces variables retardées seraient également corrélées avec les résidus des équations et ne seraient donc pas des instruments valides.

4.2.4 Variables sur lesquelles les cantons ne peuvent pas directement agir

D'autres variables sur lesquelles les cantons n'ont pas de prise directe peuvent expliquer des différences de niveaux des recettes, des dépenses ou des soldes publics. Le revenu cantonal, le taux de croissance et le taux de chômage occupent une place de choix parmi ces variables, puisqu'ils visent à tenir compte de mouvements économiques ayant une influence sur les finances des collectivités publiques. Le revenu cantonal *(REVENU)* est un indicateur de la richesse produite chaque année par les contribuables d'un canton. Son influence attendue sur les soldes est incertaine. D'une part, elle pourrait être positive en raison de la progressivité des barèmes fiscaux: les barèmes sont progressifs et les individus victimes d'illusion fiscale ne réclament pas une baisse de la pression fiscale permettant de compenser la hausse des recettes découlant de l'enrichissement de la collectivité (Oates 1975: 141). D'autre part, si les biens publics sont des biens normaux ou des biens supérieurs, l'enrichissement des individus aurait pour conséquence un accroissement de la demande de prestations publiques.[4] Ainsi, si l'élasticité-revenu de la demande pour les prestations publiques est supérieure à l'élasticité-revenu des recettes fiscales, l'effet net d'une augmentation de revenu serait négatif sur les soldes. En sus de cette explication, on peut encore relever que plus un canton est riche, meilleure est sa qualité de débiteur et donc sa capacité à faire appel à des fonds étrangers pour financer ses dépenses. Par conséquent, plus une collectivité est riche et plus sa marge de manœuvre pour dépenser et/ou se permettre des déficits est importante.

L'indice de situation conjoncturelle *(CONJONCTURE)* permet de tenir compte de l'influence de la conjoncture sur les soldes publics. Il se définit en divisant par le revenu tendanciel l'écart séparant le revenu effectif du revenu tendanciel. Lorsque l'indice est positif les recettes sont supérieures et les dépenses inférieures à ce qu'elles auraient été si la collectivité s'était trouvée sur son chemin de croissance tendancielle. Lorsqu'il est négatif, l'inverse est vrai. Par conséquent, on s'attend à ce qu'une augmentation de CONJONCTURE se traduise par une hausse des recettes, une baisse des dépenses et d'une amélioration des soldes. Remarquons que si les collectivités adoptent un comportement asymétrique par rapport aux cycles conjoncturels, comme le prédisent Buchanan & Wagner (1977), il est possible que l'influence de cette variable soit différente selon que l'écart de production est positif ou négatif. Concrètement, un écart positif conduirait à des recettes et à des dépenses plus élevées: les collectivités face à des soldes meilleurs seraient (cette fois) enclines à augmenter leurs dépenses. L'influence sur les soldes serait donc nulle ou légèrement positive. Au contraire, si l'écart de production est négatif, les influences mécaniques sur les recettes ou les dépenses restent inchangées et les soldes devraient se dégrader.

Une autre explication relative à l'influence des fluctuations économiques repose sur la myopie des collectivités publiques. Celles-ci réagiraient non pas en fonction des cycles économiques (soit selon que l'économie se

4 Notons qu'un bien est dit normal si sa consommation augmente au plus proportionnellement à l'augmentation de la richesse. Un bien est dit supérieur si sa consommation augmente plus que proportionnellement suite à l'augmentation de la richesse.
Notons aussi que la loi de Wagner (1893) prédit que l'élasticité-revenu des recettes est supérieure à l'unité.

trouve en situation d'écart de production négatif ou positif), mais en fonction de l'évolution économique (soit selon que l'économie se trouve en phase de récession, de reprise ou de boum). Ainsi, lorsque le taux de croissance *(CROISSANCE)* est positif les stabilisateurs économiques augmentent les recettes, diminuent les dépenses et améliorent les soldes de façon mécanique. Comme pour CONJONCTURE, on peut s'attendre à ce que les collectivités adoptent un comportement procyclique. Dès lors, les collectivités profiteraient d'augmenter leurs dépenses en période de croissance. De même, elles diminueraient leurs dépenses lorsque leur production de richesse décroît. On peut également s'attendre à ce que les collectivités adoptent un comportement différent selon que l'économie traverse une crise ou non. Plus précisément, l'augmentation des dépenses serait en période de croissance plus forte que la réduction des dépenses en période de décroissance économique. Ainsi, l'influence positive de CROISSANCE sur les soldes serait plus faible en cas de croissance que dans le cas inverse.

L'introduction du taux de chômage *(CHOMAGE)* permet de tenir compte des fluctuations des recettes et des dépenses liées à son évolution. Son influence devrait être doublement négative sur les soldes publics. D'une part, plus le taux de chômage est élevé et plus les charges sociales de l'Etat sont importantes (influence du filet social). D'autre part, plus il est élevé et plus faibles sont les rentrées fiscales (diminution de l'assiette fiscale). Ces raisons expliquent pourquoi cette variable est souvent utilisée comme indicateur de la situation conjoncturelle d'une collectivité.

Précisons que nous considérons ces variables comme exogènes, malgré le fait que la théorie keynésienne prédise l'influence des recettes et des dépenses publiques sur le niveau de production et donc sur les niveaux de REVENU, de CONJONCTURE, de CROISSANCE et indirectement de CHOMAGE. Cette décision ne semble pas critiquable à la vue de la petite taille et de l'ouverture de l'économie suisse. En effet, il semble déjà difficile de croire en la capacité de la Confédération à influencer significativement la situation conjoncturelle de l'économie suisse. Dès lors, il semble illusoire qu'un canton puisse le faire. C'est d'ailleurs pour donner plus d'impact conjoncturel aux interventions publiques qu'Ammann (2002) recommande l'instauration d'une règle budgétaire incitant les cantons à mener des politiques anticycliques de façon coordonnée avec la Confédération.

Le niveau de la dette d'une collectivité joue certainement un rôle dans ses choix budgétaires. En fonction de son importance, il sera décidé ou non d'une dépense ou de l'opportunité ou non de réduire la pression fiscale. Techniquement, il faudrait considérer la dette nette réelle pour ce type de question, *DETTENETTE*, puisqu'il s'agit de neutraliser l'effet des intérêts nets comme le relèvent Blejer & Cheasty (1991). Il se trouve en effet que les actifs financiers acquis en contrepartie d'un endettement génèrent des recettes qui couvrent en totalité ou en partie les intérêts passifs qu'ils engendrent. Parfois, les revenus du patrimoine financier sont même supérieurs à ces derniers. Le sens de la relation entre cette variable et les soldes pourrait être négatif pour deux raisons. 1) D'abord, une dette importante dénote (et résulte) d'une tendance à l'accumulation de déficits; une tendance dont rien ne laisse supposer qu'elle peut s'inverser. 2) Ensuite, plus la dette est importante et plus la collectivité doit consacrer de ressources au paiement des intérêts passifs. Ces derniers sont d'autant plus élevés que la prime de risque exigée par les bailleurs de fonds croît généralement avec l'ampleur de la dette. D'autres raisons pourraient expliquer qu'à partir d'un certain seuil l'ampleur de cette influence s'atténue, voire devienne positive. Tout d'abord, la norme de l'équilibre budgétaire pousse les collectivités à prendre des mesures d'assainissement. Ensuite, un canton particulièrement endetté pourrait déployer davantage d'efforts que les cantons moins endettés afin de se désendetter. Un tel effort résulterait du souci d'éviter que les bailleurs de fonds n'exigent des rémunérations (jugées) trop élevées, ainsi que du risque d'explosion de la dette. Dans ce cas, la relation entre la dette et les recettes serait positive et celle avec les dépenses négative.

PARTSUBVENTION, soit la part des subventions perçues dans les recettes totales, devrait avoir les mêmes types d'influence que PARTIMPOTS. En effet, une collectivité subventionnée risque de ne pas choisir le(s) mode(s) de production le(s) plus efficient(s). Elle risque, d'autre part, de fournir des prestations (en qualité ou en quantité) supérieures à ce qui serait économiquement souhaitable au lieu de restituer à ses contribuables tout ou partie du montant du transfert sous forme de baisse d'impôt (Oates 1979). Les contribuables victimes d'illusion fiscale ne réclameraient pas cette baisse d'impôt (Oates 1975). Ainsi, PARTSUBVENTION devrait exercer des influences à la hausse sur les recettes et les dépenses, ainsi qu'une influence négative sur les soldes financiers. Relevons que cette variable nécessite, au même titre que PARTIMPOTS, que l'on utilise la méthode des variables instrumentales en raison de la présence des recettes dans sa construction.

D'autres variables visant à neutraliser les influences sur les recettes et les dépenses de différentes caractéristiques structurelles sont envisagées. Il en va ainsi d'une variable relative au nombre de résidents de plus de 65 ans *(AGEES)*. En fait, plus cette variable serait importante et moins les recettes, plus les dépenses et plus les déficits devraient être conséquents. L'explication de ces hypothèses réside dans les coûts sociaux et de santé plus importants occasionnés par le vieillissement démographique.

Suivant ce type d'argumentaire, on peut formuler les mêmes hypothèses quant à l'influence des moins de 20 ans *(JEUNES)*: d'une part, les dépenses d'éducation seraient plus importantes, d'autre part, les recettes seraient moindres que ce qu'elles pourraient être si cette population était active ou même retraitée.

De même, la présence de personnes étrangères *(ETRANGERS)* accroîtrait les dépenses et détériorerait les soldes cantonaux en raison des coûts de sécurité plus importants qu'elles occasionneraient. De plus, ces résidents engendreraient des recettes fiscales moindres en raison de la plus grande précarité de leurs emplois.

On peut penser de certaines infrastructures qu'elles influencent les recettes et les dépenses des cantons. Ces infrastructures ont des retombées économiques positives (incidence), mais aussi des coûts. Afin de connaître l'influence nette sur les soldes des universités, des hôpitaux universitaires et des grands aéroports, nous avons construit les variables *UNIVERSITE*, *HUNI* et *AEROPORT*.

La nouvelle péréquation financière entre la Confédération et les cantons prévoit d'allouer aux cantons densément peuplés une compensation pour charges socio-démographiques et ce malgré le fait que ces cantons disposent en général de ressources supérieures aux autres. Il faut dire que les agglomérations doivent fournir des prestations que les régions peu peuplées n'ont pas à fournir (social, culture, sécurité, etc.). En fait, on peut s'attendre à ce que les recettes et les dépenses d'une collectivité augmentent avec l'accroissement de la densité démographique *(DENSITE)*.

Après réflexion théorique, on constate que ces relations ne sont pas forcément linéaires. Dans un premier temps, la densification démographique pourrait progressivement accroître et faciliter les échanges de biens et de services. Ensuite, des phénomènes de saturation pourraient apparaître (pour cause d'embouteillage par exemple). Ces phénomènes causeraient une réduction progressive de la croissance des recettes due à la densification démographique. D'autre part, l'accroissement de l'appareil de production étatique rendu nécessaire par l'accroissement de la population permettrait à l'Etat de réaliser des économies d'échelle (le coût unitaire des prestations publiques baisserait). Ensuite, si la population continue à croître, l'Etat fait face à des déséconomies d'échelle (le coût unitaire des prestations publiques augmenterait).[5] L'annexe 2 détaille les relations attendues entre cette variable et les recettes d'une part et les dépenses d'autre part.

En plus de l'explication relative aux prestations d'agglomération, on considère souvent que les citadins sont plus demandeurs de prestations publiques (bien culturels, etc.) et moins attentifs à la santé financière de leur collectivité en raison du contrôle plus diffus qu'ils peuvent exercer sur le système politico-administratif. Le contrôle social étant moindre dans les villes, ils seraient plus enclins à adopter des comportements de passager clandestin. C'est pourquoi nous formulons l'hypothèse que DENSITE exerce une influence positive sur les dépenses plus forte que sur les recettes et donc une influence négative sur les soldes. Relevons que

5 L'Etat devrait plutôt faire face à des économies d'échelle dans la mesure où il assure la production de biens non-rivaux, soit des biens dont la consommation par un individu ne réduit pas celle possible pour les autres individus. Si tous les biens produits par l'Etat était parfaitement non-rivaux, un accroissement de la population n'entraînerait pas d'augmentation des dépenses publiques. En effet, les nouveaux arrivants consommeraient les biens déjà produits.
Remarquons que les changements de coût relatif induits par ces rendements d'échelle peuvent être compensés par des variations de quantités de prestations publiques demandées. Par exemple, la réalisation d'économies d'échelle se traduit par une baisse du coût unitaire d'une prestation. Cette baisse entraîne une baisse du prix relatif des prestations publiques qui se répercute par une hausse des quantités demandées. Ce mécanisme sert de base à Buchanan & Wagner (1977, 1978) pour prédire qu'une baisse d'impôt (donc du prix perçu des prestations publiques) entraînerait une hausse de la demande des prestations publiques.

ces mêmes mécanismes peuvent être avancés pour expliquer les influences positives sur les dépenses et donc négatives sur les soldes des variables *CITADINS* et *URBAINS* liées au degré d'urbanisation des cantons.

La théorie prédit que les préférences des collectivités publiques jouent un rôle dans l'explication des recettes, des dépenses ou des soldes publics. C'est pourquoi, on introduit généralement plusieurs variables sensées refléter les préférences de différents groupes de population ou même de différentes régions linguistiques.

RIGUEUR, l'indice de rigorisme proposé par Pujol (2000), semble particulièrement approprié pour tenir compte des préférences cantonales. Pujol construit cet indice en se basant sur les préférences exprimées lors de votations fédérales (75 objets) à dimension financière ayant été soumis au peuple de 1979 à 1998. *A priori*, plus la rigueur affichée par la population est forte et plus les recettes cantonales devraient être élevées, les dépenses basses et les soldes cantonaux meilleurs.

En Suisse, on considère généralement qu'il existe des différences culturelles marquées entre la population alémanique et celle des cantons latins (FR, TI, VD, VS, NE, GE et JU). La variable *LATINS* vise précisément à rendre compte de ces différences culturelles. Les habitants des cantons latins accordant à l'Etat un rôle plus important, on s'attend à ce que les recettes et les dépenses des cantons latins soient plus élevées. De plus, on s'attend à ce que la relation entre LATINS et les soldes soit négative puisque les latins sont généralement considérés comme moins attachés à l'équilibre des finances publiques. Relevons ici que ce dernier argument pourrait aussi expliquer que l'influence de cette variable soit négative sur les recettes et positive sur les dépenses.

A l'instar des cantons latins, ceux catholiques *(CATHOLIQUES)* seraient plus en faveur des interventions étatiques que les protestants. Concrètement, l'engagement des milieux catholiques en faveur du renforcement de la politique familiale laisse supposer que plus la proportion de catholiques est forte dans un canton et plus ses recettes et ses dépenses seraient élevées.

Ajoutons finalement que la perception de la situation financière d'une collectivité peut être influencée par la situation vécue par les collectivités l'entourant. Des variables comme la dette moyenne des cantons *(DETTECANTONS)* et la dette moyenne des cantons voisins *(DETTEVOISINS)* devraient permettre de tenir compte de ce phénomène. Plus la situation financière des autres collectivités est mauvaise et moins sévère est le jugement porté par les membres d'une collectivité sur la situation financière de cette dernière.

L'orientation partisane du parlement *(PLTDROITE)* constitue une autre variable fréquemment utilisée pour rendre compte des préférences des individus. A notre sens, cette orientation capte mieux les préférences de la population que l'orientation partisane du gouvernement *(GVTDROITE)*. En effet, les élections gouvernementales semblent plus déterminées par des considérations liées à la personnalité des candidats. Quand bien même PLTDROITE et GVTDROITE ne reflèteraient qu'imparfaitement les préférences cantonales, leur introduction se justifie aussi par la marge de manœuvre dont disposent les élus pour satisfaire leur électorat. C'est d'ailleurs pour cette raison qu'il convient également de tenir compte de l'orientation partisane du conseiller d'Etat en charge des finances *(MINFINDROITE)*. Relevons que ces variables n'ont de réelle capacité explicative que pour des systèmes politiques marqués par une polarisation entre les programmes des partis se succédant au pouvoir. Dès lors, il n'est pas surprenant qu'elles soient surtout utilisées pour expliquer pourquoi dans les pays marqués à gauche, des politiques à caractère social ou visant à lutter contre le chômage sont plus souvent mises en œuvre que dans les autres pays (Hibbs 1987). Comme ces politiques sont coûteuses, leur mise en œuvre se traduit en général par des dépenses publiques plus élevées. Soulignons toutefois qu'elle ne se traduit pas forcément par des soldes moins favorables (ou plus mauvais), puisque les partis de gauche plaident pour le financement de ces politiques par des recettes supplémentaires. Cette incertitude concernant l'effet net de l'orientation partisane sur les déficits est renforcée si l'on considère la volonté affichée par les milieux de droite de mener une politique dite des caisses vides (Guex 1998). Cette politique consiste à entretenir ou alimenter les déficits en réduisant les ressources budgétaires de l'Etat, afin d'éviter que des excédents servent à financer des dépenses «superflues» (Friedman 1978: 12). Dès lors, il n'est pas surprenant que les analyses empiriques réalisées à ce jour peinent à trouver des différences significatives en termes de déficits entre les collectivités de droites et celles de gauche (Imbeau 2004: 6). Ce résultat ne surprend pas non plus si l'on considère que les programmes réellement mis en œuvre par les partis de gauche ne se distinguent pas vraiment de ceux des partis de droite dans de nombreux pays (Pampel & Williamson 1989) et ce malgré la plus grande rigueur financière affichée par les élus de droite.

Le modèle de Velasco (2000) prédit que les dépenses et les déficits croissent avec le nombre d'acteurs impliqués dans le processus aboutissant à la fourniture des prestations publiques. Cette prédiction motive l'introduction dans les équations de la dispersion des préférences au sein du parlement (*FRACTIONNALISATION* ou *DISPPLT*) et/ou au sein du gouvernement (*COALITION* ou *DISPGVT*). Les arguments avancés par Roubini & Sachs (1989a,b) conduisent aux mêmes prédictions pour les collectivités gouvernées par des coalitions. Leur argumentation concernant les exécutifs s'applique également à la dispersion des préférences au sein du parlement. Roubini & Sachs expliquent ces prédictions par la difficulté des partis au pouvoir à se mettre d'accord entre eux. Cette difficulté se traduirait par un double effet. 1) D'abord, les collectivités dont les préférences sont dispersées auraient plus de difficultés à se mobiliser pour accroître leurs ressources. 2) Ensuite sans priorités définies, chaque parti se verrait en position de satisfaire ses électeurs par des dépenses supplémentaires comme le souligne aussi McCubbins (1991: 138-141). Un phénomène de visibilité pourrait aussi expliquer qu'une dispersion plus forte se traduise par des déficits plus élevés. Cet effet repose sur l'hypothèse que les citoyens sanctionnent (lors des élections) les élus ou les partis ayant provoqué des déficits. Or, lorsque la dispersion est forte la responsabilité politique des partis apparaît plus difficilement aux yeux de la population. L'argumentation de Crepaz (1998) et de Lijphart (1999) notamment conduit à la même prédiction sur les dépenses. Toutefois, sa logique prend le contre-pied de celle développée précédemment. Selon ces auteurs, les gouvernements de coalition dépensent plus, car ils sont sensibles aux besoins d'un spectre plus large de la population. Ainsi, la prédiction de ces auteurs s'interprète comme le résultat d'une meilleure prise en compte des préférences de la population et non comme une dérive clientéliste. Les coalitions mèneraient en sus des politiques substantiellement plus raisonnables, car elles exploreraient un éventail de possibilités plus large avant d'arrêter leurs politiques (Crepaz 1998, Linz 1993). Leurs politiques seraient également plus raisonnables financièrement en raison du contrôle qu'exercerait chaque parti sur les autres membres de la coalition (Freitag & Sciarini 2001).

Dès lors que la composition du gouvernement n'est pas forcément identique à celle du parlement, l'influence d'une variable mesurant la *CONCORDANCE* entre les partis représentés à l'exécutif et au législatif peut être expliquée par le même type d'argumentaire que celui développé pour expliquer l'influence des dispersions des préférences au sein des parlements et du gouvernements. Ainsi, selon les arguments de Roubini & Sachs (1989a,b), les recettes devraient augmenter, les dépenses devraient baisser et les soldes s'améliorer avec l'augmentation de la CONCORDANCE.

Roubini & Sachs (1989a: 924-925) expliquent également leur prédiction concernant les coalitions par leur plus faible durée de vie. En fait, l'incitation à contraindre les politiques futures ou à ne pas tenir entièrement compte des conséquences financières des politiques mises en œuvre est plus forte pour des gouvernements de coalition en raison de leur instabilité. De leur côté, Crepaz (1998) et Lijphart (1999) prédisent que les politiques menées par des gouvernements de coalition solides et durables sont plus stables et plus raisonnables du point de vue financier. La logique sous-jacente à cette prédiction s'inscrit également dans la continuité des modèles tenant compte de l'incertitude électorale, sauf que cette fois les coalitions considérées sont supposées stables. Cette logique ne s'oppose donc pas à celle développée par Roubini & Sachs (1989a), car comme le soulignent Borreli & Royed (1995), cet argument se rapporte à celui de la stabilité des gouvernements plutôt qu'au nombre de partis au pouvoir. Pettersson-Lidbom (2001) et – selon Freitag & Sciarini (2001) – De Haan & Sturm (1994) et Richter (1994) thématisent explicitement l'influence négative de l'instabilité des systèmes politiques sur les soldes publics. Afin de rendre compte de ce phénomène, deux variables mesurant l'instabilité des représentations partisanes au parlement *(INSTABILITEPLT)* et au gouvernement *(INSTABILITEGVT)* sont construites.

Ajoutons finalement que la théorie des cycles électoraux de Nordhaus (1975) prévoit que les politiciens redoublent d'efforts pour se faire élire ou réélire en choyant leur clientèle par le biais des budgets publics à l'approche des élections. Elle prédit donc que les recettes sont plus faibles, les dépenses plus fortes et donc les soldes plus mauvais lors des années électorales. Afin de tenir compte de cette influence nous avons construit la variable *ANELECTORAL*.

4.2.5 Variables non disponibles

Avant d'aller plus loin, il convient d'évoquer différentes variables de contrôle ou d'intérêt qui n'ont pas pu être examinées faute d'être mesurables ou de données nécessaires pour les construire. Soulignons que ces variables ont été sélectionnées parmi les nombreuses envisagées au regard de leur pertinence pour l'analyse et/ou de leur présence dans la littérature internationale.

La qualité de la gestion publique ou des prestations fournies ne constituent pas les moindres de ces variables. Il faut dire qu'une collectivité ayant une gestion plus efficiente est capable de produire ses prestations en utilisant moins de ressources et de fournir des prestations de meilleure qualité ou en plus grande quantité. Il se peut donc qu'à niveau égal et à structure identique de dépenses la qualité et/ou la quantité des prestations perçues par la population soient différentes d'un canton à l'autre. C'est pourquoi, il aurait été souhaitable de disposer d'une ou plusieurs variables rendant compte de ces aspects. A l'instar de ce que proposent Soguel & Martin (2000), nous avons envisagé l'utilisation du degré de précision des prévisions des recettes, des dépenses ou des soldes budgétés comme indicateur de la qualité de la gestion financière des cantons. Toutefois et indépendamment de la réelle capacité de cette variable à rendre compte de cette qualité, nous avons du y renoncer fautes de données disponibles.[6]

6 Contrairement au Groupe d'étude pour les finances cantonales, l'AFF n'établit pas de statistiques permettant de calculer le degré de précision des prévisions des recettes, des dépenses ou des soldes budgétés. Toutefois, utiliser les données du Groupe d'étude pour les finances cantonales impliquerait la perte de plusieurs observations dans la mesure où ses données ne sont disponibles que depuis 1984. Nous y avons renoncé, car cette perte nous paraît trop importante par rapport à ce que l'on peut espérer retirer d'un tel indicateur, ainsi que par rapport à la plus grande homogénéité des données de l'AFF.

Deux autres variables sur lesquelles les cantons peuvent agir pour influencer les soldes publics sont envisageables, mais inutilisables faute de données. La première reflète la contrainte exercée par les référendums financiers en matière fiscale. Une logique analogue à celle de REFERENDUM motive son introduction. Il en va de même pour les variables apparentées à l'ensemble ou à l'une des composantes de l'indice de hiérarchisation du processus budgétaire proposé par von Hagen (1992). Cet indice, qui aurait une influence positive sur les soldes publics, comprend 5 dimensions, soit 1) l'importance relative dans le processus budgétaires du ministre des finances au sein du gouvernement, 2) l'importance décisionnelle du gouvernement par rapport au parlement, 3) le degré de transparence et d'information des documents budgétaires, 4) la flexibilité dans l'exécution du budget et 5) la force de contrainte des plans financiers pluriannuels.

D'autres variables de contrôle visant à tenir compte du pouvoir de certains groupes sociaux ont dû être écartées fautes de données fiables sur l'ensemble de la période étudiée. Il n'est par exemple pas possible de capter l'influence des prestataires publics, car il n'existe pas de données fiables pour construire des variables comme le nombre d'actifs au sein des administrations cantonales ou la part des dépenses salariales dans les budgets cantonaux. Il en va de même de l'influence des syndicats, en raison de l'imprécision des données relatives aux effectifs cantonaux. L'union suisse des syndicats relève d'une part que de nombreuses fédérations n'établissent pas de statistiques par canton. Elle relève d'autre part que les membres de certaines fédérations cantonales sont répertoriés avec ceux du ou des cantons voisins.

L'existence de ces facteurs non mesurables ou non mesurés ainsi que de celle d'autres facteurs non envisagés plaident pour l'introduction d'*effets fixes individuels* et *temporels* dans les modèles des recettes, des dépenses et des soldes financiers. Ajoutons qu'il en va de même de l'absence de variable mesurant l'évolution des perceptions individuelles quant au déficit tolérable ou au rôle de l'Etat. Remarquons par ailleurs que les effets temporels sont souvent introduits pour rendre compte des fluctuations conjoncturelles.

5 Opérationnalisation du modèle

5.1 Codage de la variable expliquée et forme fonctionnelle retenue

Comme le codage des variables explicatives dépend à la fois de celui des variables expliquées et de la forme fonctionnelle retenue, il convient tout d'abord d'arrêter ces dernières. Les soldes réels par habitant, notés SOLDES, servent de variable expliquée de référence dans les modèles présentés. Ce choix se justifie d'abord parce que les résidus des modèles testés en niveau semblent souffrir d'hétéroscédasticité en raison des différences considérables de taille des cantons suisses. Il se justifie aussi parce que les apports théoriques mentionnés prédisent l'influence de variables explicatives sur les soldes en francs réels par habitant plutôt que sur les soldes nominaux en francs. Sauf mention explicite, toutes les autres variables monétaires de ce travail sont exprimées en millions de francs réels de 2002 (déflateur 2002 = 100%). Faute de déflateurs cantonaux, nous utilisons pour ce faire le déflateur implicite du PIB suisse. Le recours à des variables exprimées en termes réels se justifie par la nécessité de tenir compte de l'érosion des valeurs monétaires par rapport aux autres variables: ne pas le faire reviendrait à considérer que l'influence en termes réels des variables non monétaires s'atténuerait dans le temps.

Le choix de la forme fonctionnelle s'avère limité par le domaine de définition de la variable dépendante SOLDES. De fait, dans la mesure où la variable peut prendre des valeurs positives (excédents) ou négatives (déficits), on doit renoncer aux spécifications log-linéaire ou exponentielle (log-log). C'est pourquoi, nous avons retenu la forme linéaire.[1] Notre

1 Certes, il est possible d'étudier la valeur absolue des soldes financiers comme l'ont fait Feld & Kirchgässner (2001). Toutefois, une telle démarche ne peut se faire que sous peine de changer la nature des modèles élaborés et donc des résultats obtenus. Dans un tel cas, seules les variables ayant une influence sur les écarts entre recettes et dépenses devraient être introduites et les résultats obtenus devraient s'interpréter en termes d'accroissement ou de réduction des déséquilibres budgétaires et non en termes d'influence positive ou négative sur les soldes publics. Or, nous cherchons plutôt à identifier et à mesurer l'influence des déterminants des soldes publics.

volonté de comparer les résultats découlant des modèles des soldes avec ceux découlant des modèles (conjoints ou non) des recettes et des dépenses, nous pousse à retenir la même spécification pour modéliser RECETTES et DEPENSES, même si ces deux variables sont toujours strictement positives. Cela dit, les spécifications log-linéaire et exponentielle doivent être de toute manière rejetées en raison de la relation convexe qu'impliqueraient ces spécifications avec les variables explicatives ayant une influence négative.

5.2 Codage des variables explicatives

La complexité du codage des variables explicatives varie grandement d'une variable à l'autre. Par exemple, la description du codage de LATINS ne demande guère plus que quelques lignes, alors que celle de REFERENDUM nécessite plusieurs pages. Par souci d'équilibre, nous présentons d'abord les variables dont la description est courte, puis les autres. Outre le souci de transparence et de reproductibilité des résultats obtenus, cette description permet d'évaluer la pertinence des constats dressés. Il faut dire que les résultats obtenus peuvent non seulement varier d'ampleur, mais aussi de signe et de significativité selon les codages retenus. Or, de tels changements peuvent conduire à des recommandations radicalement différentes en termes de politiques publiques. Mentionnons finalement que le tableau de l'annexe 3 donne les domaines de définitions, les unités et une brève description statistique des variables présentées.

5.2.1 Variables dont le codage est simple

La variable REGLESOLDES prend la valeur 1 lorsqu'un canton dispose d'une règle qui vise à limiter les déficits et/ou les dépenses et qui impose des mesures correctives en cas d'infraction à cette règle. Elle prend la valeur 0 sinon. MESURESOLDES fait de même, mais aussi pour les cantons dont la règle ne fait que proposer des mesures en cas d'infraction.[2]

D'autres variables dichotomiques de ce type ont été construites. Il s'agit des variables UNIVERSITE, HUNI et AEROPORT prenant la valeur 1 pour les cantons disposant respectivement d'une université, d'un hôpital universitaire et/ou d'un aéroport. Il s'agit aussi de la variable LATINS prenant la valeur 1 lorsque la langue majoritairement parlée dans un canton est l'italien (TI) ou le français (FR, VD, VS, NE, GE et JU).

La variable PARTIMPOTS est calculée en multipliant par 100 la proportion des impôts dans le totale des recettes cantonales. PARTSUBVENTION fait de même avec les subventions et remboursements en provenance de la Confédération.

Plusieurs autres proportions, également exprimées en pourcents, sont utilisées comme variables explicatives. Ces variables sont toutes rapportées aux populations cantonales. Plus précisément, il s'agit de la proportion des personnes au chômage (CHOMAGE) ainsi que des parts des personnes de plus de 65 ans (AGEES), de moins de 20 ans (JEUNES) et se déclarant de confession catholique (CATHOLIQUES). Il s'agit aussi de la part des personnes étrangères non porteuses d'un permis d'établissement C (ETRANGERS), soit de la part des personnes supposées moins intégrées, ainsi que de la proportion de la population résidant dans des régions urbaines selon la définition de l'OFS (URBAINS) et celle résidant dans des villes (CITADINS), soit des communes de plus de 10000 habitants.

Pujol (2000) construit son indice de RIGUEUR à partir des résultats de 75 votations nationales ayant été soumis au peuple de 1979 à 1998. Cette construction passe par deux étapes. La première consiste à exprimer chaque résultat cantonal par rapport à la moyenne des cantons normalisée à 50. Il s'agit donc d'un indice relatif. La deuxième étape consiste simplement à calculer les moyennes cantonales de ces données

2 Les source pour construire REGLESOLDES et MESURESOLDES sont les suivantes: Novaresi (2001), Feld & Kirchgässner (2001), Stauffer (2001), Etat de Vaud (1998) et Confédération (2000). Notons que d'après Feld & Kirchgässner (2001), Stauffer (2001) mentionne que AR dispose d'une règle contraignante visant à limiter ses soldes. Toutefois, aucune des autres sources (y compris celle de Stauffer) ne concorde avec cette information.

transformées. La considération des cas extrêmes permet d'établir que RIGUEUR peut prendre ses valeurs dans l'intervalle allant de 0 à 1300 compris. Concrètement, la borne supérieure correspond à la situation hypothétique comprenant 25 cantons refusant tous les objets avec des taux d'acceptation de 0% et un canton les acceptants tous à 100%: on aurait donc $\{100\%/[(1 \times 100\%+25 \times 0\%)/26]\} \times 50 = 26 \times 50 = 1300$.

Suivant le même raisonnement, on peut s'attendre à ce que le domaine de définition de CHARGEFISCALE s'étende de 0 à 2600 compris. En effet, cette variable n'est rien d'autre que l'indice de charge fiscale publié par l'AFF. Or, comme la charge fiscale ne peut excéder les 100% et que les valeurs de cet indice sont exprimées par rapport à la moyenne suisse normalisée à 100, on a pour la borne supérieure $26 \times 100 = 2600$.

Tout comme RECETTES et DEPENSES, REVENU, DETTE, DETTECANTONS et DETTEVOISINS sont exprimés en francs réels par habitant. Relevons que le calcul de DETTECANTONS passe par la division de la somme des dettes cantonales par la somme des populations cantonales, soit par le calcule des moyennes des dettes cantonales pondérées par la population. Le calcul de DETTEVOISINS suit la même logique pour les cantons ayant une frontière commune avec les cantons considérés.

Les variables NBDPT, NBCOMMUNES et DENSITE prennent aussi leurs valeurs dans l'ensemble des réels positifs. Les deux premières correspondent respectivement au nombre de départements dans les administrations cantonales et au nombre de communes par canton. Soulignons que le codage de DENSITE s'écarte partiellement de celui traditionnel: le nombre d'habitants (en milliers) est rapporté à la surface d'habitat et d'infrastructure (en km^2) et non à la surface totale. La notion de surface utilisée est présentée et située par rapport à celle de surface totale au point 5.3.2.

A part SOLDES, CROISSANCE est la seule autre variable à prendre ses valeurs parmi les réels. Même si son calcul n'appel pas de commentaires particulier, il convient de mentionner que ses valeurs sont exprimées en pourcents.

5.2.2 Variables dont le codage est complexe

Le codage de la variable REFERENDUM nécessite un commentaire particulier en raison de la complexité que représentent les dispositifs référendaires cantonaux. Il faut dire qu'il existe des référendums obligatoires et des référendums facultatifs en matière de nouvelles dépenses et que certains concernent des dépenses uniques et d'autres des dépenses périodiques. Les référendums obligatoires se déclenchent de façon automatique lorsqu'une dépense est supérieure à un montant donné. Les référendums obligatoires périodiques se distinguent entre eux selon les périodes prises en compte pour établir si une dépense franchit leur seuil. Il en va de même pour les référendums facultatifs qui peuvent être déclenchés par tout citoyen, pour autant que ce dernier rassemble un certain nombre de signatures dans un laps de temps donné. Les différents types de référendums financiers qui découlent du croisement de ces caractéristiques sont présentés dans la Figure 5.1.

Figure 5.1
Modalités des référendums financiers sur les nouvelles dépenses

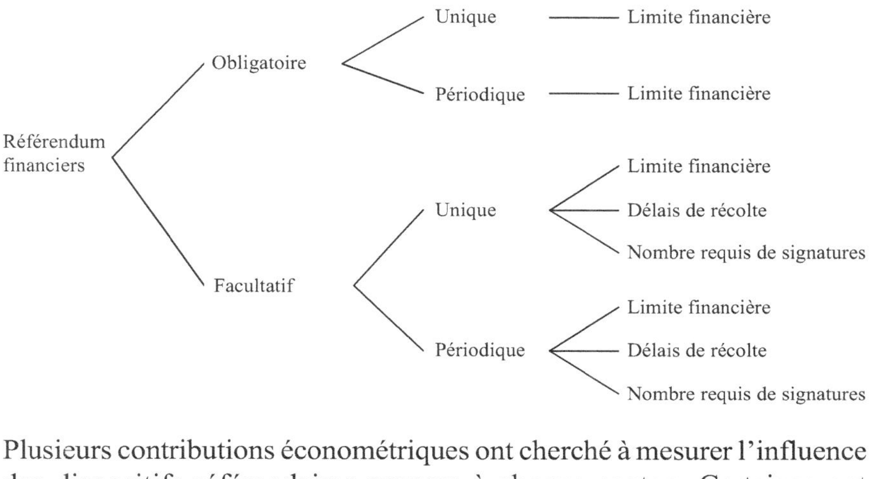

Plusieurs contributions économétriques ont cherché à mesurer l'influence des dispositifs référendaires propres à chaque canton. Certaines ont introduit dans leur modèle une variable dichotomique prenant la valeur 1 lorsqu'un canton dispose d'un référendum obligatoire unique. D'autres ont utilisé le nombre de signatures requis comme indicateur de la difficulté de déclanchement des référendums facultatifs uniques. D'autres encore ont poussé cette logique plus loin en procédant à l'analyse séparée des cantons avec et sans référendum obligatoire unique.

Un examen théorique laisse toutefois penser que ces façons dichotomiques de procéder ne rendent pas pleinement compte de la complexité des dispositifs référendaires (Martin 2004b). De fait, un raisonnement basé sur les limites de déclenchement des référendums montre que les référendums financiers facultatifs peuvent être plus contraignants que ceux obligatoires.[3] Pour concrétiser cette idée, il suffit de mentionner que la limite de déclenchement du référendum obligatoire unique jurassien dépasse les 30 millions et que celle du référendum facultatif unique genevois ne se monte qu'à 125'000 francs en 2002.

C'est pourquoi, il est préférable de recourir à un codage tel que celui établi par Stutzer & Frey (2000). Cet index consiste à retenir la valeur maximale entre une évaluation concernant les référendums obligatoires uniques et la moyenne de quatre évaluations relatives aux référendums facultatifs uniques. Ces évaluations vont de 1 pour les dispositifs les moins contraignants à 6 pour ceux qui sont le plus exigeants. Le Tableau 5.1 présente les grilles d'évaluation relatives aux dimensions prises en considération pour aboutir à l'évaluation du dispositif référendaire d'un canton (colonne 6). Les limites de déclenchement rapportées au nombre d'électeurs constituent la dimension évaluée des référendums financiers obligatoires (colonne 1). Ainsi, une évaluation de 6 est octroyée à chaque canton où un référendum financier obligatoire se déclenche à un seuil inférieur ou égal à 10 milles francs par électeur. Les dimensions évaluées

3 A cet argument s'ajoute la difficulté de classer certains cantons dans un groupe plutôt que dans un autre dans l'optique d'estimations séparées: 7 cantons (AG, BE, NE, OW, VD, VS et ZH) ont changé de groupe au moins 1 fois sur la période. Parmi ces derniers relevons particulièrement les cas de BE et VS qui connaissaient respectivement un référendum obligatoire jusqu'en 1994 et 1993 et surtout celui de OW qui ne l'a connu que de 1986 à 1998.
Relevons encore que la faiblesse relative du nombre de canton ne disposant jamais de référendum obligatoire combinée à celle du nombre de période pose aussi le problème de la robustesse des résultats et des tests statistiques obtenus: seuls 5 cantons ne se sont jamais dotés du référendum obligatoire et 14 le sont toujours, en plus des 7 mentionnés précédemment.

pour les référendums facultatifs sont leurs limites de déclenchement rapportées au nombre d'électeurs (colonne 2), le nombre nécessaire de signatures pour faire aboutir un référendum facultatif (colonne 3), ce nombre rapporté au nombre d'électeurs (colonne 4) et le délai à disposition pour recueillir ces signatures (colonne 5).

Tableau 5.1
Grille d'évaluation des référendums financiers en matière de nouvelles dépenses selon Stutzer et Frey (2000)

LOU/CE 1	LFU/CE 2	SFU 3	SFU/CE 4	DFU 5	Evaluation 6
≤ 10	≤ 5	≤ 1250	≤ 0,01	> 150	6
≤ 20	≤ 10	≤ 2500	≤ 0,02	≥ 121	5
≤ 30	≤ 15	≤ 3750	≤ 0,03	≥ 91	4
≤ 40	≤ 20	≤ 5000	≤ 0,04	≥ 61	3
≤ 50	≤ 25	≤ 6250	≤ 0,05	≥ 31	2
> 50	> 25	> 6250	> 0,05	≥ 0	1
Eval. Ob.	Eval. Fac. 1	Eval. Fac. 2	Eval. Fac. 3	Eval. Fac. 4	Max. [Eval Ob., Eval Fac.]
	Eval Fac.				

LOU: Limite de déclenchement des référendums obligatoires uniques, en milliers de francs.
CE: Corps électoral, en électeurs.
LFU: Limite de déclenchement des référendums facultatifs uniques, en milliers de francs.
SFU: Nombre de signatures à réunir, en signataires.
DFU: Délais à disposition pour la récolte des signatures, en jours.
Eval. Ob.: Evaluation relative aux referendums obligatoires.
Eval. Fac.: Evaluation relative aux referendums facultatifs.

Avant d'aller plus loin, relevons que les échelles d'évaluation ainsi que l'équipondération des dimensions retenues restent somme toute arbitraires. Relevons également que le caractère discontinu des échelles d'évaluation de même que la non-prise en compte des référendums financiers périodiques ne sont guère satisfaisants. Par exemple, on justifie difficilement que la nécessité de recueillir 2501 signatures plutôt que 2500 fasse passer l'évaluation de 4 à 5, alors l'évaluation reste inchangée (à 4) lorsque le nombre de signatures à rassembler passe de 3749 à 2501 (colonne 3). Soulignons néanmoins la pertinence des bornes supérieures ou inférieures des dimensions évaluées, ainsi que la pertinence des directions conduisant à une détérioration des évaluations. Soulignons finalement le choix opportun de ne construire qu'une variable: la contrainte exercée par un référendum obligatoire unique dont la limite de déclenchement serait nulle ne pourrait être renforcée par la présence d'un référendum facultatif, ni d'ailleurs par celle d'un référendum périodique, puisque dans ce cas toute nouvelle dépense serait soumise à référendum.

Le codage retenu dans ce travail se démarque de l'index présenté en le rendant continu et en le faisant débuter à 0 et non à 1. La Figure 5.2 illustre cette façon de procéder pour la dimension relative aux nombres absolus de signatures (colonne 3). Pour rendre le codage continu, il a simplement suffit de relier les bornes fixées par Stutzer et Frey (2000) par interpolation linéaire. Pour faire débuter l'index à 0, l'évaluation de départ de la dimension relative au délai (colonne 5) a été fixée à 0 plutôt qu'à 1. En plus d'attribuer des évaluations de départ de 0 aux autres dimensions, leurs échelles d'évaluation ont été tronquées à des valeurs 10 fois supérieures à celles du Tableau 5.1. Par exemple, le seuil à partir duquel les référendums obligatoires uniques ne sont plus jugés contraignant est fixé à 500 plutôt qu'à 50 milles francs par électeurs (colonne 1). Le codage retenu s'en démarque finalement en ajoutant 0,25 point à l'évaluation relative aux référendums obligatoires lorsqu'un référendum obligatoire périodique existe et en ajoutant aussi 0,25 point à la moyenne relative aux référendums facultatif lorsqu'un référendum facultatif périodique existe. Bien sûr, le résultat finalement obtenu est tronqué à 6: il n'est pas concevable que l'on accorde une évaluation supérieure à 6 à un canton dont la limite obligatoire de déclenchement serait proche de 0.[4]

4 Idéalement, il faudrait retenir une méthode qui tienne compte des différentes dimensions propres aux référendums périodiques: limites de déclanchement, durées considérées, etc. Toutefois, la difficulté de motiver le choix d'une grille d'évaluation, nous a conduit à retenir la démarche présentée.
A l'instar de ce qu'a fait Novaresi (2001), nous aurions pu construire des indices relatifs exprimés par rapport aux moyennes annuelles de chaque dimension. Une telle démarche a pour avantage de ne pas nécessiter l'établissement de grilles d'évaluation. Nous y avons renoncé, car les valeurs résultant d'un tel codage ont pour défaut de dépendre des moyennes cantonales annuelles et donc de ne pas être exploitables par les méthodes choisies pour ce travail. Le passage consacré à la charge fiscale (cf. p. 81) explicite ce dernier point et peut être transposé ici sans problèmes.

Figure 5.2

Evaluation de la limite de déclenchement relative des référendums financiers obligatoires

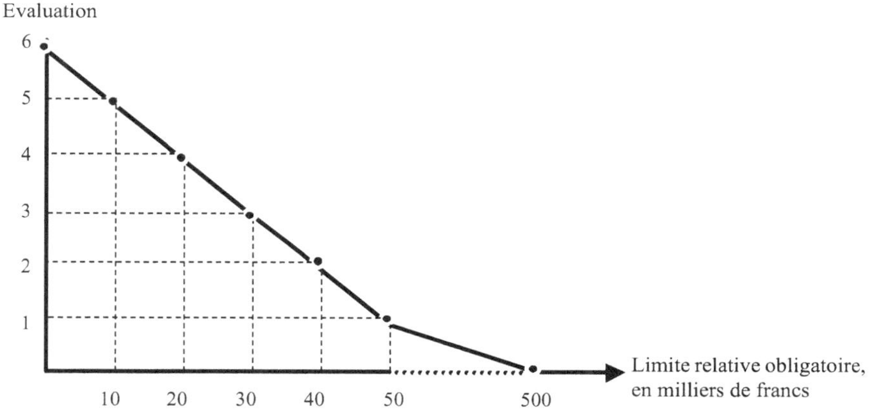

Le droit d'initiative donne aux citoyens la possibilité de proposer de nouvelles lois ou des modifications de lois existantes. En plus de la contrainte relative à la recevabilité formelle de son contenu, l'aboutissement d'une initiative dépend de la capacité des initiants à rassembler un certain nombre de signatures dans un laps de temps pouvant varier au gré des législations cantonales.

De façon analogue au codage retenu pour les référendums, nous avons rendu continu l'index proposé par Stutzer & Frey (2000). Cet index consiste à calculer la moyenne de trois évaluations comprises entre 1 et 6. Le Tableau 5.1 présente la grille d'évaluation relative aux trois dimensions considérées telle que proposée par les deux auteurs. La première de ces évaluations concerne le nombre de signatures requis pour faire aboutir une initiative législative (1ère colonne), la deuxième le nombre de signatures rapporté au nombre d'électeurs (2ème colonne) et la troisième le délai à disposition pour recueillir ces signatures (3ème colonne).

Tableau 5.2
Grille d'évaluation des initiatives législatives selon de Stutzer et Frey (2000)

Signatures	Signatures / corps électorale	Délai pour la récolte des signatures, en jours	Evaluations
≤ 2500	≤ 0,01	> 300/30	6
≤ 5000	≤ 0,02	≥ 241/30	5
≤ 7500	≤ 0,03	≥ 181/30	4
≤ 10000	≤ 0,04	≥ 121/30	3
≤ 12500	≤ 0,05	≥ 61/30	2
> 12500	> 0,05	≥ 0	1
Evaluation 1	Evaluation 2	Evaluation 3	Moyenne des évaluations

Relevons le caractère *ad hoc* du niveau des bornes relatives aux évaluations, ainsi que de l'équipondération des dimensions retenues.[5] Soulignons que la discontinuité des échelles d'évaluation ne paraît pas davantage justifiable que ne l'était celle de la variable référendum. Soulignons aussi la pertinence des bornes supérieures des dimensions concernant les nombres absolus et relatifs de signatures, de la borne inférieure de celle relative au délai, ainsi que celle des directions conduisant à une détérioration des évaluations.

Le codage retenu dans ce travail se démarque de celui présenté en utilisant une échelle d'évaluation continue débutant à 0 et non à 1. La Figure 5.3 illustre cette façon de procéder pour la dimension relative aux nombres absolus de signatures. Pour ce faire, les bornes fixées par Stutzer

5 Bien que cela n'ait qu'une importance conceptuelle, soulignons qu'il est singulier de fixer la borne inférieure relative au nombre de signatures à un niveau qui est supérieur à celui des corps électoraux de certains cantons. Il en va particulièrement ainsi pour le canton de AI qui ne comptait que 8305 électeurs en 1980.
Relevons aussi que ne prendre en considération que le nombre requis de signatures, comme le font notamment Feld & Matsusaka (2003), permet certes d'éviter cet aspect, puisque cela n'implique pas la fixation d'une borne supérieure. Cependant, une telle démarche a pour désavantage d'implicitement octroyer aux critères du nombre relatif de signatures et du délai un poids nul. Or, il n'est pas équivalent de réunir 5000 signatures dans un petit canton plutôt que dans un grand ou dans un laps de temps de 1 jours plutôt que dans celui de 10 mois.

& Frey ont été reliées par interpolation linéaire. En outre, la valeur de départ de la dimension relative au délai est fixée à 0 et non à 1. De même, les grilles d'évaluation des dimensions correspondantes aux nombres absolus et relatifs de signatures sont fixées à des valeurs 10 fois supérieures à celles posées par Stutzer & Frey pour des évaluations de 0.

Figure 5.3
Evaluation relative au nombre de signatures requis pour le déclenchement d'une initiative législative

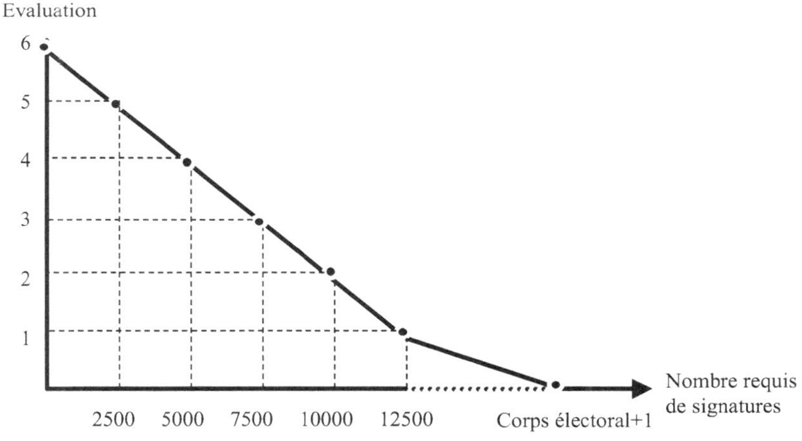

Ajoutons finalement une remarque et une indication en rapport avec les données recueillies. Remarquons tout d'abord que la tentation de codages dichotomiques similaires à ceux parfois retenus pour les référendums financiers n'existe pas pour les cantons suisses, puisque tous les cantons dispose du droit d'initiative. Indiquons ensuite que, suivant la pratique adoptée par Trechsel dans sa base de données, un délai de 24 mois a été saisi lorsque aucun délai n'est mentionné dans les lois cantonales.

L'opérationnalisation de la variable CENTRALISATION nécessite que l'on se penche sur l'articulation des dépenses entre les trois niveaux institutionnels suisses. La Figure 5.4 met en relation ces dépenses en faisant ressortir les transferts financiers liant la Confédération, les cantons et les communes. Ces relations sont symbolisées par les flèches étiquetées de T1 à T6: par ex. T1 correspond aux transferts allant de la Confédération aux cantons. Si l'on agrégeait les dépenses des trois niveaux institutionnels, ces transferts seraient comptés à double. De fait, T1 serait compté une première fois comme des dépenses de la Confédération et une deuxième comme dépenses des cantons, puisque ces derniers utilisent ces ressources pour financer leurs activités. Pour éviter ces doubles imputations, il suffit de retrancher une fois chaque transfert. Il est possible de le faire soit de l'optique des bénéficiaires de transferts, soit de l'optique de ceux qui octroient des transferts. En considérant la première optique, il faudrait soustraire [T1 + T4] des dépenses de la Confédération, [T2 + T6] des dépenses cantonales (CANTON) et [T3 et T5] des dépenses communales (COMMUNE). En considérant la seconde, il faudrait soustraire des dépenses de la Confédération [T2 + T3], des dépenses cantonales [T1 + T5] et des dépenses communales [T4 + T6].

Figure 5.4
Articulation des dépenses et des transferts financiers entre niveaux institutionnels

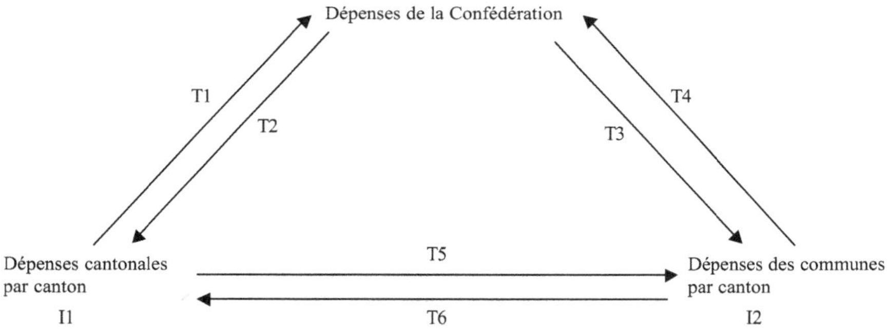

Une fois les dépenses de chaque niveau identifiées, il est possible de construire un indicateur de centralisation selon l'optique retenue. Selon l'optique des contributeurs[6], cet indicateur serait:

$$\text{CENTRALISATION1} = [\text{CANTON}-T2-T6] / [\text{CANTON}-T2-T6+\text{COMMUNE}-T3-T5] \quad [5.1]$$

6 Chacun peut vérifier que l'agrégation produite par l'AFF de l'ensemble des dépenses de la Confédération, des cantons et des communes (tableau A4) et que l'indicateur de centralisation calculé par la Badac correspondent à l'optique des contributeurs.

Selon l'optique des bénéficiaires cet indicateur serait:

CENTRALISATION2 = [CANTON–T1–T5]/[CANTON–T1–T5+COMMUNE–T4–T6] [5.2]

En considérant une troisième optique que l'on peut qualifier du montant géré par les différents niveaux institutionnels, il est possible de construire un autre indicateur:

CENTRALISATION3 = [CANTON – T6]/[CANTON – T6 + COMMUNE – T5] [5.3]

Finalement, un quatrième indicateur (CENTRALISATION4) pourrait être construit en divisant la série CANTON par la somme des séries CANTON et COMMUNE. Un tel calcul, qui s'apparente à l'optique du montant géré, a pour défaut de compter à double les transferts T5 et T6.

L'Administration fédérale des finances (AFF) publie annuellement plusieurs séries permettant le calcul de tous ces indicateurs à l'exception de CENTRALISATION2.[7] Il s'agit de la série des dépenses cantonales par canton (ici notée: CANTON; tableau D1.1), de la série des dépenses communales par canton (COMMUNE; tableau F1.1), de la série des dépenses cantonales et communales pour chaque canton (CANTON + COMMUNE – T5 – T6; tableau H1.1), des dépenses des communes après déductions des contributions de la Confédération et des cantons (COMMUNE – T3 – T5; tableau F4.4), des dépenses des cantons et des communes après déduction des contributions de la Confédération (CANTON + COMMUNE – T5 – T6 – T2 – T3; tableau H4.4) ainsi que de la série des recettes des cantons en provenance de la Confédération (T2; tableau D4.5).

7 Les séries publiées permettent de calculer CENTRALISATION1 de la façon suivante: le numérateur peut être obtenu en soustrayant [COMMUNE – T3 – T5] de [CANTON + COMMUNE – T5 – T6 – T2 – T3]. Il suffit ensuite de le diviser par [CANTON + COMMUNE – T5 – T6 – T2 – T3].
En soustrayant à la série [CANTON + COMMUNE – T5 – T6 – T2 – T3] la série [COMMUNE – T3 – T5] et en y ajoutant la série T2, on obtient [CANTON – T6]. On peut ensuite diviser cette série par [CANTON + COMMUNE – T5 – T6] et obtenir ainsi CENTRALISATION3.
Les séries CANTON et COMMUNE permettent d'obtenir les valeurs de CENTRALISATION4 par la simple application de sa formule de calcul, soit CENTRALISATION4 = CANTON / [CANTON + COMMUNE].

Les calculs des indices de situation conjoncturelle passe par la transformation des indicateurs de richesse retenus pour la construction de REVENU. Cette transformation est la suivante:

CONJONCTURE = (série observée - série filtrée)/série observée [5.4]

La série filtrée s'obtient en appliquant le filtre HP100 à la série observée, soit à la série du revenu retenue. Le filtre Hodrick-Prescott (HP) revient à appliquer des moyennes mobiles pondérées aux séries observées que l'on désire lisser, soit aux séries que l'on désire débarrasser de leurs composantes conjoncturelles. Les coefficients de pondération de ces moyennes sont fixés de telle sorte que les années les plus proches de l'année pour laquelle la valeur tendancielle est calculée soient affectées de poids plus élevés (Commission européenne 1995: 39-40). Concrètement, cela revient à résoudre l'expression suivante:

$$HP\lambda SO_t = Min\sum_{t=1}^{T}(SO_t - SL_t)^2 + \lambda\sum_{t=2}^{T-1}[(SL_{t+1} - SL_t) - (SL_t - SL_{t-1})]^2 \quad [5.5]$$

avec t le temps, SO la série observée, SL la série lissée
et λ un paramètre de lissage de la série observée.

Plus le paramètre de lissage est élevé et plus les écarts de productions estimés sont importants: à l'infini la série devient linéaire, alors que pour un paramètre nul la série ne contient pas de composante cyclique. En fait, ce paramètre détermine la longueur des moyennes mobiles pondérées: plus il est élevé et plus la période couverte est longue. Ainsi, pour une valeur de 100 le filtre utilise des moyennes mobiles d'ordre 9, soit 4 années avant et 4 après l'année traitée.

Cette méthode a pour défaut de ne relever d'aucune conception théorique quant à la marche de l'économie, ce qui rend le choix du λ partiellement arbitraire. En fait, ce choix dépend surtout de l'adéquation de l'image qui ressort de l'application du filtre avec les connaissances préalables du phénomène étudié.[8] Cette méthode a également pour défaut de nécessiter

8 En reproduisant la logique des concepteurs du filtre pour des données trimestrielles (Hodrick & Prescott 1997), il est possible d'avancer un argument théorique expliquant pourquoi la valeur 100 est généralement retenue pour ce paramètre lorsque des valeurs annuelles sont traitées (Bruchez 2003). Néanmoins, il est possible d'argumenter pour l'utilisation d'autres valeurs. C'est notamment le cas de Baxter & King (1999) qui le font, sur la base de leur propre filtre, pour une valeur de 10.

l'utilisation de prévisions et parfois d'estimations: plus l'ordre des moyennes mobiles est important et plus il peut être nécessaire (en cas de non-disponibilité ou de non-existence des observations) de recourir à des estimations pour les années antérieures au début de la série ou à des prévisions en fin de série. Par contre, ce filtre a plusieurs avantages qui motivent son choix. D'une part, son utilisation ne requière pas d'autres observations que celles de la variable filtrée. D'autre part, elle n'implique pas la formulation d'hypothèses quant à la marche de l'économie contrairement à d'autres méthodes. Ce choix se justifie aussi par son utilisation par la Confédération (2000) et la Commission Européenne (1995).

En plus du fait que l'OCDE considère la valeur du λ de 100 comme une norme industrielle de fait (Commission européenne 1995: 40), il convient de relever que le choix de 100 ou de 10 n'a pas une importance significative en termes de phase. Pour preuve, il suffit d'examiner le Graphique 5.1. Ce graphique compare la série obtenue avec λ = 100 avec celle découlant de l'application du filtre HP10 au PIB suisse.

Graphique 5.1
Indices de situation conjoncturelle découlant de l'application des filtres HP100 et HP10

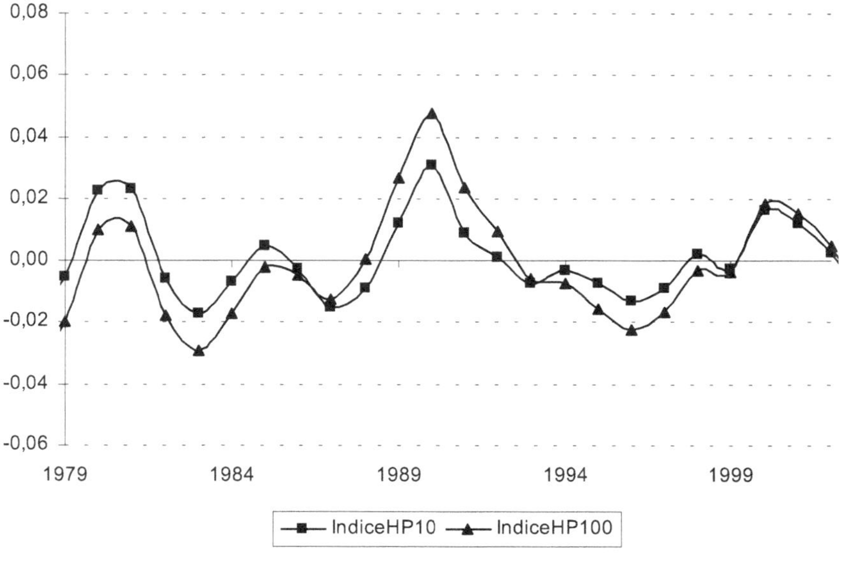

Sauf pour 1985, 1988 et 1998 les signes des indices sont les mêmes. Néanmoins, on constate que la courbe pour l'indice découlant du HP10 est supérieure à celle découlant du HP100 de 1980 à 1986 et de 1994 à 1999. Par ailleurs, l'amplitude de la série découlant de HP100 est plus importante que celle découlant de HP10.

En considérant les résultats découlant de l'application du HP100, on constate qu'en 1980 et 1981, ainsi que de 1991 à 1992 et de 2000 à 2002, la Suisse (et donc les cantons) se trouvait en phase d'écart de production positif alors qu'elle se trouvait en phase d'écart de production négatif de 1982 à 1984, de 1986 à 1987 et de 1993 à 1997. En 1985, 1988, 1998 et 1999, la situation conjoncturelle était en équilibre ou en quasi-équilibre.

Les sources ainsi que la façon de coder PLTDROITE et GVTDROITE sont les mêmes et ne sont donc présentées qu'une fois. Les tableaux de la publication annuelle intitulée *année politique suisse* donne les informations nécessaires à la construction des variables relatives aux compositions partisanes du parlement et du gouvernement. Plus précisément, ils permettent de connaître quel est le nombre de sièges occupés dans les parlements et gouvernements cantonaux par les partis suivants: parti radical démocratique (PRD), parti démocrate chrétiens (PDC), parti socialiste (PS), union démocratique du centre (UDC), alliance des indépendants (AdI), parti évangélique populaire (PEP), parti libéral (PL), parti de la liberté (PDL), démocrate suisse (DS), parti écologiste suisse (PES), parti suisse du travail (PdT) et autres partis (DIVERS).

Différents partis dont les sièges sont attribués à DIVERS dans les tableaux peuvent être identifiés à l'aide des commentaires fournit par l'année politique suisse. Par la suite, les sièges occupés par ces partis sont attribués aux partis qui leurs sont le plus proche idéologiquement. Ainsi, le parti social-démocrate est assimilé au PS, l'union démocratique fédérale à l'UDC, le parti socialiste autonome et l'organisation progressiste de Suisse au PdT, le parti de la liberté et la lega dei ticinesi au PDL et l'alternative verte au PES. Par ailleurs, différents partis font des apparitions épisodiques dans les tableaux de l'année politique suisse. Ces partis ont également été assimilés aux partis qui leur sont proches idéologiquement. Plus précisément, le Grüne Büdnis der Schweiz (GBS) est assimilé au PES et l'action nationale (AN) au PDL.

Précisons encore que les informations pour Appenzell I.-Rh. et Appenzell A.-Rh. ne sont pas disponibles. En fait, il n'existe qu'un parti politique à Appenzell A.-Rh. (le parti démocrate chrétien) et aucun dans le demi-canton d'Appenzell I.-Rh. C'est pourquoi cette variable ne peut être construite pour ces deux cantons. Sauf exception explicitement documentée, deux solutions à ce problème sont à chaque fois commentées: 1) la moyenne de leurs cantons limitrophes est utilisée comme valeur pour ces deux cantons et 2) ces deux cantons sont exclus.

Avant de présenter l'indicateur de l'orientation partisane utilisé dans ce travail, il convient de commenter celui généralement employé dans la littérature. En fait, ce dernier n'est rien d'autre que la part des sièges occupés par des élus de droite au parlement ou au gouvernement, soit les partis assimilés au PEP, au PRD, au PL, au DS, à l'UDC et au PDL. Soulignons que les complémentaires de ces parts (*PARTPLTDROITE* et *PARTGVTDROITE*) ne sont pas les proportions des partis de gauche, puisque l'on considère les partis assimilés à l'Adl, au PDC et à DIVERS comme des partis du centre.

Cette manière de procéder repose implicitement sur les hypothèses suivantes: (1) seule la dichotomie gauche-droite compte et non le positionnement plus à gauche ou plus à droite des partis (tous les partis de droite ont le même poids); (2) les nuances cantonales n'ont pas d'influence sur le positionnement gauche-droite des partis; (3) les positions partisanes n'évoluent pas dans le temps et (4) les partis du centre pèsent sur le débat.

Cette dernière hypothèse (4) n'appelle pas de commentaire puisque les partis du centre participent au débat et à la formation des opinions. Il n'y a donc pas de raison de construire une variable calculant la proportion des partis de droite par rapport aux partis de droite et de gauche, soit sur le total des sièges non occupés par des partis du centre. Bien que judicieuses, les autres hypothèses sont simplificatrices et font toutes de l'indicateur usuel une mesure imparfaite de l'orientation politique du parlement. Toutefois la réalité nous étant inconnue, il est impossible de mesurer le biais découlant de cette simplification.

Pour ce travail, les positions partisanes cantonales (PLTDROITE et GVTDROITE) sont calculées plus finement: soit selon la formule suivante:

$$\text{Position partisane} = \sum_{p=1}^{n} f_p x_p \Big/ 100 \qquad [5.6]$$

avec «n» est le nombre de partis représentés au pouvoir, f_p la part des sièges occupés par un parti p et les x_p les évaluations partisanes octroyées à chaque parti.

Cette façon de procéder est présentée par Ladner (1999: 221). Elle permet de construire un indicateur de position partisane ne nécessitant pas la formulation implicite de l'hypothèse (1) ci-dessus. En effet, ce codage consiste simplement à construire un indicateur de la position partisane sur l'axe gauche-droite en octroyant des évaluations différentes aux partis selon le contenu idéologique de leur discours: plus un parti est à droite idéologiquement et plus son évaluation est importante. L'échelle d'évaluation va de 1 (pour le parti le plus à gauche) à 10 (pour le parti le plus à droite) et prend pour valeur centrale 5,0. Cette échelle, présentée par Ladner (1999: 221), est reportée dans le Tableau 5.3.[9] Notons que cette échelle est également utilisée pour coder MINFINDROITE: les valeurs de cette dernière correspondent aux poids associés au parti du ministre des finances en fonction.

Tableau 5.3
Evaluations relatives au positionnement idéologique des partis sur l'axe gauche-doite[a]

Parti	*Poids*	*Parti*	*Poids*
PdT / PdA	1,0	PEP / EVP	5,9
PS / SP	2,6	PRD / FDP	6,8
PES / GPS	3,2	PL / LP	7,6
DIVERS / Übrige	5,0	DS / SD	7,6
AdI / LdU	5,2	UDC / SVP	7,7
PDC / CVP	5,4	PDL / FPS	8,2

a L'acronyme en allemand est donnés après celui en français pour chaque parti.

9 Ladner cite sa source comme ceci: «Kantonalparteipräsidentenbefragung 1997 (NF-Projekt Ladner / Brändle)».

Etant donné qu'il n'existe pas d'échelle des partis canton par canton ni d'échelle pour l'ensemble des cantons pour chaque année, les hypothèses (2) et (3) sont également sous-jacentes à cet indicateur. Relevons finalement que dans le contexte de cette formule, le codage traditionnel revient à octroyer le poids de 1 à tous les partis de droite et un poids nul aux autres partis.

Comme pour la position partisane, les codages des dispersions partisanes des parlements (DISPPLT) et des gouvernements (DISPGVT) s'effectuent de la même manière. Ils ne sont donc présentés qu'une fois. Pour calculer ces variables, nous utilisons la formule proposée par Lane & Ersson (1994: 159):

$$\text{DISPERSION} = \sum_{p=1}^{n} f_p \left(x_p - \bar{x}\right)^2 \qquad [5.7]$$

avec «n» le nombre de partis au pouvoir, f_p les parts des sièges occupés par chaque parti, x_p les évaluations partisanes des partis et $\bar{x}$ la position partisane du parlement ou du gouvernement.

Cette formule permet de tenir compte du fait que la composition parlementaire ou gouvernementale de deux cantons peut être différente pour des positions partisanes identiques. Par exemple, cela serait le cas entre un canton où il n'y a qu'un parti au centre de l'échelle en comparaison d'un canton dont le parlement (ou le gouvernement) est composé de deux partis de même force situés aux deux extrémités de l'échelle. L'élévation au carré des écarts à la position partisane plutôt que l'utilisation de la valeur absolue accentue d'autant plus l'influence de ces écarts qu'ils sont importants.

Etant donné qu'en général il est utilisé pour rendre compte de la dispersion partisane, l'index de Rae (1967) est également testé:

$$\text{FRACTIONNALISATION} = 1 - \sum_{p=1}^{n} f_p^2 \qquad [5.8]$$

avec «n» le nombre de partis au pouvoir
et f_p les parts des sièges occupés par chaque parti.

Contrairement au codage de Dispersion, cet indice met l'accent sur le nombre de partis plutôt que sur leur positionnement politique. C'est d'ailleurs ce que fait plus trivialement encore l'indicateur généralement utilisé pour mesurer la dispersion au sein des gouvernements:

$$\text{COALITION} = \text{nombre de partis représentés au gouvernement (ng)} \quad [5.9]$$

L'indice de concordance combine en quelque sorte ces deux derniers indicateurs. En effet, il correspond à la proportion, ici exprimée en %, des sièges occupés au parlement par les partis du gouvernement:

$$\text{CONCORDANCE} = 100 * \sum_{p=1}^{ng} fp_p \quad [5.10]$$

avec p les partis représentés au gouvernement, ng leur nombre et fp_p les parts des sièges occupés au parlement par les représentants des partis du gouvernement.

Faute d'un codage standard pour le faire, nous avons testés deux façons pour mesurer l'instabilité des gouvernements et des parlements. Le premier codage n'est rien d'autre que la somme des variations absolues des positions partisanes cantonales sur l'ensemble de la période étudiée:

$$\text{INSTABILITEPLT ou INSTABILITEGVT} = \sum_{t=1}^{T} abs\left(\Delta \overline{X}_t\right) \quad [5.11]$$

avec $\bar{x}_t$ les positions partisanes annuelles du parlement ou du gouvernement et T le nombre de périodes.

Notons que l'utilisation de la valeur absolue permet d'éviter que les variations positives et négatives se compensent (même partiellement) sur la période. Le deuxième codage se focalise sur les variations du nombre de sièges indépendamment du positionnement des partis:

$$\text{INSTABILITEPLTS ou INSTABILITEGVTS} = \sum_{t=1}^{T} \sum_{p=1}^{n} abs(\Delta f_{pt}) / 2 \quad [5.12]$$

avec f_{pt} les parts annuelles des sièges occupés par chaque parti, n le nombre de partis au parlement respectivement au gouvernement et T le nombre de périodes.

Comme, il n'est pas équivalent de gagner un siège dans un petit ou un grand collège respectivement hémicycle, cette formule s'attache aux changements relatifs des sièges occupés. Comme ces variations représentent des gains pour certains partis et des pertes pour d'autres, elle considère la somme des changements absolus. C'est d'ailleurs pour ne pas les compter à double que cette somme est divisée par deux. Ces sommes sont finalement additionnées sur l'ensemble de la période étudiée. Ces codages sont loin de mesurer les perceptions de chaque parti quant à leur chance de victoire ou de défaite électorale. Toutefois, gageons qu'ils permettent de révéler quels sont les cantons marqués par un potentiel de tournus politique plus important que d'autres. Relevons par ailleurs que cette façon de procéder paraît préférable à l'alternative consistant à construire des indicateurs prenant des valeurs différentes au gré des résultats électoraux. En plus du désavantage d'une colinéarité assez importante avec ANELECTORAL, cette alternative aurait surtout le défaut de supposer que les partis anticipent parfaitement les résultats électoraux.

Pour clore ce passage consacré aux variables politiques, mentionnons qu'ANELECTORAL prend la valeur 1 lors des années électorales et 0 autrement. Deux précisions doivent être apportées: a) seules les années de renouvellement complet du gouvernement prennent la valeur 1 et b) cette variable prend une valeur nulle pour AR et AI. Le premier point s'explique par le fait que les renouvellements partiels ne concernent pas des candidats en position d'influencer directement les décisions gouvernementales. Le deuxième point s'explique par les caractéristiques des systèmes politiques des demi-cantons appenzelois: celui de AI ne comprend pas de parti officiellement inscrit et celui de AR n'en comprend qu'un. C'est d'ailleurs pour cette raison que pour ces cantons FRACTIONNALISATION et INSTABILITEPLT prennent la valeur 0 et que COALITION et CONCORDANCE prennent la valeur 1.

5.3 Sélection, ajustement et description des variables

Cette partie discute de la pertinence de l'utilisation de certaines variables dans les modèles envisagés. Elle le fait de manière théorique afin de vérifier que les variables examinées disposent bien des caractéristiques nécessaires à leur exploitation. Elle le fait aussi de manière descriptive dans le but d'apprécier à quel point chaque variable correspond à la mesure recherchée. Par souci d'alléger le texte, seules les variables appelant un commentaire particulier sont présentées.

Un tel exercice constitue un passage obligé entre la constitution d'une base de données et son exploitation, puisqu'il s'agit d'expliquer pourquoi certaines variables ne peuvent pas être exploitées et pourquoi d'autres nécessitent une attention particulière lors du commentaire des résultats découlant de leur exploitation. Bien que primordiale, cette étape semble souvent négligée comme en témoignent, d'une part, l'utilisation de variable ne devant pas l'être ne devant pas l'être et, d'autre part, l'utilisation non commentée de variables qu'il faudrait pourtant commenter (Martin 2004a). Il s'agit aussi de décrire et de motiver les ajustements qui ont été opérés sur les séries exploitées.

Le plus souvent ces ajustements découlent de la volonté de neutraliser l'effet sur les résultats d'observations que l'on peut qualifier d'extrêmes et/ou d'observations causées par des événements ponctuels susceptibles de perturber la mesure de l'influence des déterminants étudiés. Ces observations ont été identifiées à l'occasion des vérifications effectuées pour chasser les erreurs de saisie. La méthode principalement utilisée pour les identifier consiste à tracer les courbes des séries étudiées et à les repérer de façon visuelle.[10] Bien sûr, il s'est aussi agit de contrôler que les variables prenaient bien leurs valeurs dans leur domaine de définition (signes, bornes, etc.), de contrôler si la somme des composantes d'une variable correspondait bien à cette variable (soit de contrôler les identités) et de comparer les données avec celles d'autres bases de données. Ainsi, les données politiques primaires de 1990 à 2002 ont été comparées avec celles de la Badac et celles relatives au nombre de signatures pour les référendums et les initiatives avec celles fournies par le professeur Alexander Trechsel et celles de Novaresi (2001).

10 De prime abord, le repérage de données extrêmes par une méthode peu sophistiquée comme l'analyse graphique peut paraître discutable. Toutefois, il faut savoir qu'il n'existe pas de méthode mécanique ou systématique (à défaut d'être objective) permettant ce repérage lorsque les données considérées sont composées de plusieurs séries chronologiques. D'ailleurs, il n'existe pas non plus de consensus sur la démarche à utiliser pour repérer, puis traiter les valeurs extrêmes même pour de simples coupes transversales (Kremp 1995: 172). Cela oblige donc à relativiser les critiques pouvant être portées à la méthode utilisée.

5.3.1 Variables écartées

En plus de l'indice de charge fiscale (CHARGEFISCALE) mentionné dans la partie théorique, les indices de force fiscale et de capacité financière doivent être écartés, à cause de la façon dont ils sont construits. Pour rappel, les valeurs prises par ces indices sont exprimées par rapport à une base fixée à 100. Si ce type d'indices est adapté pour des comparaisons intercantonales annuelles, il ne l'est donc pas pour des comparaisons intertemporelles: leurs variations n'ont pas de signification quantitative absolue, mais seulement en termes de progression relative. De fait, il suffit que la valeur prise par un canton change pour que la moyenne change et partant pour que la valeur des cantons, dont les caractéristiques seraient restées identiques, change aussi d'une période à l'autre. C'est pourquoi ces variables ne sont pas utilisées dans l'analyse économétrique de ce travail, contrairement à ce qui a été fait dans d'autres études. Remarquons que l'impossibilité d'utiliser les indicateurs de force fiscale et de capacité financière ne pose problème qu'au regard des hypothèses simplificatrices formulées pour la variable revenu cantonal. Par contre, l'impossibilité de recourir à un indicateur de charge fiscale a pour conséquence d'empêcher d'intégrer des comportements de concurrence fiscale ou même de tester des hypothèses relatives à la courbe de Laffer.

Pour construire les variables DETTE, DETTEVOISINS et DETTECANTONS, il est théoriquement préférable d'utiliser la dette nette plutôt que la dette brute: en effet, la dette brute d'un canton peut augmenter en raison de l'achat d'actifs financiers, générateur de dividendes, et non pour assurer la fourniture de prestations ou la réalisation d'investissements publics. Il se trouve, par ailleurs, que la valeur d'un même actif financier peut fortement varier d'un canton à l'autre et/ou d'une période à l'autre. D'une part, un actif financier peut figurer à sa pleine valeur dans les comptes d'une collectivité, s'il vient d'être acheté ou s'il vient d'être réévalué. D'autre part, il peut y figurer pour une valeur quasi nulle s'il a déjà été amorti. Dès lors, on comprend sans mal que la comparabilité des actifs financiers n'est pas assurée. Cette incomparabilité motive notre décision de ne pas utiliser la dette nette, puisque cette dernière se calcul à partir des actifs financiers (Dettes nettes = Dettes brutes – Actifs financiers). Cette décision parait d'autant plus justifiée que les évolutions des dettes nettes ne coïncident, ni avec celles des intérêts passifs et des intérêts actifs, ni avec les évolutions des soldes financiers.[11] Comme il en va de même pour la dette brute, les variables relatives aux dettes ne sont pas testées dans nos modèles. Notons déjà que les modèles construits ne semblent pas sensibles à cette absence, si l'on se réfère à la similarité des estimations avec et sans les intérêts passifs et actifs.

Il ressort de l'analyse descriptive des séries cantonales que la variable CITADINS, définie comme la proportion d'habitants dans des villes, ne devrait être utilisée qu'avec circonspection, si d'aventure elle devait l'être. De fait, il découle de l'utilisation de la définition usuelle d'une ville des évolutions peu crédibles. Avant de préciser la nature de ces dernières, il convient de rappeler que les communes de plus de 10'000 habitants sont considérées comme des villes au sens de la statistique officielle. Or, appliquer cette définition à des cantons qui connaissent une croissance de leur population (soit à tous sauf BS) a pour conséquence de faire apparaître des paliers à chaque fois qu'une commune franchit le seuil des 10'000 habitants.[12] L'évolution de la série genevoise tracée dans le Graphique 5.2 permet non seulement d'illustrer ce point, mais en plus de donner une base à la discussion de deux cas de figure découlant de dynamiques démographiques cantonales et communales différentes.

11 Les intérêts passifs sont payés tout au long de l'année selon l'évolution de taux d'intérêt et de la dette d'une collectivité. Or, les montants inscrits au bilan ne correspondent qu'à l'état de la situation au 31 décembre de l'exercice écoulé. Dès lors, il suffit que la dette ait fortement varié en fin d'année pour que son niveau diffère nettement de celui moyen sur l'année. Afin d'atténuer cet effet, les dettes brutes et nettes ont été lissées sur deux périodes en calculant la moyenne entre leurs niveaux en début et en fin d'exercice.

12 Du point de vue de la population résidante moyenne, presque tous les cantons suivent une tendance à la hausse. En fait, cela n'est pas le cas pour BS qui voit sa population décroître sur la période, avec néanmoins une bosse (vers le haut) de 1989 à 1998. Dans la mesure où les évolutions cantonales des corps électoraux sont similaires à celles des populations des cantons, il n'y a pas lieu de mettre en doute la pertinence de ces dernières. Il en va de même pour celles de la population de BE (croissance jusqu'en 1993, forte décroissance en 1994 suivie par une reprise de la croissance) et de la population de SH (croissance jusqu'en 1995, décroissant de 1995 à 2000 et reprise de la croissance depuis).

Graphique 5.2
Proportions des genevois résidant dans des communes de plus de 10'000 habitants de 1980 à 2002

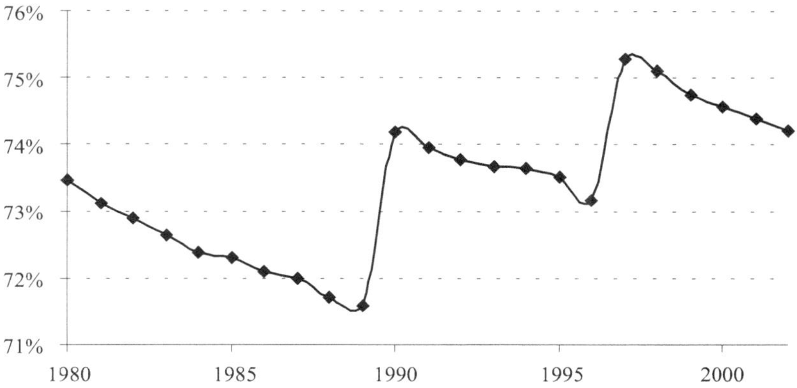

Source: propres calculs sur la base de données de l'OFS.

L'évolution en dents de scie de la série genevoise s'explique par l'application de la définition retenue et par l'évolution de la population genevoise: appliquer le seuil retenus à un canton en croissance démographique a pour conséquence de faire apparaître des paliers toujours plus élevés; la progression plus forte de la population dans les communes de moins de 10'000 habitants par rapport à celle des autres communes explique pourquoi la série baisse entre deux paliers et donc l'apparition de pics lorsque ces communes franchissent le seuil de 10'000 habitant. Les cantons de Luzern, Zoug, Fribourg, Appenzell A.Rh., St. Gallen, Aargau, Thurgau et Valais connaissent le même type d'évolution que Genève. Concrètement, une telle évolution pose problème, car il en découle une sous-estimation de CITADINS entre chaque pic. Cette sous-estimation est d'autant plus forte que l'observation considérée est proche du prochain pic. Au moins pour les cantons connaissant une croissance démographique et ayant enregistré un pic en fin de période, la tendance globale reste croissante, même si l'on constate une évolution décroissante après chaque pic.

Les cantons de Basel-Landschaft, de Solothurn, de Schaffhausen, de Graubünden, de Ticino, de Neuchâtel et de Jura ont tous enregistré une hausse de leur population. Toutefois, comme ils n'ont pas n'ont pas connu de pic sur l'ensemble de la période, les séries de ces cantons suivent toutes une trajectoire décroissante. Or, ces séries connaîtront tôt ou tard des pics qui leur redonneront une allure tendanciellement croissante.

En plus de ce problème manifeste qui justifie le renoncement à cette série, deux autres points prêtent à discussion. Il s'agit d'une part de l'importance peu vraisemblable de l'écart entre les cantons ayant la proportion de citadins la plus faible et celui dont cette proportion est la plus forte: 5 cantons (Uri, Obwalden, Nidwalden, Glarus et Appenzell I. Rh.) prennent des valeurs nulles pour la période étudiée, alors que Basel-Stadt prend une valeur de 1. Il s'agit d'autre part de la forte progression (en escalier) enregistrée par le canton de Schwyz (que cela soit en termes relatif avec une croissance de 214% ou absolue avec une augmentation de 27 points de pourcents) qui contraste fortement avec celle des autres cantons.

Au regard des séries, l'utilisation de la proportion de résidents dans des agglomérations (URBAINS) à la place de CITADINS apparaît clairement préférable, dans la mesure où l'évolution croissante de URBAINS correspond à celle attendue.[13] Toutefois, deux raisons expliquent pourquoi nous y avons également renoncé. La première raison réside dans la forte progression de valeurs de certains cantons qui contraste avec la progression plus lente, et conforme à nos attentes, enregistrée par la plupart des cantons. Concrètement les progressions enregistrées par NW, SZ et de VS ne nous semblent pas refléter la réalité étudiée: NW est passé de 0% à 80% de 1980 à 1990, SZ de 16% à 58% de 1980 à 1990 et de 58% à 79% de 1990 à 2000 et VS de 26% à 53% entre 1980 et 1990. La deuxième raison réside dans l'écart considérable entre les cantons ayant la proportion la plus faible et

13 Les données utilisées pour construire cette variable proviennent de l'OFS. D'une part, l'OFS dispose de la population résidente par commune et par année pour toutes les années étudiées. D'autre part, l'OFS a déterminé à trois reprises (1980, 1990 et 2000) l'appartenance ou non à une zone urbaine de chaque commune suisse. Ainsi, il est possible de calculer la proportion des habitants vivant dans des zones urbaines pour ces trois années. Pour compléter les années manquantes, nous avons fait l'hypothèse que cet indicateur évoluait de façon constante. Par conséquent, les données de 1981 à 1989 et celles de 1991 à 1999 sont calculées par interpolation linéaire (respectivement entre 1980 et 1990 et 1990 et 2000) et les données de 2001 sont calculées en extrapolant la tendance observée entre 1990 et 2000.

celui ayant la plus forte: en plus de NW entre 1980 et 1990, UR, GL et AI enregistrent une proportion de 0% sur la période, alors que pour BS cette proportion ne s'écarte jamais des 100%. A ces raisons s'ajoutent la difficulté d'accepter que les baisses de l'indicateur commenté pour LU de 1990 à 2000 et pour NE de 1980 à 1990 correspondent bien à un recul réel de l'urbanisation dans ces cantons.

La variable CATHOLIQUES a pour but de capter les différences culturelles existant entre les catholiques et les protestants.[14] Toutefois, son examen descriptif montre que cette variable ne permet pas de le faire. Cette incapacité résulte de la forte diminution de la part des protestants et des catholiques dans la population totale. Par exemple, pour BS la part des catholiques était de 26,2% et celle des protestants de 26,5% en 2000. Dès lors que les deux religions considérées ne représentent plus que 52,7% de la population, il est très discutable de penser que leurs parts respectives influencent significativement la politique financière de cette collectivité.

5.3.2 Variables qui nécessitent un commentaire particulier

Les séries des recettes, des dépenses et des soldes financiers sont construites à partir des données publiées chaque année par l'AFF dans le document intitulé finances publiques en Suisse (tableaux D2 et D3).

L'AFF inclut les opérations liées à la construction des routes nationales dans les recettes et les dépenses des cantons. Cette prise en compte pose problème, car elle provoque des variations ou des ruptures parfois importantes des séries cantonales des recettes et des dépenses. Ces ruptures s'expliquent par le fait que la construction des routes nationales s'est déroulée de façon discontinue pendant la période étudiée. Ce phénomène est particulièrement marqué dans les cantons où les recettes et les dépenses sont faibles en valeur absolue. Or, il se trouve que ces ruptures sont d'autant

14 Cette information n'est recueillie que lors du recensement fédéral, soit tous les 10 ans (1980, 1990 et 2000). Comme les changements entre ces observations sont faibles et que l'on imagine mal qu'ils se soient produits de façon abrupte, nous avons relié ces observations par interpolation linéaires (cela revient à faire l'hypothèse que ces changements se sont déroulés de manière constante entre deux recensements). Pour 2001, nous avons procédé en extrapolant la tendance observée entre 1990 et 2000.

plus gênantes que les décisions relatives à la construction des routes nationales dépend plus de la Confédération que des cantons. D'une part, la Confédération décide du tracé et du déroulement des travaux des routes nationales. D'autre part, elle subventionne largement ces dépenses, puisqu'elle le fait avec des taux compris dans une fourchette allant de 65% pour BS à 97% pour OW (Ordonnance sur les routes nationales 725.111 du 8 mai 2002). Afin d'éliminer ces ruptures, les montants affairant à la construction des routes nationales sont retranchées des séries étudiées.[15]

Soulignons que cet ajustement influence parfois de façon conséquente les conclusions que l'on pourrait tirer d'une comparaison intercantonale des recettes et des dépenses. Par exemple pour 1980, la comparaison des dépenses par habitant de ZH avec celles de UR donne une image fort différente selon que l'on intègre ou non les dépenses pour les routes nationales. En les intégrant, les dépenses par habitant en termes réels de ZH se montent à près de 5'316 et celles de UR à 12'500 francs. En ne les intégrant pas, l'écart n'a plus la même ampleur, puisque les dépenses cantonales de ZH se montent encore à 5'118 francs par habitant, alors que celles de UR tombent à 5'652.

De plus, il faut mentionner que les opérations relatives à l'assurance chômage causent également des variations parfois importantes des recettes et des dépenses des cantons. Deux arguments expliquent pourquoi les séries traitées n'ont pas été ajustées de ces opérations. 1) Contrairement aux opérations liées aux routes nationales ces opérations ne changent pas considérablement l'image d'un canton à l'autre, alors que dans certains cantons les dépenses et les recettes pour les routes nationales sont aussi importantes en termes financiers que celles relatives à l'ensemble des autres prestations publiques délivrées. 2) Les opérations liées à l'assurance

15 La série des dépenses cantonales pour les routes nationales n'est pas publiée. Par contre, l'AFF publie celle des recettes annuelles en provenance de la Confédération pour les routes nationales. Ces recettes concernent la construction, l'entretien et l'exploitation de ces routes. Les taux de subventionnement peuvent varier selon la nature des travaux entrepris par les cantons. Or, comme la répartition des montants transférés entre ces trois tâches n'est pas disponible, nous avons fait l'hypothèse que l'ensemble des transferts a concerné la construction. Dès lors, il est possible d'estimer, à partir des taux pris en charge par la Confédération (par une règle de trois), les dépenses annuelles pour les routes nationales supportées par les cantons.

chômage peuvent être considérées comme des dépenses conjoncturelles: les prêts aux assurances chômage interviennent surtout en période de basse conjoncture (de 1993 à 1998) et les remboursements en période de haute conjoncture (dès 1996, mais essentiellement depuis 2000). Notons que pour tous les cantons, sauf pour SO et AG, les prêts contractés dès 1993 ont fini d'être remboursés en 2002. Or, comme CHOMAGE et CROISSANCE permettent de tenir compte de ces fluctuations, il n'est pas nécessaire, pour l'analyse, de retrancher des recettes et des dépenses les opérations liées à l'assurance chômage.

Toutefois, il convient de neutraliser trois particularités dans la prise en compte des montants relatifs à l'assurance chômage tels que publiés par l'AFF. La première est d'avoir, semble-t-il, omis d'intégrer un prêt d'environ 104 millions de francs consenti par Aargau à l'assurance chômage en 1993 (soit près de 4% des dépenses du canton).[16] La deuxième particularité semble être d'avoir inclus dans les dépenses deux remboursements qui n'ont vraisemblablement pas été effectués par Solothurn (près de 63 millions en 1993 et près de 32,5 millions en 1994).[17] La troisième particularité est d'avoir pris en compte dans les dépenses les opérations relatives aux assurances chômage de 1993 à 1995 sans les charges comptables, puis de l'avoir fait avec ces dernières ensuite.[18]

16 Aargau serait le seul canton à n'avoir pas consenti de prêt cette année-là. Cette exception serait surprenante, car c'est en 1993 que les cantons ont le plus octroyé de prêts. De plus, sans ce montant, le compte assurance chômage de Aargau n'aurait pas été clôturé en 2002, contrairement à ce que mentionne son compte d'Etat 2002 (p. 23). De plus, il serait le seul avec Solothurn (cf. note 40) à ne pas l'avoir fait.

17 Bien que ni le canton, ni l'AFF ne l'ait confirmé, trois raisons nous poussent à le croire: 1) SO serait le seul à procéder à des remboursements en 1993 et 1994, 2) sans ces montants le compte «assurance chômage» soleurois n'aurait pas été clôturé en 2002, contrairement aux comptes des autres cantons (sauf Aargau cf. note 39) et 3) ces montants correspondent exactement aux prêts des années 1993 et 1994.

18 Les informations à disposition (montants comptables et effectifs de 1996 à 1998) ne permettent pas d'évaluer de manière précise la conséquence de ce dernier point. Tout au plus, permettent-elles de dire que pour ces périodes la particularité mentionnée ne semble pas avoir une influence trop importante, même si elle ne touche pas tous les cantons de la même façon en termes relatifs. De fait, les montants de ces écritures comptables sont compris dans une fourchette allant de près de 0,3 million pour AI en 1996 à plus de 293 millions pour ZH en 1998. En termes relatifs, cette fourchette va de 0,2% pour Uri en 1997 à quand même plus de 2,7% pour ZH en 1998.

En plus des ajustements mentionnés, les séries étudiées sont corrigées de l'impact immédiat ou direct de différents événements ponctuels qui peuvent influencer de façon conséquente et directe les résultats d'analyses intercantonales et/ou chronologiques. Par influence directe, il est entendu que seuls les effets de ces événements ont été ajustés, puisqu'il n'est pas possible de simuler quels auraient été les comportements cantonaux (avant, pendant et après) si ces événements n'avaient pas eu lieu. L'annexe 4 recense les ajustements des recettes et l'annexe 5 ceux des dépenses. Souvent, il s'agit d'opérations relatives à l'engagement des cantons dans différentes entités para-étatiques. Par exemple, la privatisation de la banque cantonale de AR en 1996 a rapporté des recettes extraordinaires de 180 millions de francs, montant considérable au regard des recettes tendancielles du canton qui se montaient aux alentours de 320 millions cette année-là.

Le dilemme apparent quant au choix de la mesure à prendre en considération s'estompe à l'examen des valeurs prises par les différents indicateurs de CENTRALISATION. En effet, il apparaît que seul CENTRALISATION1 n'est pas entaché d'un biais sur l'ensemble de la période étudiée: CENTRALISATION2 ne peut pas être calculée, CENTRALISATION4 souffre du double comptage mentionné et CENTRALISATION3 semble être biaisé sur la période 1980-1989 en raison de la pratique comptable alors en vigueur. Les valeurs supérieures à 1 prises par BS de 1980 à 1989 servent de révélateur de ce biais. En effet, il n'est pas possible conceptuellement qu'un indicateur de centralisation prenne des valeurs supérieures à 100%. La source de ce problème, qui reste à être identifiée, se trouve très probablement dans la manière d'imputer les transferts intercommunaux avant 1990.

Faute de commentaires dans les contributions existantes, il n'est que rarement possible de savoir quel indicateur de centralisation a été retenu. Ces absences de commentaire pose le problème de la reproductibilité de ces études. De surcroît, elles laissent penser que la définition retenue est la plus simple, soit celle de CENTRALISATION4. En plus de lever ces incertitudes pour ce travail, cet exercice de description de variable nous a permis d'identifier CENTRALISATION1 comme mesure à retenir. Relevons que même s'il n'avait pas permis d'identifier l'indicateur adéquat, cet exercice se serait révélé utile: il aurait permis de prendre conscience de l'existence d'erreur de mesures et partant de la nécessité d'apporter un commentaire particulier et/ou d'adapter la méthode utilisée.

Idéalement, plusieurs variables économiques devraient être construites à partir des produits intérieurs bruts (PIB) cantonaux. Mentionnons ici que le PIB reflète la richesse produite dans une collectivité pendant une année. Malheureusement, il n'existe pas de série officielle du PIB pour les cantons suisses.[19] Toutefois, il existe pour chaque canton une série officielle du revenu cantonal (RC). Ce dernier se définit comme la somme des revenus collectés par les résidents d'un canton au cours d'une année pour leur participation à une activité dans le monde. Bien que conceptuellement différents, le PIB et le RC des cantons comprennent tous deux la valeur ajoutée produite par les résidents de nationalité suisse de chaque canton. En raison de leur proximité conceptuelle, les évolutions des RC devraient assez bien coïncider avec l'évolution des PIB des cantons, comme c'est le cas à l'échelle nationale: le coefficient de corrélation entre le revenu et le PIB national se monte à 99,95% sur la période 1985-1995. C'est pourquoi, à l'instar de ce qui a été fait dans les autres études suisses en lien avec notre sujet, nous avons choisi d'utiliser le RC pour construire les premières variables économiques.

Cette série a été révisée à deux reprises sur la période étudiée et se décompose donc en trois séries plus courtes. Une première série va de 1980 à 1994, une seconde de 1990 à 2001 et une troisième de 1998 à 2002. Pour construire une série pour l'ensemble de la période, nous avons considéré que la nouvelle série reflète les bons niveaux cantonaux de richesse produite. En remontant dans le temps, nous avons ensuite appliqué les taux de croissance de la deuxième série jusqu'en 1990 et ensuite ceux de la première série jusqu'en 1980.

L'examen des séries réelles ainsi obtenues dissuade d'y recourir, compte tenu de la fréquence des variations importantes et peu vraisemblable: les cas de BS, qui enregistre une chute de son revenu cantonal de 18% en

19 Le Basel Konjoncture (BAK) estime un tel indicateur au niveau cantonal depuis 1984. Outre le fait que cette mesure ne soit pas officielle, qu'elle ne couvre pas toute la période étudiée et qu'elle n'offre pas forcément une validité supérieure aux estimations officielles du revenu cantonal, nous avons dû renoncer à l'utiliser en raison de son coût.

2001, et de NE, qui aurait connu une croissance de 14% en 1996, sont particulièrement marquants. Ils le sont d'autant plus que leurs recettes fiscales correspondant à ces années ne sont pas particulièrement importantes et que la situation conjoncturelle mesurée à l'échelle suisse ou telle que reflétée indirectement par les taux de chômage ne semble pas notablement favorable. Remarquons qu'il en va le plus souvent de même pour les 13 autres cas où la croissance annuelle absolue est supérieure à 10%.

La variable CONJONCTURE enregistre le même type de variations peu vraisemblables, puisqu'elle est construite à partir des séries des revenus cantonaux. Certes, les économies cantonales n'ont pas toutes la même sensibilité aux fluctuations conjoncturelles, mais il ne semble pas vraisemblable qu'elles aient traversé des cycles différents. De plus, même si l'on admettait ce dernier point, il serait difficile d'expliquer comment des cantons qui ont connu des trajectoires conjoncturelles différentes ont pu en même temps enregistrer des évolutions similaires du point de vue des taux de chômage.

Pour atténuer l'ampleur de ces variations, des lissages d'ordre deux et trois ont été envisagés. A la vue de la persistance des problèmes mentionnés, il est préférable en définitive de construire les séries du revenu cantonal en appliquant les taux de croissance du PIB suisse au niveau de la série la plus récente du revenu cantonal.[20] Cela revient à formuler l'hypothèse que chaque canton traverse les mêmes phases conjoncturelles tant en termes de signe qu'en termes d'ampleur des écarts conjoncturels. Certes, une telle pratique ne permet pas de tenir compte des évolutions particulières de chaque canton, mais elle a au moins le mérite de rendre

20 De 1980 à 2004, la nouvelle série du PIB de l'OFS est utilisée (les données 2003 et 2004 sont les valeurs provisoires publiées en décembre 2005). Les estimations pour les années postérieures à 2004 reposent sur les hypothèses suivantes: pour 2005 et 2006 les taux de croissance du PIB prévus sont de 1,3% et 1,7% (valeurs prévues par le SECO en octobre 2005), ensuite de 2007 à 2008 des taux de 1,4% sont prévus. A l'instar de ce que fait le SECO, les estimations pour les données allant de 1960 à 1980 reposent sur l'application récursive des taux de croissance réels de l'ancienne série de l'OFS à la nouvelle série de l'OFS. Cela revient à formuler l'hypothèse que le contenu informatif conjoncturel de la série ne serait pas modifié, même si l'on recalculait les valeurs du PIB sur la période 1960-1980 selon la nouvelle méthode de calcul du PIB.

compte de la richesse relative de ces derniers. Relevons ici que cette pratique a pour conséquence de rendre les variables CROISSANCE et CONJONCTURE parfaitement colinéaires avec d'éventuels effets temporels fixes. En effet, ces variables sont construites à partir des évolutions du PIB national qui sont les mêmes pour tous les cantons.

En moyenne sur la période, le revenu cantonal zougois s'élève à 76'000 francs par habitant, alors que le revenu national moyen n'est que de 47'000 L'exception zougoise apparaît plus fortement encore si l'on considère que les revenus des cantons de BS, ZH et GE se situent entre 60'000 et 57'000 francs par habitant et que ceux des autres cantons sont compris dans une fourchette allant de 50'000 pour GL et NW à 35'000 pour JU. Afin de tenir compte de cette exception zougoise en termes de haut niveau de revenu cantonal, la variable *REVENUZG* a été construite. Pour Zoug, cette variable prend les valeurs de REVENU. Pour les autres cantons, elle prend la valeur 0. Elle aurait pour effet d'atténuer l'influence positive attendue de REVENU sur les recettes et sur les dépenses. Elle aurait donc mécaniquement pour effet d'en faire de même pour l'influence de REVENU sur les soldes: l'influence de REVENUZG sur les soldes devrait donc être de sens inverse et de moindre ampleur que celle de REVENU.

Les chercheurs utilisent souvent le taux de chômage pour contrôler l'influence de l'évolution conjoncturelle sur les finances publiques. Une analyse descriptive montre que cette variable ne peut pas servir d'indicateur de la situation conjoncturelle pour l'ensemble de la période étudiée. Il convient donc de commenter cette variable, même si elle n'a fait l'objet d'aucun ajustement.

Les trajectoires des taux de chômage cantonaux tracées dans le Graphique 5.3 sont remarquablement similaires d'un canton à l'autre. Leur examen montre que les années 1980 ne semblent pas particulièrement affectées par le chômage, alors que l'économie traversait pourtant une phase de basse conjoncture si l'on se réfère à l'évolution des soldes financiers (Tableau 6.3, p. 125), ainsi qu'à celle des indices conjoncturels (Graphique 5.1, p. 91).

A part pour JU, BS, NE et TI, ces taux n'excèdent jamais les 1% jusqu'en 1990. De tels taux n'ont aucune commune mesure avec les taux de plus de 7% connus par plusieurs cantons dans les années 1990. L'explication se trouve dans le fait que pendant les années 1980 une partie

Graphique 5.3
Evolutions des taux de chômage dans les cantons suisses de 1980 à 2002

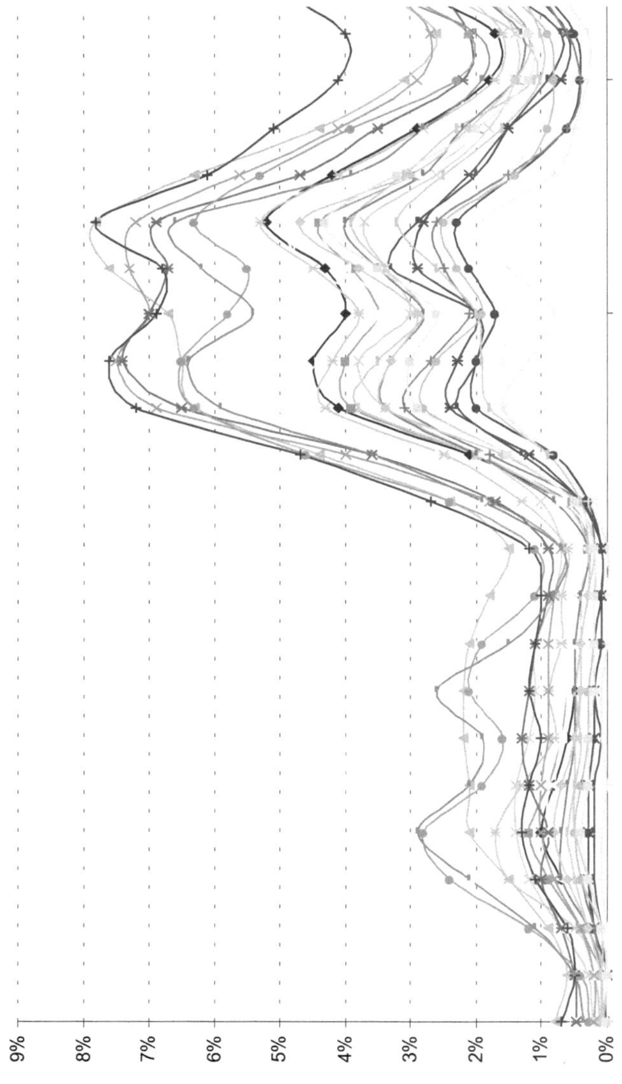

Source: OFS

du choc conjoncturel a été absorbé par la main-d'œuvre saisonnière étrangère. En d'autres termes, le taux de chômage n'a pas augmenté aussi fortement que pendant les années 1990, car la Suisse a «exporté» son chômage en réduisant sa main d'œuvre étrangère.

Malgré l'incapacité de CHOMAGE à rendre compte de la situation conjoncturelle des années 1980, son utilisation se justifie, car elle permet de tenir compte des conséquences budgétaires dues à la montée du chômage que les cantons ont dû subir lors de la mauvaise période des années 1990, mais qu'ils ont pu éviter pendant celle des années 1980. Ajoutons que l'examen de la distribution des prêts à l'assurance chômage concorde avec ces constats.

Comme pour CENTRALISATION, il existe plusieurs façons de calculer la densité de la population (DENSITE). Il est notamment possible de le faire à partir de la surface totale, de la surface productive et de la surface d'habitat et d'infrastructure.[21] Plusieurs arguments contribuent à expliquer pourquoi nous avons choisi de calculer DENSITE en divisant le nombre d'habitants de chaque canton par sa surface d'habitat et d'infrastructure, soit la surface totale moins la surface improductive (les lac, les cours d'eau, ainsi que les surfaces essentiellement situées en haute montagne appartenant à la catégorie des surfaces à végétation improductive et à celle des surfaces sans végétation).

21 Sur la période étudiée, l'OFS a procédé à deux relevés topographiques de la Suisse. Le premier s'est déroulé de 1979 à 1985 et le suivant de 1990 à 1998. Le prochain se déroulera de 2004 à 2009. Pour chacun de ces relevés, l'OFS distingue quatre catégories principales de surface: 1) les surfaces boisées, 2) les surfaces agricoles utiles, 3) les surfaces d'habitat et d'infrastructure et 4) les surfaces improductives. On n'observe pas de rupture entre les deux périodes observées et les mesures obtenues évoluent selon nos attentes: on assiste à une augmentation des surfaces d'habitat et d'infrastructure au détriment des surfaces agricoles surtout. Pour estimer les observations manquantes, nous avons relié les observations entre elles par interpolation linéaire. Cela revient à faire l'hypothèse que l'utilisation du sol a changée à taux annuel constant. Concrètement, nous avons considéré que chaque observation a été réalisée au milieu de l'intervalle de mesure, soit en 1982 et en 1994. Comme, il n'a pas été procédé à un relevé préalable à celui de 1979-1985, nous avons rétropolés les valeurs pour les années antérieures à 1982 en prolongeant les tendances observées de 1982 à 1994. Nous avons procédé de façon analogue en extrapolant les données pour les données postérieures à 1994.

En calculant la densité à partir de la surface totale, Genève serait, en moyenne sur la période 1980-2002, 28 fois plus densément peuplé que le Valais. Toutefois, en Valais la population se concentre essentiellement dans les vallées. Or, les mécanismes développés pour expliquer l'influence de DENSITE sur les finances publiques sont liés à la concentration des individus ou au différentiel de préférence entre les citadins et les autres. Il convient donc de retrancher à la surface totale la surface improductive.

Préférer la surface productive à la surface totale a pour conséquence de réduire notablement le ratio entre le canton le plus densément peuplé et celui l'étant le moins: le ratio des moyenne sur la période passe de 213 à 130, ce qui reste considérable. Par contre, cela ne change que marginalement le classement des cantons par ordre croissant de densité. Ainsi, BS et GE se démarquent nettement des autres cantons. Avec la surface productive, leurs densités moyennes sur la période 1980-2002 se situent respectivement à 54,9 et 15,8 habitant par km^2, alors que les autres cantons sont compris dans une fourchette plus ou moins continue allant de 7,1 pour ZH à 0,4 pour GR. Avec la surface totale, la densité moyenne de BS est de 52,4 habitant par km^2 et celle de GE de 13,5, alors que les autres cantons sont distribués dans une fourchette allant de 6,7 pour ZH jusqu'à 0,2 pour GR.

Certes, le ratio entre le canton le plus densément peuplé et celui l'étant le moins ne se monte plus qu'à 5 si l'on procède au calcul de la densité avec la surface d'habitat et d'infrastructure. Toutefois, le fait qu'avec cette mesure la surface varie assez fortement d'une observation à l'autre et qu'en plus la majorité des cantons voient leur densité diminuer sur la période nous pousse à plutôt retenir la mesure basée sur la surface utilisable.

5.3.3 Récapitulation des variables retenues et des influences attendues

Le Tableau 5.4 récapitule les relations attendues entre les variables explicatives exogènes qui peuvent être exploitées dans le cadre de cette recherche et les variables expliquées. Un + (— ou 0) indique que l'influence attendues sur les recettes (R) et/ou les dépenses (D) et/ou les soldes (S) est positive (négative ou nulle). Lorsque le sens d'une relation est indéterminé le symbole «?» est utilisé. Lorsque la variable implique que R, D ou S tend vers une valeur particulière, le symbole → est utilisé.

Presque toutes ces variables appartiennent à la catégorie des déterminants communs aux recettes et aux dépenses. Soulignons qu'indépendamment de l'existence de variables spécifiques aux recettes et aux dépenses l'indentifiabilité des paramètres des équations des recettes et des dépenses est assurée par la présence des retards de ces dernières. Soulignons également que les tests de significativité permettront probablement d'identifier parmi les déterminants théoriquement commun aux agrégats étudiés des déterminants qui leur sont empiriquement spécifiques.

Tableau 5.4
Récapitulation des influences attendues

Variable	*Explication*	*R*	*D*	*S*
REFERENDUM	Les référendums permettent aux votants de limiter les hausses de dépenses projettées par les élus.	0	–	+
INITIATIVE	Les initiatives permettent aux votants de proposer des modifications (hausses et baisses) de recettes et/ou de dépenses cantonales.	?	?	?
	Les groupes d'intérêts saisiraient l'opportunité de lancer des inititatives pour mettre à l'agenda politique des dépenses qui les favoriseraient. Ils feraient de même pour des baisses de recettes.	–	+	–
	En raison de leur méfiance vis-à vis de l'Etat, les votants choisiraient des recettes et des dépenses moins élevées que celles offertes par les collectivités, lorsqu'il leur est possible de s'exprimer.	–	–	?
	Les projets correspondent mieux aux souhaits des votants, ces derniers accepteraient plus facilement les projets de recettes ou de dépenses qui leur sont proposés.	+	+	?
REGLESOLDES, MESURESOLDES	Les règles ou mesures visant à maintenir l'équilibre budgétaire obligent les cantons à prélever plus de recettes et/ou à limiter leurs dépenses afin d'améliorer leurs soldes financiers.	+	–	+
	Si l'objectif est d'équilibrer les soldes financiers, alors ces instruments devraient entraîner des baisses de recettes et/ou des hausses de dépenses en cas d'excédents.	–	+	→0
	Ils devraient aussi entraîner des hausses de recettes et/ou des baisses de dépenses en cas de déficits.	+	–	→0
NBDPT	Les départements ont des comportements stratégiques de défense de leur budget lors du processus budgétaire (comportement bureaucratique et budget incrémental). Ces comportements sont d'autant plus prononcés que le nombre de départements est élevé.	0	+	–

Tableau 5.4, suite
Récapitulation des influences attendues

Variable	*Explication*	*R*	*D*	*S*
CENTRALISATION	Les cantons centralisés disposent de plus de recettes et de plus de dépenses que les autres cantons. L'éloignement plus important entre les électeurs et les élus relâcherait le contrôle sur ces derniers et occasionnerait l'accumulation de déficits.	+	+	–
NBCOMMUNES	Par le biais des subventions cantonales, les communes peuvent directement décider de dépenses qui sont partiellement supportées par les cantons. De plus, elles peuvent orienter les dépenses cantonales en leur faveur en exagérant leurs besoins ou les avantages qu'elles en retirent.	0	+	–
	NBCOMMUNES pouvant servir d'indicateur de décentralisation, les influences inverses à celles attendues pour CENTRALISATION peuvent être exercées.	–	–	+
PARTIMPOTS	Plus cette part est forte, mieux le coût des prestations publiques est perçu et moins l'illusion fiscale est forte. Par conséquent, la demande de prestations publiques est moindre, la résistance face aux impôts plus vive et le souci de l'équilibre financier plus important.	–	–	+
REVENU	La force fiscale et donc les recettes d'une collectivité s'accroissent avec sa richesse. Il en va de même des dépenses, en raison de l'effet revenu sur la demande.	+	+	?
	Plus une collectivité est riche, plus elle peut se permettre de recourir à l'emprunt, car elle a un fort potentiel pour dégager des liquidités pour se désendetter (qualité de débiteur).	+	+	?
CONJONCTURE / CROISSANCE	En cas d'écart de production positif (respectivement de croissance) les recettes sont supérieures, les dépenses inférieures et les soldes meilleurs à ce qu'ils seraient autrement en raison de l'effet des stabilisateurs automatiques.	+	–	+
	Les cantons adoptent un comportement procyclique. D'une part, ils augmentent leurs dépenses en cas d'écart de production positif (respectivement en phase de croissance). D'autre part, ils diminuent leurs dépenses en cas d'écart de production négatif (respectivement en cas de croissance négative).	+	+	+
CHOMAGE	Plus le taux de chômage est élevé et plus les dépenses et les déficits sont importants.	0	+	–
	En tant qu'indicateur de situation conjoncturelle l'influence de CHOMAGE pourrait être négative sur les recettes, positive sur les dépenses et négative sur les dépenses.	–	+	–
PARTSUBVENTION	Les collectivités augmentent leurs dépenses au lieu de restituer sous forme de baisse d'impôts tout ou partie des subventions qu'elles reçoivent. Les contribuables victimes d'illusion fiscale ne réclameraient pas de baisses d'impôt. Par analogie avec PARTIMPOTS, cette variable devrait exercer une influence négative sur les soldes financiers.	+	+	–
AGEES	Le revenu des personnes âgées est moindre que celui des actifs. De plus, ces personnes engendrent plus de dépenses sociales et de santé.	–	+	–
JEUNES	Plus la part des jeunes est importante, moins nombreux sont les résidants disposant d'un revenu. En outre, plus les jeunes sont nombreux et plus les dépenses d'éducation sont élevées.	–	+	–

Tableau 5.4, suite
Récapitulation des influences attendues

Variable	*Explication*	*R*	*D*	*S*
ETRANGERS	Les personnes étrangères exerceraient une influence positive sur les dépenses et accroîtraient les déficits en raison des coûts de sécurité plus importants qu'elles occasionneraient. De plus, elles génèreraient moins de recettes en raison de la plus grande précarité de leurs emplois.	–	+	–
UNIVERSITE/ HUNI/AEROPORT	Les coûts engendrés par la présence d'infrastructure s'accompagnent de retombées économiques positives (incidence).	+	+	?
DENSITE	Les résidents de zone densément peuplées, soit les citadins, sont réputés attendre de l'Etat qu'il joue un rôle plus important (et l'accepter). Ils ont également la réputation d'être plus laxistes en matière financière.	+	+	–
Différentes déclinaisons de DENSITE	Les rendements d'échelle varient avec la croissance de la population. Ainsi, la relation entre la population et les recettes est croissante, puis décroissante. Celle entre la population et les dépenses est croissante, puis décroissante.	Selon les valeurs prises par DENSITE, cf. annexe 2.		
RIGUEUR	Du plus grand rigorisme financier des électeurs par rapport aux élus découle une influence positive sur les recettes, à la baisse sur les dépenses et positive sur les soldes.	+	–	+
LATINS	Comme pour DENSITE, les latins sont réputés attendre de l'Etat qu'il joue un rôle plus important (et l'accepter). Ils ont également la réputation d'être moins rigoureux en matière financière.	+	+	–
PLTDROITE, GVTDROITE, MINFINDROITE	Les partis de droite prônent un allègement des prélèvements et sont en faveur d'une réduction du rôle de l'Etat et donc des dépenses.	–	–	?
DISPPLT, FRACTIONALISATION / DISPGVT, COALITION	Une forte dispersion partisane témoigne d'une polarisation du débat. Or, une polarisation rend difficile à trouver une majorité pour augmenter les prélèvements ou réduire les dépenses.	–	+	–
	Les coalitions engagent des dépenses plus élevées, car elles cherchent à satisfaire une frange plus importante de la population. Comme elles envisagent un spectre de solutions plus larges et que les différents partis au pouvoir se contrôlent mutuellement, les coalitions mènent des politiques substantiellement et financièrement plus raisonnables.	+	+	+
CONCORDANCE	La dispersion partisane entre le parlement et le gouvernement devrait avoir la même influence que celles au sein de ces organes. Par conséquent, CONCORDANCE devrait exercer des influences inverses à celles exercées par les variables mesurant les dispersions partisanes au parlement et au gouvernement.	+ –	– –	+ –
INSTABILITEPLT, INSTABILITEGVT/ INSTABILITEPLTS, INSTABILITEGVTS	L'instabilité électorale entraîne les élus à ne pas prendre complètement en compte les conséquences financières de leur politique: en cas d'instabilité ils tendent à prélever moins de recettes et à mettre en œuvre des politiques plus onéreuses.	–	+	–
ANELECTORAL	Ces années seraient celles des cadeaux fiscaux et/ou des dépenses supplémentaires de la part de ceux qui cherchent à se faire réélire (théorie du cycle électoral).	–	+	–

6 Analyse descriptive des recettes, des dépenses et des soldes par habitant de 1980 à 2002

L'analyse des recettes, des dépenses et des soldes financiers réels par habitant des cantons permet de savoir si les finances cantonales suivent toutes la même trajectoire ou si elles suivent chacune des trajectoires différentes.

Avant de procéder à cette analyse, soulignons qu'elle porte sur la période 1980 à 2002 et non sur l'ensemble des années disponibles, soit de 1979 à 2002. Cette mise à l'écart des observations de 1979 se justifie par le souci de cohérence avec l'analyse économétrique prévue. En effet, cette dernière ne peut être réalisée que sur la période 1980-2002 pour deux raisons. D'abord, l'introduction des variables expliquées retardées comme explicatives implique la perte des observations de 1979. Cette perte s'explique aussi par l'utilisation comme instrument des variables à instrumenter retardées elles-mêmes.

Attirons encore l'attention sur les différences de tailles conséquentes existant entre les 26 cantons suisses qu'une telle description (en francs par habitant) pourrait masquer. Ainsi, le classement des cantons du plus peuplé au moins peuplé va des cantons de ZH avec près de 1'161 milles habitants (en moyenne sur la période) et de Berne (936 milles habitants) à ceux de OW et de AI avec respectivement 30 et 14 milles habitants. De tels écarts, combinés avec les disparités de surface financière par habitant, expliquent aisément pourquoi les cantons de ZH, BE, GE et VD représentent près de 50% des recettes et des dépenses cantonales en 2002. D'ailleurs comme le soulignent Bochsler *et al.* (2004), les dépenses cumulées des 12 cantons suivants représentent 44% des dépenses totales et celles des 10 derniers cantons ne représentent que les 7% restants.

6.1 Evolutions des recettes et des dépenses

Le Tableau 6.1 présente les recettes réelles par habitant sur la période 1980-2002. Pour chaque canton, il indique la moyenne sur la période, les recettes par habitant en début et en fin de période ainsi que les taux de croissance absolus et relatifs des recettes réelles par habitant sur la période. Relevons que les moyennes de début et de fin de période sont calculées sur trois ans, afin d'éviter que des observations ponctuellement élevées ou basses n'influencent trop les résultats. En fin de tableau figure la valeur pour l'ensemble des cantons. Le Tableau 6.2 apporte les même indications, mais pour les dépenses par habitant.

Dans ces tableaux, les cantons sont classés par ordre décroissant des valeurs moyennes sur la période. Soulignons que ces classements sont établit dans le but de permettre une lecture aisée des tableaux et qu'ils ne sauraient donner lieu qu'à des jugements de valeur subjectifs. En effet, il n'existe pas de critère permettant de définir le niveau optimal des recettes et/ou des dépenses.

La disparité des réalités cantonales en termes de surface financière frappe dès la première lecture du Tableau 6.1. D'une part, le niveau des recettes réelles moyennes par habitant des cantons de GE (12'993 frs/hab.) et de BS (15'902 frs/hab.) se démarque nettement de celui des autres cantons. En effet, ces cantons ont chaque année enregistré des recettes supérieures à 10'000 francs par habitant, alors que les niveaux moyens des autres cantons s'échelonnent de façon plus ou moins continue dans une fourchette allant de 7'583 pour UR (le 3ème canton) à 4'592 francs par habitant pour SZ (le 26ème canton). De telles valeurs portent l'écart entre les extrêmes à 11'310 francs par habitant, soit à un rapport de 3,5 entre les recettes dont bénéficie BS et celles dont bénéficie SZ. Par ailleurs, le rapport entre la moyenne la plus élevée et la moins élevée est guère moins important si l'on fait abstraction de BS et GE: les recettes par habitant de UR sont 1,7 fois supérieures à celle de SZ.

Malgré ces différences de niveaux, on remarque que les recettes de tous les cantons suivent une tendance haussière entre 1980 et 2002. Les taux de croissance enregistrés par les cantons s'échelonnent de 44% pour BS à 94% pour JU. Pour l'ensemble des cantons, les recettes sont passées

Tableau 6.1
Recettes cantonales réelles par habitant de 1980 à 2002 (déflateur 2002 = 100%)

	Moyenne			*Croissance*	
	1980-2002	*1980-1982*	*2000-2002*	*relative*	*absolue*
Canton	en Fr./hab.	en Fr./hab.	en Fr./hab.	En %.	en Fr./hab.
Basel-Stadt	15'902	13'851	19'940	44%	6'089
Genève	12'993	10'262	15'834	54%	5'573
Uri	7'583	5'246	8'784	67%	3'538
Glarus	7'477	5'895	8'595	46%	2'699
Vaud	7'396	5'897	9'278	57%	3'381
Graubünden	7'213	5'644	9'210	63%	3'567
Basel-Landschaft	6'982	5'554	8'763	58%	3'210
Tessin	6'962	5'291	8'187	55%	2'897
Fribourg	6'838	5'082	8'426	66%	3'344
Appenzell I.Rh.	6'774	5'353	7'891	47%	2'537
Jura	6'696	4'758	9'223	94%	4'466
Neuchâtel	6'572	4'571	8'744	91%	4'173
Zug	6'409	5'084	8'068	59%	2'983
Zürich	6'326	5'214	8'305	59%	3'091
Bern	6'211	4'953	8'111	64%	3'158
Valais	6'020	4'860	7'739	59%	2'879
Schaffhausen	5'796	4'754	7'579	59%	2'825
Obwalden	5'655	4'157	7'629	84%	3'473
Luzern	5'518	4'102	7'493	83%	3'390
Appenzell A.Rh.	5'328	3'924	7'118	81%	3'194
Nidwalden	5'328	3'877	7'088	83%	3'210
St. Gallen	5'288	3'820	7'106	86%	3'285
Aargau	5'058	4'145	6'219	50%	2'074
Thurgau	5'005	4'186	6'207	48%	2'021
Solothurn	4'864	3'924	6'062	54%	2'137
Schwyz	4'592	3'470	5'913	70%	2'442
Ensemble des cantons	6'819	5'442	8'656	59%	3'215

Source: Administration fédérale des finances et propres calculs

de 5'335 à 8'710 francs par habitant, ce qui correspond à une hausse absolue de 3'272 et à une hausse relative de 60%.

Le Graphique 6.1 reporte les recettes moyennes en début et en fin de période. Il permet d'apprécier par un simple regard les trajectoires différentes suivies par les cantons.

Graphique 6.1
Recettes réelles en début (moyenne 1980-1982) et en fin de période (moyenne 2000-2002), en francs par habitant (déflateur 2002 = 100%)

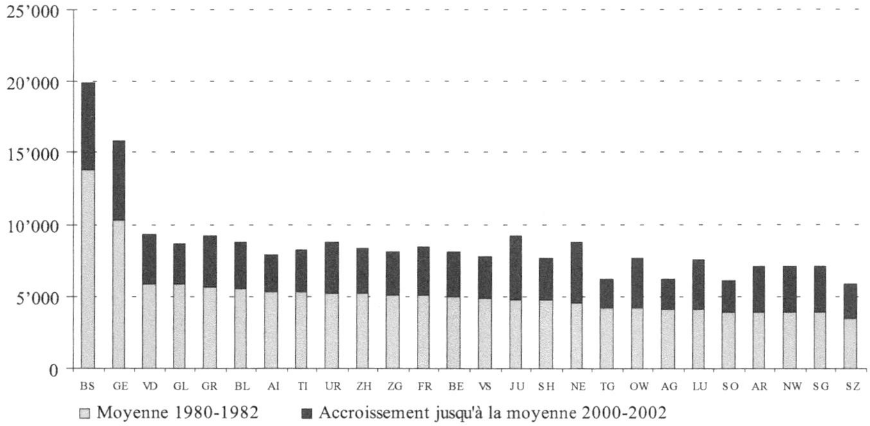

Du point de vue des progressions absolues, TG (2'021), AG (2'074) et SO (2'137) sont les seuls dont la progression est inférieure à 2'150 francs par habitant. Ils ne se distinguent pas nettement des autres cantons qui connaissent des croissances s'échelonnant de 2'442 pour SZ à 3'567 francs par habitant. Pour GR. Les cantons de NE et du JU se démarquent ensuite de ces cantons avec des hausses respective de 4'173 et 4'566 francs par habitant. Plus loin, GE puis BS enregistrent des croissances de plus de 5'500 francs par habitant. La croissance différenciée observée par canton débouche sur une augmentation de l'écart absolu entre le canton dont les ressources par habitant (BS) sont les plus élevées et celui (SZ) où elles sont les plus faibles: en début de période cet écart se monte à 10'380 et en fin de période à 14'028 francs par habitant.

En valeurs relatives, l'image bien que semblable dans sa structure diffère de la précédente quant aux positions des cantons. Une fois encore les cantons dont la croissance est la plus forte se démarquent des autres. Ainsi, JU et NE voient les recettes par habitant croître de plus de 91% sur la période étudiée. Ils sont suivis par les cantons de SG, OW, NW, LU et AR dont les croissances vont de 86% à 81%. Les autres cantons enregistrent des augmentations allant de 70% pour SZ à 44% pour BS. Si d'un point de vue absolu les écarts cantonaux s'accentuent sur la période étudiée, le constat inverse est dressé à l'aune des résultats relatifs: les recettes par habitant de SZ croissent de 70% et celle de BS de 44%. Ainsi, les recettes par habitant de BS sont 4,0 fois plus élevées que celles de SZ en début de période, alors qu'elles ne sont «que» 3,4 fois supérieures en fin de période.

Si l'on se tourne vers les dépenses réelles par habitant, il se dégage une image quasi identique. BS et GE se détachent nettement des autres cantons avec des niveaux bien supérieurs : la moyenne sans BS et GE ne s'élève qu'à 6'445 francs par habitant. Contre des niveaux de 16'144 pour BS et de 13'730 pour GE. Les dépenses des autres cantons s'étendent sans rupture importante de 7'714 pour VD à 4'452 francs par habitant pour SZ. Tous les cantons suivant une tendance à la hausse, les dépenses cantonales par habitant dans leur ensemble croissent de 53%. Comme pour les recettes, les cantons qui connaissent les croissances absolues les plus fortes (BS et GE) ne sont pas les mêmes que ceux enregistrant les croissances relatives les plus vigoureuses (SG et NE). Ainsi, l'écart entre le canton dont le rapport est le plus élevé et celui dont il est le moins augmente de 10'889 à 13'917 en valeur absolue, mais se réduit de 4,0 à 3,5 fois en valeur relative.

Malgré les similitudes mentionnées entre les recettes et les dépenses par habitant, il convient d'extraire quelques éléments saillants de la comparaison des tableaux 6.1 et 6.2. L'ordre des cantons reste globalement le même selon que l'on considère l'un ou l'autre tableau. Le classement de 11 cantons reste inchangé, alors que 8 cantons varient d'une position, que 6 changent de deux places et que la position du JU change de 7 rangs. Parmi les cantons changeant de plus d'une position, seul Vaud figure parmi les 5 premiers ou derniers dans les classements des recettes et des dépenses réelles par habitant considérés: Vaud est 5ème du point de vue des recettes par habitant, alors qu'il est 3ème dans le classement des dépenses par habitant.

Tableau 6.2
Dépenses cantonales réelles par habitant de 1980 à 2002 (déflateur 2002 = 100%)

		Moyenne		*Croissance*	
	1980-2002	*1980-1982*	*2000-2002*	*relative*	*absolue*
Canton	en Fr./hab.	en Fr./hab.	en Fr./hab.	En %.	en Fr./hab.
Basel-Stadt	16'144	14'486	19'452	34%	4'966
Genève	13'730	10'692	15'544	45%	4'852
Vaud	7'714	6'107	9'476	55%	3'369
Uri	7'670	5'567	8'822	58%	3'255
Glarus	7'604	5'686	9'230	62%	3'545
Graubünden	7'207	5'632	9'246	64%	3'614
Jura	6'966	4'891	9'040	85%	4'150
Tessin	6'947	5'723	7'915	38%	2'192
Basel-Landschaft	6'935	5'773	8'539	48%	2'767
Neuchâtel	6'819	4'591	8'712	90%	4'121
Fribourg	6'809	5'059	8'352	65%	3'293
Appenzell I.Rh.	6'650	5'511	7'947	44%	2'436
Zürich	6'449	5'106	7'714	51%	2'608
Bern	6'410	4'949	8'079	63%	3'130
Zug	6'348	4'441	7'870	77%	3'429
Valais	6'130	5'028	7'560	50%	2'532
Schaffhausen	5'774	4'565	7'322	60%	2'757
Obwalden	5'688	4'139	7'199	74%	3'060
Luzern	5'617	4'370	7'045	61%	2'675
Appenzell A.Rh.	5'468	4'133	6'923	68%	2'790
St. Gallen	5'302	3'703	7'099	92%	3'395
Nidwalden	5'301	3'729	6'801	82%	3'072
Thurgau	5'099	4'093	5'908	44%	1'815
Aargau	5'023	4'117	6'053	47%	1'936
Solothurn	4'945	4'016	5'916	47%	1'900
Schwyz	4'452	3'598	5'536	54%	1'938
Ensemble des cantons	6'959	5'514	8'447	53%	2'933

Source: Administration fédérale des finances et propres calculs

Les cantons ont enregistrés un déficit annuel moyen de 140 millions de francs par habitant sur la période étudiée. En effet, leurs recettes moyennes se montent à de 6'819 francs par habitant, alors que leurs dépenses moyennes culminent à 6'959. Néanmoins, on remarque que les dépenses ont crû moins fortement que les recettes à tel point que la situation financière s'est retournée en passant d'une situation déficitaire en début de période à une situation excédentaire en fin de période. On remarque en plus que non seulement la croissance minimale des dépenses par habitant (1'815 frs/hab. pour TG) est inférieure à celle des recettes par habitant (2'021 pour TG), mais aussi la croissance maximale des dépenses par habitant (4'966 pour BS) est inférieure à celle des recettes par habitant (6'089 pour BS). On peut s'en apercevoir dans le Graphique 6.2 qui met au regard les croissances absolues des recettes et des dépenses cantonales.

Graphique 6.2
Croissances réelles absolues des recettes et des dépenses de 1980 à 2002, en francs par habitant (déflateur 2002 = 100%)

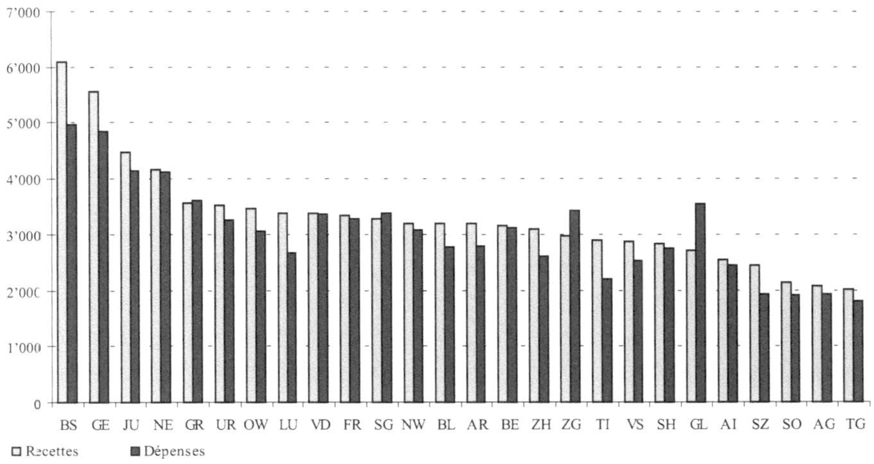

Toujours avec le Graphique 6.2, on s'aperçoit que seuls 4 cantons ont vu croître leurs dépenses plus fortement que leurs recettes: les écarts de croissances entre leurs recettes et leurs dépenses se montent à -845 francs par habitant pour GL, à -446 pour ZG, à -110 pour SG et à -47 pour GR.

Avec GR, 4 autres cantons connaissent un écart absolu de croissance de plus de 700 francs par habitant (BS +1'124, GE +721, LU +716 et TI +705). Relevons finalement qu'en termes d'écarts de croissance relatifs ce n'est pas GL, mais ZG qui connaît la détérioration la plus forte: GL perd 17 point de pourcent sur la période et ZG 19. A l'opposé, LU (+21), SZ (+16), TI (+16) et AR (+14) sont les seuls à enregistrer des écarts de croissance relatifs de plus de 10 points de pourcent.

6.2 Evolution des soldes financiers

Le Tableau 6.3 présente l'évolution de la moyenne des soldes financiers réels par habitant des cantons suisses sur la période 1980-2002. Pour chaque année, il indique le solde moyen sur l'ensemble des 26 cantons, la valeur pour le canton où le déficit était le plus élevé, celle pour le canton connaissant le plus fort excédent et le nombre de cantons qui souffraient d'un déficit financier. Il est improbable que le solde d'un canton soit parfaitement à l'équilibre. Or, il serait faux de considérer que les finances d'un canton sont excédentaires (ou déficitaires) parce qu'elles enregistrent un léger excédent (ou déficit). C'est pourquoi, nous considérons les situations financières comme équilibrées lorsque les soldes financiers sont compris dans la fourchette allant de –20 à +20 francs par habitant.

Nous avons vu que les cantons sont globalement déficitaires sur la période: le déficit annuel moyen est de 140 francs par habitant, ce qui représente en termes absolus un déficit cumulé de 22 milliards de francs et un déficit de 2,4% par rapport aux recettes. Cela se manifeste de deux façons dans le tableau. D'une part, 14 périodes sur 23 sont déficitaires, alors que 8 seulement affichent des excédents et qu'en 1989 la situation pouvait être considérée comme équilibrée. D'autre part, les écarts à l'équilibre sont plus importants dans le négatif que dans le positif: le solde moyen minimum atteint les –796 francs par habitant (en 1993), alors que l'excédent maximum se monte à 361 (en 2000). De même, le solde minimum enregistré par un canton s'élève à –2'513 francs par habitant (1993), alors que celui maximum ne se monte «qu'à» 1'297 (en 2000).

Tableau 6.3

Soldes financiers cantonaux réels moyens par habitant et fréquence des déficits cantonaux par année de 1980 à 2002 (déflateur 2002 = 100%)

	Solde réel en francs par habitant			*Nombre de cantons*
Année	Moyen	Plus fort déficit	Plus fort excédent	*en déficit*
1980	-24	-768	452	14
1981	-65	-564	316	16
1982	-127	-772	1'220	15
1983	-145	-621	844	14
1984	-39	-712	455	11
1985	66	-269	680	5
1986	144	-565	908	6
1987	115	-659	1'070	5
1988	82	-730	1'067	8
1989	-15	-787	530	12
1990	-304	-1'074	220	18
1991	-586	-1'954	218	22
1992	-628	-1'855	386	22
1993	-796	-2'513	259	23
1994	-538	-1'816	635	21
1995	-265	-744	447	17
1996	-319	-1'468	279	19
1997	-415	-1'849	293	23
1998	-106	-1'112	613	16
1999	138	-631	1'071	8
2000	361	-299	1'297	5
2001	247	-452	648	3
2002	23	-1'310	358	11

Source: Administration fédérale des finances et propres calculs

L'observation par année des soldes cantonaux réels par habitant montre qu'au-delà de cette tendance lourde les finances des cantons semble suivre une évolution cyclique de moyen terme.[22] En effet, 4 phases peuvent être distinguées: 1) de 1980 à 1984, les cantons enregistrent en moyenne un déficit; 2) de 1985 à 1988, les finances des cantons sont excédentaires; en 1989 la situation est considérée comme équilibrée; 3) elles sont déficitaires de 1990 à 1998 et 4) les cantons connaissent à nouveaux des soldes positifs de 1999 à 2002.

Ces phases sont particulièrement visibles sur le Graphique 6.3, ci-après, qui retrace les soldes moyens globaux. Ce graphique donne aussi le nombre de canton en situation déficitaire (en dessous des dates).

Graphique 6.3
Soldes financiers réels pour l'ensemble des cantons de 1980 à 2002, en francs par habitant (déflateur 2002 = 100%)

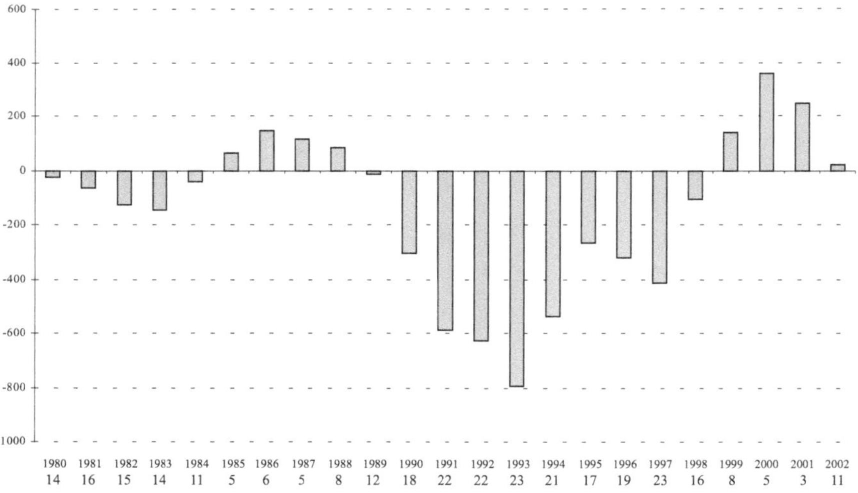

22 La théorie économique ne prédit pas que les collectivités publiques soient en déficit en période de basse conjoncture, mais que les soldes enregistrés sont plus mauvais pendant ces périodes que ce qu'ils auraient pu être en situation d'équilibre conjoncturel. Ainsi, une collectivité peut être en situation excédentaire tout en traversant une période de basse conjoncture.

L'examen du nombre annuel de cantons connaissant une situation déficitaire conforte le découpage établit sur la base des déficits moyens. En effet, en choisissant comme critère de délimitation des périodes le fait que la majorité des cantons connaissent une situation déficitaire, on peut identifier 4 périodes quasi identiques à celles mises en évidence sur la base du solde annuel: 1) de 1980 à 1983; 2) de 1984 à 1989; 3) de 1990 à 1998 et 4) de 1999 à 2002. De plus, les années 1991 à 1994 et 1997 connaissent les déficits les plus importants à l'intérieur de leur période respectives et sont aussi les années pendant lesquelles les cantons en déficit sont les plus nombreux (21 ou plus).

Si la correspondance entre le nombre de cantons en situation déficitaire et le déficit annuel moyen signale que les finances cantonales suivent une évolution commune, la confrontation de l'évolution des moyennes annuelles avec celle des minima et maxima montre que tous les cantons ne suivent pas strictement la même trajectoire. Par exemple, le deuxième excédent le plus fort est enregistré en 1982 par BS, soit lors d'une année globalement déficitaire. De même, AR enregistre l'excédent confortable de 635 francs par habitant en 1994, alors que cette année compte parmi les plus déficitaires en moyenne.

Le Graphique 6.4 classe les cantons suisses en fonction de leur solde financier moyen de 1980 à 2002. En dessous des cantons, il donne le nombre de fois où les cantons sont considérés en situation déficitaire. On constate à son examen que seule une minorité de cantons enregistre un excédent financier cumulé: 15 cantons enregistrent un déficit, 8 un excédent et TI (+15 frs/hab.), GR (+6) et SG (-15) peuvent être considéré en équilibre.

On constate des différences importantes entre les cantons. De fait, les cantons de Schwyz (140 frs/hab.) et d'Appenzell I.Rh (124) sont les seuls à bénéficier d'un excédent financier moyen supérieur à 120 francs par habitant; le canton suivant étant ZG avec 61. A l'opposé, les cantons de BE (–199), BS (–242), NE (–247), JU (–270) et VD (–318) se démarquent quelque peu des autres cantons, puisque le canton dont le déficit moyen est le plus important avant BE est AR avec –139 francs par habitant. Toutefois, ces cantons sont encore loin du résultat affiché par Genève qui présente un déficit moyen de –737 francs par habitant.

Graphique 6.4
Soldes financiers cantonaux réels par canton de 1980 à 2002, en francs par habitant (déflateur 2002=100%)

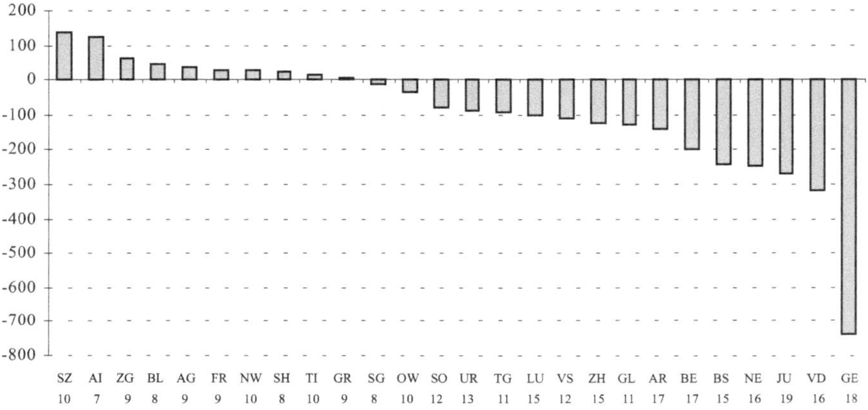

Le Tableau 6.4 est structuré de la même manière que le Tableau 6.3, sauf que les cantons y sont classés par ordre décroissant de leurs soldes financiers moyens. A sa lecture, on constate que le nombre de déficits enregistrés par les cantons va de pair avec leur déficit moyen. Relevons toutefois que 8 cantons ont connu moins souvent une situation déficitaire que SZ, alors que ce dernier est le canton dont l'excédent moyen est le plus élevé.

Une analyse plus fine encore de l'évolution des soldes budgétaires confirme l'hétérogénéité des situations cantonales. De fait, certains cantons connaissent une amplitude considérable entre leur déficit le plus faible et leur excédent le plus important, alors d'autres n'enregistrent que des écarts de faibles amplitudes. Par exemple, BS, GE, ZG et UR connaissent tous des différences de plus de 2'150 francs par habitant, alors que les amplitudes de JU, SG, AG, GR, SO, SH et AI n'excèdent pas les 950.

Relevons encore qu'il semble y avoir une correspondance entre l'importance des recettes ou des dépenses par habitant et celle des déficits moyens. Ainsi, SZ occupe à la fois la position du canton le plus excédentaire et du canton le plus modeste du point de vue des recettes et des dépenses

Tableau 6.4

Solde financier cantonaux réel moyen par habitant et fréquence des déficits et des excédents cantonaux par canton de 1980 à 2002 (déflateur 2002=100%)

Canton	*Solde réel* en francs par habitant			*Nombre d'années avec déficit*
	Moyenne	*Déficit maximal*	*Excédent maximal*	
Schwyz	140	-264	1'071	10
Appenzell I.Rh.	124	-288	635	7
Zug	61	-1'433	1'220	9
Basel-Landschaft	47	-684	617	8
Aargau	36	-347	321	9
Fribourg	28	-836	614	9
Nidwalden	27	-456	725	10
Schaffhausen	21	-547	336	8
Tessin	15	-768	907	10
Graubünden	6	-362	445	9
St. Gallen	-15	-389	275	8
Obwalden	-33	-611	734	10
Solothurn	-81	-635	239	12
Uri	-86	-1'112	1'067	13
Thurgau	-94	-586	454	11
Luzern	-100	-607	597	15
Valais	-110	-635	448	12
Zürich	-123	-809	826	15
Glarus	-127	-1'310	452	11
Appenzell A.Rh.	-139	-712	355	17
Bern	-199	-803	353	17
Basel-Stadt	-242	-1'855	1'297	15
Neuchâtel	-247	-1'045	143	16
Jura	-270	-660	285	19
Vaud	-318	-1'134	284	16
Genève	-737	-2'513	608	18
Ensemble des cantons	-140	-796	361	14

Source: Administration fédérale des finances et propres calculs

par habitant. De même, GE occupe la place du plus déficitaire et figure au deuxième après BS en termes de recettes et de dépenses par habitant. Cependant, plusieurs contre-exemples peuvent être identifiés. Il s'agit notamment de Uri qui ne figure qu'au milieu du classement des cantons les plus excédentaires (14ème rang), alors qu'il occupe la 3ème position dans le classement des recettes et la 4ème dans celui des dépenses par habitant. Il en va de même pour AR qui campe en 20ème position en termes de soldes moyens tout en étant le 7ème plus modeste en termes de recettes et de dépenses par habitant. Ajoutons encore que BS est «seulement» le 5ème le plus déficitaire, bien que figurant en tête du point de vue des recettes et des dépenses par habitant et que TG n'occupe que le 15ème rang en termes d'excédent quand bien même il figure dans le dernier carré des classements des recettes et des dépenses par habitant.

Graphique 6.5
Soldes financiers cantonaux rapportés aux recettes moyennes cantonales de 1980 à 2002 (déflateur 2002 = 100%)

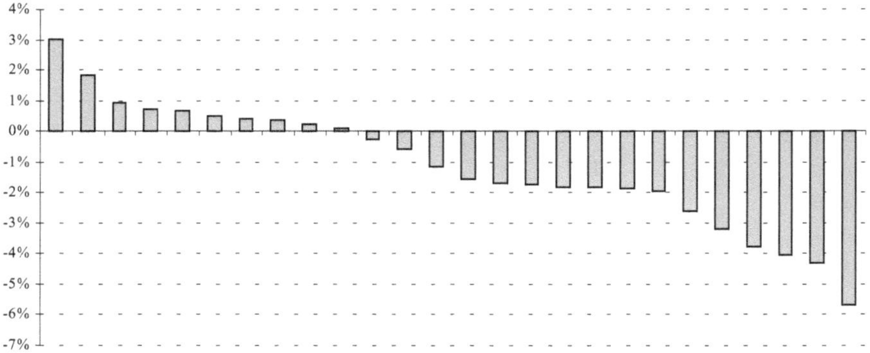

Le Graphique 6.5 permet d'ailleurs de constater que rares sont les cantons à changer de position lorsque que l'on considère les soldes par rapport aux recettes plutôt que par rapport à la population. En effet, à l'exception de BS qui ne figure plus parmi les cantons les plus déficitaires (+8 rangs) et TG (-4 rangs), on ne trouve guère que SO et ZH (-2 rangs) et GL (+3 rangs) pour changer de plus d'une position dans le classement des cantons excédentaires. Relevons que sous cet angle, le cas schwyzois (avec des excédents moyens de près de 3,0% contre 1,8% pour AI) se démarque quelque peu des autres cantons excédentaires, alors que cela n'est plus aussi nettement le cas de GE parmi les déficitaires (-5,7% contre -4,3% pour VD). Relevons finalement que répéter l'exercice en exprimant les soldes par rapport aux dépenses n'apporte pas de modifications en termes de classement et uniquement de faibles changements du point de vue des rapports: GE enregistre la variation maximale avec 0,3 point de pourcent.

Comme on peut le voir dans le Tableau 6.5 ci-après, l'image change nettement lorsque l'on examine les recettes et les dépenses des cantons et des communes plutôt que celles des cantons uniquement. On constate effectivement dans ce cas que l'écart entre les cantons de BS et de GE et les autres cantons se réduit considérablement. Rappelons qu'en considérant le seul niveau cantonal, les recettes et les dépenses de ces cantons s'élevaient à près du double du canton suivant. Par exemple, le rapport entre les dépenses par tête genevoises et celles du canton suivant (VD) était proche de 1,8. Cantons et communes réunis, l'écart en termes relatifs n'a plus du tout la même ampleur et ne se monte qu'à 1,3 entre les dépenses de BS, devenu deuxième, et GR devenu troisième. Un tel changement s'explique par la très forte centralisation des tâches dans les canton-villes de BS et GE en moyenne sur la période 1980-2002, la proportion des dépenses cantonales dans le total des dépenses cantonales et communales, se monte à 98% pour BS et à 80% pour GE. Le canton suivant est UR avec une proportion de 71% et les derniers sont SZ avec 43% et BE avec 45%. Le Graphique 6.6 ci-après permet de se rendre compte qu'un écart absolu important n'en demeure pas moins entre GE et BS et les autres cantons: cet écart se monte à près de 4'060 francs par habitant entre BS et GR.

Tableau 6.5
Recettes et dépenses cantonales et communales réelles par habitant de 1980 à 2002 (déflateur 2002 = 100%)

	Recettes	*Dépenses*		*Soldes*	
Canton	*Moyenne* en Fr./hab.	*Moyenne* en Fr./hab.	*Rang*	*Moyenne*	*Rang*
Basel-Stadt	16'241	16'383	2	-142	18
Genève	15'906	16'576	1	-670	26
Graubünden	12'202	12'323	3	-121	16
Zürich	11'929	11'970	4	-41	9
Vaud	11'271	11'595	5	-323	21
Neuchâtel	10'801	11'233	6	-432	24
Tessin	10'764	10'606	7	158	3
Zug	10'659	10'517	9	143	5
Bern	10'298	10'522	8	-224	20
Jura	9'897	10'365	10	-469	25
Glarus	9'833	9'893	11	-60	12
Schaffhausen	9'758	9'801	13	-43	10
Valais	9'551	9'879	12	-328	22
Uri	9'440	9'537	14	-96	15
Fribourg	9'421	9'487	15	-66	13
Luzern	9'297	9'387	16	-90	14
Basel-Landschaft	9'262	9'106	19	156	4
St. Gallen	9'100	9'121	18	-22	8
Obwalden	8'898	9'083	20	-185	19
Appenzell A.Rh.	8'822	9'181	17	-359	23
Appenzell I.Rh.	8'701	8'504	22	198	1
Solothurn	8'611	8'747	21	-136	17
Aargau	8'348	8'303	23	45	6
Schwyz	8'131	7'964	26	167	2
Thurgau	8'118	8'162	24	-44	11
Nidwalden	8'082	8'101	25	-18	7
Ensemble des cantons	10'671	10'806		-135	

Source: Administration fédérale des finances et propres calculs

Graphique 6.6
Moyennes des dépenses cantonales et des cantons et communes ensemble de 1980 à 2002, en francs par habitant (déflateur 2002 = 100%)

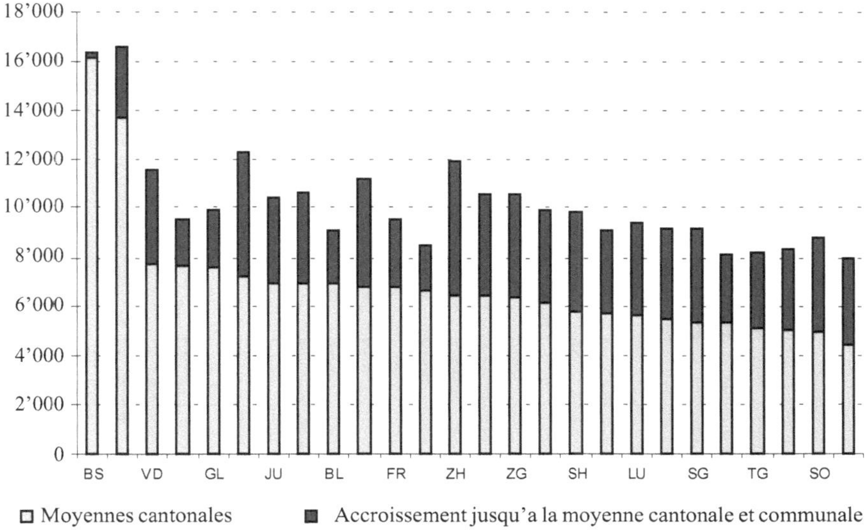

Du point de vue des déficits moyens, on constate également quelques changements d'un canton à l'autre. Ces changements sont particulièrement visibles sur la Graphique 6.7. Ce graphique met les soldes des cantons au regard de ceux des cantons et des communes ensemble. En dessous des cantons figurent les changements de rang causé par le passage de la série cantonale vers l'autre. Parmi les 14 cantons dont les communes enregistrent des déficits, seuls AR (perte de 3 rangs), VS (-5 rangs) et JU (-1 rang) connaissent des détérioration de plus de 195 francs par habitant. TI (+6 rangs), BL (rang inchangé) et BS (+ 4 rangs), avec des améliorations de plus de 100 francs par habitant, sont les cantons dont les communes enregistrent les excédents les plus importants. Les améliorations de ZH (+82 frs/hab.) et de GE (+67), couplées à la relative faiblesse des détériorations des deux autres grands cantons (BE -25 et Vaud -6 frs/ hab.) expliquent le léger mieux constaté pour l'ensemble des cantons dont le solde moyen passe de -140 à -135 francs par habitant. Soulignons finalement que même s'ils sont presque neutres du point de vue des déficits globaux, ces changements, ainsi que ceux évoqués précédemment laissent présager de l'importance d'introduire dans l'équation des recettes et dans celle des dépenses surtout une ou plusieurs variables rendant compte de la répartition des tâches entre les cantons et les communes.

Graphique 6.7

Soldes financiers réels des cantons et des cantons et des communes par canton de 1980 à 2002, en francs par habitant (déflateur 2002 = 100%)

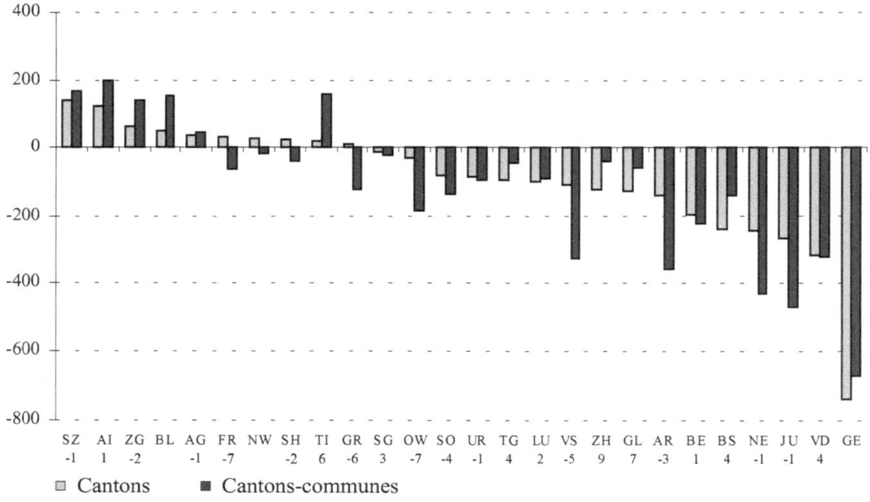

7 Formalisations, techniques d'estimation et types de traitements envisageables

7.1 Modélisation directe des soldes et modélisation simultanée des recettes et des dépenses

Lorsqu'il n'existe pas de lien de simultanéité entre les recettes et les dépenses, la modélisation directe des soldes publics passe par l'écriture d'une équation mettant les soldes en relation avec leurs facteurs explicatifs (voir chapitre 2 et partie 4.2):

$$S_t = \alpha_S + DC_{1t}\beta_S + DS_{Rt}\gamma_S + DS_{Dt}\lambda_S + \varepsilon_{St} \qquad [7.1]$$

Dans l'équation 7.1, les soldes publics (S_t) constituent la variable endogène ou expliquée, alors que les déterminants (DC_{1t}, DS_{Rt} et DS_{Dt}) sont les variables explicatives ou exogènes. Les coefficients rattachés aux variables explicatives des soldes (β_S, γ_S et λ_S), tout comme la constante de l'équation (α_S), sont des paramètres inconnus. Les ε_{St} sont des termes aléatoires qui sont introduits dans le modèle afin de rendre compte des influences que l'on ne connaît pas. Le choix de la méthode statistique à appliquer pour obtenir de estimations précises des paramètres de l'équation dépend des caractéristiques de la distribution de ces termes aléatoires.

Puisque les soldes n'existent que par le biais des recettes et des dépenses, le modèle des soldes, tel que formalisé par l'équation 7.1, repose implicitement sur les équations suivantes:

$$R_t = \alpha_R + DC_{1t}\beta_R + DC_{2t}\delta_R + DS_{Rt}\gamma_R + \varepsilon_{Rt} \qquad [7.2]$$

$$D_t = \alpha_D + DC_{1t}\beta_D + DC_{2t}\delta_D + DS_{Dt}\lambda_D + \varepsilon_{Dt} \qquad [7.3]$$

avec par définition des soldes:

$\alpha_S = \alpha_R - \alpha_D$, $\beta_S = \beta_R - \beta_D$, $\delta_R = \delta_D$, $\gamma_S = \gamma_R$, $\lambda_S = -\lambda_D$ et $\varepsilon_{St} = \varepsilon_{Rt} - \varepsilon_{Dt}$.

Relevons que, dans des cas plus particuliers, les équations 7.1 à 7.3 pourraient aussi, d'une part, ne pas comprendre de DC_1 et/ou, d'autre part, ne pas comprendre de DS_R et/ou de DS_D. De même, les équations 7.2 et 7.3 pourraient ne pas comprendre de DC_2.

Parce qu'il s'agit d'un résultat généralisable à d'autres méthodes, il convient de mentionner que les relations entre les paramètres estimés par les MCO des équations 7.1 à 7.3 ne sont pas respectées, s'il existe un ou plusieurs déterminants spécifiques aux recettes ou aux dépenses.

En d'autres termes et comme le montre l'annexe 6 pour les MCO, l'estimation directe des soldes ne donne des résultats corrects que s'il n'existe que des déterminants communs aux recettes et aux dépenses.[1]

Voyons à présent en quoi une modélisation simultanée des recettes et des dépenses se distingue formellement de celle des soldes uniquement. La modélisation simultanée comprend un système à deux équations mettant en relation les recettes et les dépenses avec leurs variables explicatives. Sous sa forme structurelle, le modèle comprend les dépenses (D_t), parmi les variables explicatives des recettes, et les recettes (R_t), parmi celles des dépenses. Ces dernières sont de ce fait des variables endogènes explicatives. Ainsi, nous avons:

$$\begin{cases} R_t = \alpha_R + D_t\gamma_R + DC_{1t}\beta_{1R} + DC_{2t}\beta_{2R} + DS_{Rt}\delta_R + \varepsilon_{Rt} \\ D_t = \alpha_D + R_t\gamma_D + DC_{1t}\beta_{1D} + DC_{2t}\beta_{2D} + DS_{Dt}\delta_D + \varepsilon_{Dt} \end{cases} \quad [7.4]$$

avec notamment $\beta_{2R} - \gamma_R\beta_{2D} = \beta_{2D} - \gamma_D\beta_{2R}$ et $E[\varepsilon_{Rt}\varepsilon_{Dt}] \neq 0$.

1 Abstraction faite d'éventuelles informations à priori concernant ses paramètres, l'estimation par les MCO d'une équation dont les termes aléatoires sont indépendamment et identiquement distribués (i.i.d.) permet d'obtenir les meilleures estimations non biaisées de ses paramètres.
Par i.i.d., on entend: 1) que les termes aléatoires suivent une distribution constante dans le temps, 2) que les termes aléatoires sont homoscédastiques et non hétéroscédastiques comme les seraient des termes aléatoires dont la variance différerait selon les individus, 3) que les termes aléatoires sont indépendants du temps, ce qui comprend l'absence d'autocorrélation et 4) que les termes d'erreurs ne dépendent pas des valeurs prises par les variables de l'équation, ce qui revient à considérer les variables explicatives comme exogènes.
Formellement, les deux première propriétés veulent que $E(\varepsilon_{st}) = 0$ et $V(\varepsilon_{st}) = \sigma^2 \ \forall\ t$, la troisième propriété veut dire que $Cov(\varepsilon_t, \varepsilon_t) = 0$ et la quatrième que $Cov(X_t, \varepsilon_t) = 0$.

De simples manipulations permettent d'exprimer les recettes et les dépenses de façon indépendante les unes des autres. Sous cette forme réduite, les recettes et les dépenses sont exprimées en fonction de toutes les variables exogènes du modèle[2]:

$$\begin{cases} R_t = \phi_R + DC_{1t}\varphi_{1R} + DC_{2t}\varphi_{2R} + DS_{Rt}\varpi_R + DS_{Dt}\theta_R + \varsigma_{Rt} \\ D_t = \phi_D + DC_{1t}\varphi 1_D + DC_{2t}\varphi_{2D} + DS_{Rt}\varpi_D + DS_{Dt}\theta_D + \varsigma_{Dt} \end{cases} \quad [7.5]$$

avec notamment $\varphi_{2R} = \varphi_{2D}$ et $E[\varepsilon_{Rt}\varepsilon_{Dt}] \neq 0$.

En posant $\kappa = (1 - \gamma_R\,\gamma_D)$, les relations suivantes entre les paramètres de la forme réduite de l'équation des recettes et ceux du modèle structurel s'écrivent:

$$\phi_R = (\alpha_R + \gamma_R\alpha_D)/\kappa,\ \varphi_{1R} = (\beta_{1R} + \gamma_R\beta_{1D})/\kappa,\ \varphi_{2R} = (\beta_{2R} + \gamma_R\beta_{2D})/\kappa,$$
$$\varpi_R = \delta_R/\kappa,\ \theta_R = (\gamma_R\delta_D)/\kappa,\ \varsigma_{Rt} = (\varepsilon_{Rt} + \gamma_R\varepsilon_{Dt})/\kappa.$$

De façon analogue, on a pour l'équation des dépenses:

$$\phi_D = (\alpha_D + \gamma_D\alpha_R)/\kappa,\ \varphi_{1D} = (\beta_{1D} + \gamma_D\beta_{1R})/\kappa,\ \varphi_{2D} = (\beta_{2D} + \gamma_D\beta_{2R})/\kappa,$$
$$\varpi_D = (\gamma_D\delta_R)/\kappa,\ \theta_D = \delta_D/\kappa,\ \varsigma_{Dt} = (\varepsilon_{Dt} + \gamma_D\varepsilon_{Rt})/\kappa.$$

Poser ces relations revient notamment à écrire les égalités suivantes entre les paramètres des déterminants spécifiques du modèle réduit:

$$\varpi_{R1}/\varpi_{D1} = \cdots = \varpi_{RH}/\varpi_{DH} = 1/\gamma_D \text{ et } \theta_{R1}/\theta_{D1} = \cdots = \theta_{RH}/\theta_{DH} = \gamma_R,$$
avec $H = \text{rang}(DS_{Rt}) + \text{rang}(DS_{Dt})$.

2 En fait, cela n'est pas le cas pour chaque variable j pour laquelle on aurait $\beta_{1Rj} = \gamma_R\beta_{1Dj}$ et/ou $\beta_{2Rj} = \gamma_R\beta_{2Dj}$ dans l'équation des recettes et $\beta_{1Dj} = \gamma_D\beta_{1Rj}$ et/ou $\beta_{2Dj} = \gamma_D\beta_{2Rj}$ dans l'équation des dépenses.

Pour obtenir le modèle des soldes correspondant au modèle simultané présenté, il suffit finalement de soustraire l'équation des dépenses à celle des recettes du modèle réduit:

$$S_t = \phi_S + DC_{1t}\varphi_S + DS_{Rt}\varpi_S + DS_{Dt}\theta_S + \varsigma_t \quad [7.6]$$

avec $S_t = R_t - D_t$, $\phi_S = \phi_R - \phi_D$, etc.

Il est à présent possible de faire le lien entre les influences exercées par les déterminants sur les recettes et les dépenses au niveau du modèle simultané et celles finalement constatées sur les soldes. Ces dernières dépendent toutes des coefficients rattachés aux variables endogènes explicatives du modèle simultané. Comme dans nos modèles ces coefficients prennent des valeurs positives inférieures à 1 ($0 < \gamma_R < 1$ et $0 < \gamma_D < 1$), nous allons faire ce lien en considérant que $0 < \kappa = (1 - \gamma_R \gamma_D) < 1$. Notons qu'il suffit de considérer que ces coefficients sont nuls pour ramener la discussion au cas non simultané.

Comme dans nos modèles, ces coefficients prennent des valeurs positives inférieures à 1, l'influence nette sur les soldes d'un déterminant j spécifique aux recettes (DS_{Rjt}) va dans le même sens que son influence sur les recettes. En effet, si un déterminant influence positivement les recettes, son augmentation améliore les soldes par son action positive sur les recettes:

si $\delta_{Rj} > 0$, alors $\varpi_{Rj} > 0$ puisque $\varpi_{Rj} = \delta_{Rj}/\kappa$.

Or, comme $\varpi_{Rj}/\varpi_{Dj} = 1/\gamma_D > 1$, alors $\varpi_{Rj} > \varpi_{Dj} > 0$ et $\varpi_{Sj} > 0$.

De même, si $\delta_{Rj} < 0$, alors $\varpi_{Rj} < \varpi_{Dj} < 0$ et $\varpi_{Sj} < 0$.

A l'inverse, un déterminant spécifique aux dépenses (DS_{Djt}) exerce un effet contraire sur les soldes que sur les dépenses. Ainsi, une augmentation des dépenses entraîne une détérioration des soldes:

si $\delta_{Dj} > 0$, alors $\theta_{Dj} > 0$ ($\theta_{Dj} = \delta_{Dj}/\kappa$) et comme $1 > \theta_{Rj}/\theta_{Dj} = \gamma_R > 0$, alors $\theta_{Dj} > \theta_{Rj}$ et $\theta_{Sj} < 0$. A l'inverse, si $\delta_{Dj} < 0$, alors $\theta_{Dj} < \theta_{Rj} < 0$ et $\theta_{Sj} > 0$.

Lorsqu'un déterminant j commun aux recettes et aux dépenses $[DC_{1j}]$ exerce des influences de sens différents sur les recettes et les dépenses, son effet net sur les soldes va dans le même sens que l'influence constatée sur les recettes. Si un tel déterminant influence positivement les recettes ($\beta_{1Rj} > 0$) et négativement les dépenses ($\beta_{1Dj} < 0$), alors son influence est positive sur les soldes:

$$\varphi_{1Sj} = \varphi_{1Rj} - \varphi_{1Dj} = [(\beta_{1Rj} + \gamma_R\beta_{1Dj}) - (\beta_{1Dj} + \gamma_D\beta_{1Rj})]/\kappa$$
$$= [\beta_{1Rj}\,(1-\gamma_D) - \beta_{1Dj}(1-\gamma_R)]/\varkappa > 0, \text{ car } \beta_{1Rj}(1-\gamma_D) > 0,\ \beta_{1Dj}(1-\gamma_R) < 0$$
$$\text{et } 0 < \kappa = (1 - \gamma_R\,\gamma_D) < 1.$$

Inversement, une variable de ce type exerce un effet net négatif sur les soldes, si son influence est négative sur les recettes et positive les dépenses:

$$\varphi_{1Sj} < 0, \text{ car } \beta_{1Rj}(1-\gamma_D) < 0 \text{ et } \beta_{1Dj}(1-\gamma_R) > 0.$$

Lorsqu'un déterminant commun influence les recettes et les dépenses dans le même sens, son effet sur les soldes est plus difficile à déterminer. Il faut dire que cet effet dépend à la fois de l'importance de ses influences sur les recettes et sur les dépenses, ainsi que de l'ampleur de celles des variables endogènes explicatives. En fait, une variable j influençant les recettes et les dépenses positivement peut aussi bien exercer une influence positive que négative sur les soldes:

avec $\beta_{1Rj} > 0$ et $\beta_{1Dj} > 0$, on a $\varphi_{1Sj} > 0$, si $\varphi_{1Rj} > \varphi_{1Dj}$, soit si $\beta_{1Rj} + \gamma_R\beta_{1Dj} > \beta_{1Dj} + \gamma_D\beta_{1Rj}$ et donc si $\beta_{1Ri} > \beta_{1Di}\,(1-\gamma_R)/(1-\gamma_D)$.
Toujours, avec $\beta_{1Rj} > 0$ et $\beta_{1Dj} > 0$, on pourrait avoir $\varphi_{1Sj} < 0$, soit $\varphi_{1Rj} < \varphi_{1Dj}$, ou encore $\beta_{1Rj}\,(1-\gamma_D) < \beta_{1Dj}(1-\gamma_R)$ et donc $\beta_{1Rj} < \beta_{1Dj}\,(1-\gamma_R)/(1-\gamma_D)$.

De même, un déterminant dont les influences sur les recettes et les dépenses sont négatives pourrait aussi bien exercer un effet positif que négatif sur les soldes:

avec $\beta_{1Rj} < 0$ et $\beta_{1Dj} < 0$, $\varphi_{1Sj} > 0$ si $\beta_{1Rj} < \beta_{1Dj}\,(1-\gamma_R)/(1-\gamma_D)$
et $\varphi_{1Sj} < 0$ si $\beta_{1Rj} > \beta_{1Dj}\,(1-\gamma_R)/(1-\gamma_D)$.

Finalement, les influences nettes sur les recettes et les dépenses d'un déterminant peuvent être identiques. Dans ce cas, son influence nette sur les soldes est nulle:

$$\varphi_{2Sj} = 0, \text{ si } \varphi_{2Rj} = \varphi_{2Dj}, \text{ soit lorsque } \beta_{2Rj} = \beta_{2Dj}\ (1-\gamma_R)/(1-\gamma_D).$$

Le Tableau 7.1 récapitule ces différents cas. Sa première colonne donne le type de variable considérée. Ses deuxième et troisième colonnes présentent l'influence de chaque type de variables sur les recettes et les dépenses (+ indique que l'influence est positive, 0 qu'elle est nulle et – qu'elle est négative). La quatrième colonne donne l'influence nette sur les soldes. Ainsi, un DS_{Rjt} qui a une influence positive (sur les recettes) a aussi une influence positive sur les soldes. Alternativement (représenté par le /), si son influence est négative, son influence sur les soldes l'est aussi.

Tableau 7.1
Récapitulation des cas de figure[a]

	Recettes	*Dépenses*	*Soldes*	*Condition*
DS_{Rjt}	+ / -	0	+ / -	
DS_{Djt}	0	+ / -	- / +	
DC_{1jt}	+ / -	- / +	+ / -	
DC_{1jt}	+ / -	+ / -	+ / - si $\varphi_{1Rj} > \varphi_{1Dj}$[b]	soit lorsque $\beta_{2Ri} > \beta_{2Di}\,(1-\gamma_R)/(1-\gamma_D)$[b]
DC_{1jt}	+ / -	+ / -	- / + si $\varphi_{1Rj} < \varphi_{1Dj}$[b]	soit lorsque $\beta_{2Rj} < \beta_{2Dj}\,(1-\gamma_R)/(1-\gamma_D)$[b]
DC_{2jt}	+ / -	+ / -	0, si $\varphi_{2Rj} = \varphi_{2Dj}$	soit lorsque $\beta_{2Rj} = \beta_{2Dj}\,(1-\gamma_R)/(1-\gamma_D)$[b]

[a] Pour rappel, ces cas sont donnés pour $0 < \gamma_R < 1$ et $0 < \gamma_D < 1$.
[b] Les conditions sont données pour des signes positifs de φ_R et φ_D. Pour des signes négatifs, il faudrait remplacer > par < et vice et versa.

A ce stade, il convient de se pencher sur la question de l'estimation des paramètres du modèle. Relevons d'amblée que cette estimation ne saurait passer par l'application des MCO au modèle structurel. En effet, une telle application conduit à des estimations biaisées. Ce biais découle de la présence des variables endogènes parmi celles explicatives. Par exemple, on a pour les recettes:

$$E(\hat{B}_R) = B_R + E(X_t'X_t]^{-1} X_t'e_{Rt}) \neq B_R + 0, \text{ car } Cov(Dt, e_{Rt}) \neq 0,$$

puisque les e_{Rt} sont dans les D_t ($\varsigma_{Dt} = (\varepsilon_{Dt} + \gamma_D\varepsilon_{Rt})/\kappa$)
avec $X_t = [D_t\ DC_{1t}\ DC_{2t}\ DS_{Rt}]$ et $B_R = [\gamma_R\ /\ B_{1R}\ /\ B_{2R}\ /\ \delta_R]$.

Soulignons de surcroît que ces biais ne s'atténuent pas avec l'augmentation des observations à disposition. Ce constat fait des MCO un estimateur non convergent des paramètres d'un modèle structurel (Greene 1993: 579).

Par contre, l'application des MCO au modèle réduit peut conduire à des estimations convergentes de tous les paramètres du modèle (y compris ceux du modèle structurel). Elle le fait notamment lorsque les restrictions du modèle impliquent uniquement l'existence d'un déterminant spécifique par équation: la présence d'un déterminant spécifique dans l'équation des recettes revient par définition à imposer la restriction de nullité du paramètre associé à ce déterminant dans l'équation des dépenses (du modèle structurel). Si le modèle structurel considéré ne comportait pas les restrictions relatives aux déterminants spécifiques, le passage des paramètres estimés sous la forme réduite à ceux de la forme structurelle ne serait pas possible. En effet, on se retrouverait avec un nombre de relations entre les coefficients des modèles réduits et structurels inférieurs au nombre de paramètres du modèle structurel qu'il s'agit de déterminer. C'est pour cette raison que l'on qualifie de sous-identifiés les modèles ne comportant pas de restrictions suffisantes pour que l'on puisse dériver les paramètres de la forme structurelle à partir des estimations de la forme réduite. Le problème diffère pour les modèles comportant plusieurs déterminants spécifiques ou de façon plus complète comportant plusieurs restrictions (omissions de variables, relations linéaires ou non entre les paramètres à estimer ou encore contraintes sur la matrice des variances-covariances des termes d'erreurs). En effet, il existe, pour ces modèles qualifiés de sur-identifiés, plus de relations que d'inconnues. Il en découle l'impossibilité de déterminer une solution unique pour les paramètres du modèle structurel (Giraud 1993: 91). Ainsi, la méthode présentée, dite des moindres carrés indirecte (indirect least square, ILS), permet d'obtenir tous les paramètres d'un modèle seulement si ce dernier est juste identifié.

Plusieurs méthodes d'estimation permettent d'obtenir les paramètres de modèles structurels sur-identifiés. Relevons que ces méthodes aboutissent toutes aux mêmes résultats que ceux découlant de la méthode des MCO indirects pour les modèles juste-identifiés. Relevons en plus qu'à l'instar des MCO, elles aboutissent toutes à des estimations biaisées. Toutefois, elles ont l'avantage d'être plus précises que les MCO. Elles ont surtout pour avantage de voir leur biais tendre asymptotiquement vers 0 avec l'accroissement du nombre d'observations à disposition.

Parmi ces méthodes nous utilisons celle des doubles moindres carrés (DMC, Two stage least square, 2SLS), car les simulations montrent que cette méthode est particulièrement performante en termes de précision, de capacité explicative et de stabilité des résultats (Intriligator *et al.* 1996: 389). On qualifie les DMC de méthode d'estimation à information limitée (limited information approach) parce qu'ils procèdent à l'estimation de modèles simultanés équation par équation. Ce faisant, cette méthode ne prend pas en compte les éventuelles corrélations supposées entre les termes d'erreurs des équations du modèle structurel ($E[\varepsilon_{Rt}\varepsilon_{Dt}] \neq 0$). Or, si ces corrélations existent, il est plus efficace d'utiliser les triples moindres carrés (TMC, Three stage least square, 3SLS), car ces derniers en tiennent compte. Les TMC le font en estimant chaque paramètre en fonction des coefficients de toutes les équations du modèle. Cela se traduit par une sensibilité plus importante des résultats à d'éventuelles erreurs de modélisation: chaque erreur se répercute sur l'ensemble des paramètres du modèle. Ajoutons pour être complet que c'est également pour cette raison que, contrairement au DMC, les TMC ne permettent pas d'estimer les coefficients des équations juste ou sur-identifiées de systèmes comprenant une ou plusieurs équation(s) sous-identifiée(s).

D'une façon plus générale, la méthode des variables instrumentales (VI, instrumental variable, IV) permet d'estimer, de façon convergente, des équations comprenant des variables explicatives corrélées avec leurs termes d'erreurs, comme le sont les variables X_{1t} dans l'équation 7.7:

$$Y_t = X_t\beta + e_t \qquad [7.7]$$

avec $X_t = [X_{1t}\ X_{2t}]$, $Cov(X_{1t}\ e_t) \neq 0$ et $Cov(X_{2t}\ e_t) = 0$.

Elle permet donc d'estimer les équations structurelles du modèle simultané des recettes et des dépenses présenté. De même, elle permet l'estimation convergente de modèles comprenant des variables explicatives construites à partir des variables expliquées comme CENTRALISATION.[3] La méthode des VI consiste à utiliser autant d'instruments (W_t) qu'il existe de variables explicatives corrélées avec les termes d'erreurs. Ces instruments doivent être corrélés avec les variables à instrumenter (X_{1t}), mais pas avec les termes d'erreurs. Concrètement, cela revient à estimer les paramètres β de l'équation 7.7 de la façon suivante:

$$\hat{\beta}_{IV} = (Z_t'X_t)^{-1}Z_t'Y_t$$

avec $Z_t = [W_t\ X_{2t}]$ et $Cov(W_t\ e_t) = 0$.[4]

Ajoutons finalement que les estimations obtenues par la méthode des VI sont d'autant plus précises que les corrélations entre les variables à instrumenter et les variables instrumentales sont fortes (Greene 1993 et Intriligator *et al.* 1996).

Pour être complet, il nous faut ajouter que des équations comprenant des variables cointégrées d'ordre 1, comme les recettes et les dépenses, peuvent être estimées sous forme de modèle à correction d'erreur (Error Correction Model, ECM) (Engle & Granger 1987).[5] Il nous faut également ajouter que ce type de modèle peut aussi être écrits en niveau sous la forme simultanée, si ses variables intégrées sont toutes cointégrées (Hsiao 1997). Ajoutons, par ailleurs, qu'un constat de non-cointégration des

3 La variable CENTRALISATION se définit comme la part des dépenses cantonales sur les dépenses cantonales et communales. Or, de par la présence des dépenses dans son calcul, CENTRALISATION est corrélées avec les termes d'erreurs de toutes les équations (simultanées ou non) explicatives des dépenses et des soldes.

4 Les MCO, les DMC et les TMC peuvent être vu comme des cas particuliers de la méthode des variables instrumentales (Intriligator *et al.* 1996).

5 Une série (Y_t) est intégrée d'ordre 0, soit I(0), lorsque le paramètre α rattaché à Y_{t-1} dans l'équation suivante prend une valeur absolue inférieure à 1: $Y_t = \alpha Y_{t-1} + e_t$. Elle est intégrée d'ordre 1, soit I(1), si ce paramètre vaut 1 et que la série en différence première est I(0). Une série est I(2) lorsqu'elle est I(0) en différence seconde, etc. Deux séries (Y_t et X_t) intégrées de même ordre (d) sont cointégrées si leur combinaison linéaire est intégrée d'un ordre inférieur à d. Concrètement, cette condition s'écrit: $Z_t = \alpha Y_t + \beta X_t$ avec Z_t une variable intégrée d'ordre $d - b$ et $0 < b \leq d$.

recettes et des dépenses impliquerait l'absence de lien de simultanéité entre ces dernières et donc la nécessité de se baser sur les équations 7.2 et 7.3 pour les formaliser.[6]

Bien que d'autres cas existent, écrivons la forme prise par un modèle à correction d'erreur des recettes et des dépenses lorsque ces dernières sont CI(1,1), que certaines variables explicatives (DC_t et DSR_t) sont I(0), que d'autres (DSD_t) sont I(1), mais pas cointégrées aux recettes et aux dépenses et que d'autres encore (H_t) sont I(1) et cointégrées à ces dernières. Dans ce cas, le modèle à correction d'erreur s'écrit sous la forme ci-dessous. Cette forme met en relation les variables expliquées en différence avec celles explicatives en différence également, soit des variables rendues I(0). Elle met également en relation les variables cointégrées par le biais d'un terme de correction d'erreur (EC_{t-1}).

Formellement, on a:

$$\begin{cases} \Delta R_t = \alpha_R + \Delta DC_t \beta 1_R + \Delta DSR_t \delta_R + EC_{t-1}\gamma_R + \varepsilon_{Rt} \\ \Delta D_t = \alpha_D + \Delta DC_t \beta 1_D + \Delta DSD_t \delta_D + EC_{t-1}\gamma_D + \varepsilon_{Dt} \\ \Delta H_t = \alpha_H + \Delta DSH_t \delta_H + EC_{t-1}\gamma_H + \varepsilon_{Ht} \end{cases} \quad [7.8]$$

avec notamment $EC_{t-1} = R_{t-1} + uD_{t-1} + wH_{t-1}$ et EC_{t-1} I(0).

Relevons que le terme de correction d'erreur formalise les relations de long terme entre les séries cointégrées. Relevons aussi que la prise en compte des équations explicatives des H_t n'est pas nécessaire si les ε_{Ht} sont indépendants des ε_{Rt} et des ε_{Dt}.

Il ressort de cette partie que l'analyse des soldes uniquement peut dans certains cas conduire à des résultats identiques à ceux que l'on

6 Une série I(1) peut être expliquée en niveau par des variables avec lesquelles elle est cointégrée, et ce avec ou sans variables exogènes I(0).
Une série I(1) doit être expliquée sous forme de ECM, si certaines de ses variables explicatives sont I(1) sans toutefois être cointégrées avec elle.
Une série I(1) doit être expliquée en différence, si ses variables explicatives I(1) ne sont pas cointégrée avec elle.
Relevons, par ailleurs, qu'expliquer une série I(0) par des séries intégrées n'aurait pas de sens.

obtiendrait par une analyse conjointe des recettes et des dépenses. Rappeler ces cas revêt son importance dans le contexte de cette étude. Il se trouve en effet que les paramètres des soldes sont interprétables *per se*, alors que souvent les coefficients découlant de modèles réduits ou d'une manière plus générale de la différence de deux équations n'ont pas de sens propres. Dès lors et pour autant que l'on ne s'intéresse qu'aux effets nets sur les soldes, il n'est pas faux d'analyser les soldes uniquement lorsque les déterminants des recettes et des dépenses sont identiques et qu'il n'existe pas de relation de simultanéité entre ces dernières. Il en va de même lorsqu'il existe un lien entre les recettes et les dépenses et que les équations de ces dernières sont juste-identifiées ou même sous-identifiées. *A contrario*, si ces conditions ne sont pas remplies, il convient de procéder à une analyse conjointe des recettes et des dépenses.

Cela étant relevons néanmoins que l'analyse des soldes uniquement n'est jamais pleinement satisfaisante, car elle ne permet pas de remonter aux paramètres des équations des recettes et des dépenses qui lui sont sous-jacentes. Elle ne permet donc pas de juger de la plausibilité des influences constatées sur les soldes à la lumière de la vraisemblance de celles décelées sur les recettes et les dépenses. C'est pourquoi, il semble toujours préférable d'analyser les recettes et les dépenses, lorsqu'il existe une incertitude théorique quant aux variables influençant les soldes publics. En effet, il est alors nécessaire d'adopter une démarche inductive pour lever cette incertitude. Or, il est possible qu'une telle démarche aboutisse à l'introduction d'une ou de plusieurs variables dont les influences apparaissent plausibles du point de vue des soldes, mais qui ne le sont pas du point de vue des recettes et des dépenses.

7.2 Types de traitements envisageables

La section précédente présente les différents modèles que l'on peut construire à partir des recettes, des dépenses et des soldes publics. Par souci de simplicité, elle le fait sans mention explicite du caractère transversal du champ empirique étudié. Or, il se trouve qu'il existe plusieurs façons théoriquement pertinentes de traiter des séries chronologiques (24 périodes de 1979 à 2002) combinées avec des coupes transversales (26 cantons). Cette partie présente ces différentes façons de procéder. Comme elle s'appuie pour cela sur un modèle des soldes à une équation, il convient de mentionner que ces méthodes s'appliquent également aux modèles simultanés (Matyas & Sevestre 1996, Sevestre 2002 et Hsiao 2003).

Les données pourraient être exploitées canton par canton ou période par période, ce qui permettrait de mesurer les influences respectivement de court terme et de long terme des variables explicatives. Ces exploitations se heurteraient toutefois à trois obstacles qui, combinés, se révèlent rédhibitoires. D'abords, la faiblesse du nombre d'observations à disposition: 24 pour les analyses longitudinales et 26 pour les analyses transversales. Cette faiblesse pose un problème de fiabilité des tests de significativité statistique et ce même pour des modèles relativement restreints. Or, il se trouve que notre recherche nécessite l'introduction d'un nombre assez élevé de variables explicatives. Ensuite, l'exploitation des estimations effectuées se révèlerait vite problématique à la vue du nombre de modèles qu'il faudrait comparer. Enfin, de telles démarches ne permettraient pas de tenir compte du fait que les cantons ont vécu une réalité commune, comme le laisse entrevoir la description de l'évolution annuelle des soldes financiers de l'ensemble des cantons (voir point 5.3.3).

L'utilisation du modèle de Zellner permettrait à la fois de tenir compte de cette réalité commune et de l'hétérogénéité des comportements individuels constatée lors de cette même analyse descriptive. Ce modèle n'est autre que le système d'équations apparemment non reliées (seemingly unrelated regression, SUR). Il porte ce nom, car il comprend autant d'équations que de cantons tout en prévoyant l'existence de corrélations contemporannées (de même période) entre les termes d'erreurs de ces équations. Ainsi, on aurait:

$$S_{it} = \alpha_i + X_{it}\beta_i + \varepsilon_{it} \qquad [7.9]$$

avec $E(\varepsilon_{it}\varepsilon_{i't}) = \sigma_{ii'}$.

Le modèle de Zellner présente toutefois deux limites importantes pour l'exploitation de la base de données constituée. D'une part, il ne permettrait pas de faire une estimation pour tous les cantons, car l'estimateur est contraint par le nombre de périodes, soit 24 pour nous.

En effet, l'estimateur en 2 étapes de Zellner se fonde sur les résidus obtenus par les MCO sur chaque relation individuelle pour estimer la matrice Σ des variances-covariances des termes d'erreurs des i équations du modèle. Or, le vecteur $\hat{E}$ des termes d'erreurs estimés, soit le vecteur des résidus, est de dimension $1 \times N \times T$. Par conséquent, la matrice $\hat{\Sigma} = (1/T)\hat{E}'\hat{E}$ ne peut pas avoir un rang supérieur à T. D'autre part, le nombre de degrés de liberté (nombre d'observations – nombre de paramètres à estimer) resterait comme pour les traitements envisagés précédemment trop restreint pour assurer une fiabilité suffisante des tests statistiques.

En fait, tous les modèles susceptibles de donner des résultats suffisamment fiables pour procéder à des tests statistiques nécessitent de formuler l'hypothèse que les variables explicatives agissent de façon identique pour toutes les collectivités. Concrètement, cette hypothèse consiste à poser α au lieu de α_i et β plutôt que β_i. Procéder de la sorte permet une analyse qui combine les dimensions transversales et longitudinales des données et conduit ainsi à une utilisation efficace de l'information à disposition lors de l'estimation des paramètres inconnus. Certes, une telle hypothèse n'est pas pleinement satisfaisante, toutefois elle reste acceptable lorsque les influences des variables explicatives vont dans le même sens pour toutes les collectivités.

La façon la plus simple passe par l'application des MCO et de la correction de White à l'ensemble des cantons. Procéder de la sorte impose au modèle de Zellner l'identité des coefficients des variables explicatives entre les cantons et suppose que les termes d'erreurs ne sont pas corrélés d'un canton à l'autre:

$$S_{it} = \alpha + X_{it}\beta_i + \varepsilon_{it} \qquad [7.10]$$

avec notamment $E(\varepsilon_{it}\varepsilon_{i't}) = 0$ lorsque $i \neq i'$
et de façon implicite $Var[\varepsilon_{it}] = \sigma_i^2$.

Cela revient ensuite à corriger les écarts types pour tenir compte de l'hétéroscédasticité des erreurs qui serait la manifestation de l'hétérogénéité des comportements cantonaux. Cette correction revient à estimer $Var[\beta]$ par la formule 7.11 présentée à la page suivante.

$$N(X_{it}'X_{it})^{-1}So(X_{it}'X_{it})^{-1} \quad [7.11]$$

avec $So = (1/N)\sum_i^k e_i^2 x_i x_i'$, k le nombre de variables explicatives et e_i les termes d'erreurs estimés, soit les résidus de l'estimation.

La méthode des moindres carrés généralisés réalisables (MCGR, feasible generalised least squares, FGLS) suppose également que l'hétérogénéité des comportements se manifeste au niveau des termes d'erreurs. Toutefois, à la différence de la méthode précédente, cette dernière passe par l'estimation de variances propres à chaque canton. Elle offre de ce fait la possibilité de rendre compte de la structure hétéroscédastique et/ou autocorrélée des termes d'erreurs. Rappelons que supposer ces termes hétéroscédastiques revient à supposer que la variance diffère d'un canton à l'autre. Ce modèle peut être formalisé de la façon suivante:

$$S_{it} = \alpha + X_{it}\beta + \varepsilon_{it} \quad [7.12]$$

avec en particulier $Var[\varepsilon_{it}] = \sigma_i^2$.

Mentionnons encore qu'il est possible de supposer que les termes d'erreurs sont autocorrélés entre eux d'une façon identique pour tous les cantons ou d'une façon propre à chaque canton. Formellement, le modèle à autocorrélation identique pour chaque canton s'écrit:

$$S_{it} = \alpha + X_{it}\beta + \varepsilon_{it} \quad [7.13]$$

avec notamment $\varepsilon_{it} = \rho\varepsilon_{it-1} + u_1$ et $Var[\varepsilon_{it}] = \sigma_u^2/1 - \rho^2 = \sigma^2$.

Le modèle à autocorrélations cantonales impliquerait en plus que l'on substitue ρ par ρ_i ce qui implique que $Var[\varepsilon_{it}] = \sigma_i^2$. Si la matrice des variances-covariances des termes d'erreurs était connue, il serait possible d'estimer les paramètres du modèle de la façon suivante:

$$\hat{B}^* = (X_t^{*\prime}\Sigma^{-1}X_t^*)^{-1}X_t^{*\prime}\Sigma^{-1}Y_t \quad [7.14]$$

avec $X_t^* = [1\,X_t]$ et $\hat{B}^* = [\hat{\alpha}/\hat{\beta}]$.

Toutefois, comme cela n'est généralement pas le cas, la méthode des MCGR utilise les résidus découlant de l'application des MCO au modèle pour obtenir une estimation de S. Cela revient donc à poser:

$$\hat{B}^* = (X_t^{*\prime}\hat{\Sigma}^{-1}X_t^*)^{-1}X_t^{*\prime}\hat{\Sigma}^{-1}Y_t \qquad [7.15]$$

avec $\hat{\Sigma} = \hat{E}'\hat{E}$ et $\hat{E} = Y_t - X_t\hat{\beta}_{MCO}$.

Les modèles à effets spécifiques permettent d'appréhender l'hétérogénéité des comportements cantonaux en introduisant des effets spécifiques à chaque canton. Le modèle à effets fixes (Fixed Effects Model, FEM) suppose que la différence de comportement entre les individus (u_i) et/ou que les différences observées entre les années (v_t) peuvent être captées par des termes fixes non stochastiques:

$$S_{it} = \alpha_i + \nu_t + X_{it}\beta + \varepsilon_{it} \qquad [7.16]$$

Les termes spécifiques reflètent l'influence de facteurs exclus de l'analyse parce que non disponibles ou non envisagés. Relevons que leur introduction pose parfois des problèmes de multicolinéarité. En effet, elle empêche de distinguer les influences de variables invariantes dans le temps en cas d'introduction d'effets fixes individuels ou dans l'espace en cas d'introduction d'effets temporels fixes.

Un tel modèle s'estime simplement en appliquant les MCO à l'équation:

$$S_t = X_t^*\beta + e_t \qquad [7.17]$$

avec notamment $X_t^* = [d1 \ldots dN\ X_t]$ et dj des variables dichotomiques prenant la valeur 1 pour le $j^{ème}$ canton et 0 pour les autres.

Relevons encore que le test de Wald permet de tester le modèle à effets fixes contre le modèle consistant à appliquer les MCO à l'ensemble des cantons (Greene 1993: 468).

D'autres modèles comme ceux à effets aléatoires (Random Effects Model, REM) ou à coefficients aléatoires (Random Coefficient Model, RCM) incorporent également des effets spécifiques permettant de rendre compte de l'hétérogénéité des comportements.[7] Leurs hypothèses quant à la distribution de ces effets impliquent que leurs coefficients sont le fruit d'un tirage aléatoire. Or, cela ne correspond pas à notre étude, puisque l'ensemble de l'échantillon est étudié. C'est d'ailleurs pour cette raison que les FEM sont théoriquement plus appropriés que les REM et les RCM lorsque l'analyse comprend tous les individus d'une population (Nerlove & Balestra 1996). Ces considérations expliquent pourquoi ce travail ne présente pas de résultats découlant de REM ou de RCM.

7 Les REM supposent que les effets spécifiques sont aléatoires et indépendants des autres variables explicatives. Ils supposent donc que les termes d'erreurs comprennent les effets spécifiques cantonaux (u_i) et/ou temporels (v_t), ainsi que des effets purement aléatoires (w_{it}). La loi des grands nombres implique que ces termes d'erreurs tendent vers une distribution normale. On a par conséquent: $S_{it} = \alpha + X_{it}\beta + \varepsilon_{it}$ avec notamment $\varepsilon_{it} = u_i + v_t + w_{it}$ et $E[\varepsilon_i] = 0$.
Les RCM supposent que les effets spécifiques agissent de façon aléatoire sur les variables explicatives. On a ainsi: $S_{it} = \alpha + X_{it}\beta_i + \varepsilon_{it}$ avec $\beta_i = \beta + v_i$, $E[v_i] = 0$ et $Var[v_i] = \sigma_i^2$.

8 Résultats statistiques et économétriques

8.1 Sélection du type de modèle

Avant de présenter les résultats économétriques obtenus, il convient de commenter les différents éléments préalables nous ayant conduits à sélectionner le type de modèles retenu. Il s'agit notamment des tests effectués pour déterminer quelles sont les variables cointégrées ou non, quels sont les instruments les plus appropriés pour instrumenter les variables explicatives potentiellement endogènes, ainsi que différentes comparaisons nous ayant conduit à retenir des modèles à correction de White.

8.1.1 Degré d'intégration et de cointégration éventuelle des variables

La spécification des modèles envisagés dépend du degré d'intégration des variables considérées, ainsi que de leur caractère cointégré ou non. Par exemple, l'écriture du modèle simultané en différence plutôt qu'en niveau ou sous la forme d'un ECM dépend du caractère cointégré des recettes et des dépenses entre elles et avec les éventuelles autres variables intégrées (cf. équation 7.8 en page 144).

Le Tableau 8.1 présente les résultats obtenus après application des tests de racine unitaire de Maddala & Wu (1999) et le Tableau 8.2 ceux découlant du test de cointégration de Pedroni (1999). Relevons que ces deux tests sont les plus performants, parmi les tests de panel, pour prendre en compte l'hétérogénéité des individus étudiés (Banerjee 1999, Pedroni 2004). L'utilisation de test de panel plutôt de tests appliqués canton par canton s'explique par la faiblesse du nombre d'observations à disposition. Cette faiblesse nous conduit d'ailleurs à n'estimer que des modèles explicatifs dont les variables explicatives et les coefficients de ces dernières sont identiques pour chaque canton. Mentionnons que les tests de racine unitaire sont effectués à partir de l'estimation d'une équation, souvent transformée, mettant en relation une variable et ses retards. Cette équation peut comprendre un terme constant (β) et/ou un trend déterministe (δt):[1]

$$Y_t = \alpha Y_{t-1} + \beta + \delta_t + e_t, \qquad [8.1]$$
avec $\beta \neq 0$ ou $\beta = 0$ et/ou $\delta \neq 0$ ou $\delta = 0$.

Les tests sans constante sont à écarter, sauf pour CONJONCTURE, car ils supposeraient que les variables considérées oscilleraient autour de la valeur nulle. Les tests avec trend sont également écartés pour toutes les variables sauf pour celles démographiques. En effet, ces dernières sont les seules pour lesquelles il n'est pas possible d'exclure l'existence d'un trend déterministe. Un tel trend suppose que les variables concernées suivent une tendance (dé)croissante indépendamment de toute influence autre que l'écoulement du temps.

Les valeurs statistiques associées aux tests avec constante sont présentées dans la première colonne du Tableau 8.1. Notons que les variables concernées sont considérées I(1) au seuil de 90%, 95% et 99% lorsque ces valeurs sont respectivement inférieures à 39,43, 36,43 et 31,25. Dans la deuxième colonne du tableau et selon les variables considérées, ces mêmes éléments sont présentés pour les tests sans constante, ni trend ou pour les tests sans constante, mais avec trend (pour les variables démographiques). Lorsque les séries n'apparaissent pas I(0), les résultats des tests basés sur des équations en différence et sans constante, ni trend sont reportés dans la troisième colonne et ceux basés sur des équations en différence et avec constante sont présentés dans la quatrième colonne du tableau. Notons que les tests présentés dans les colonnes 3 et 4 correspondent respectivement à ceux des colonnes 1 et 2. Ajoutons finalement que le test de Pedroni (1999) permet de discriminer l'hypothèse de non-stationnarité de chacune des séries cantonales (soit l'hypothèse que toutes les séries sont I(1) ou plus) de l'hypothèse qu'il existe au

1 Souvent, les logiciels testent les modèles avec une constante, même si la relation n'est pas supposée en comprendre une. Ensuite, ils comparent les valeurs obtenues avec celles théoriques avec ou sans constante, selon l'hypothèse retenue. C'est le cas de la commande xtfisher de Stata utilisée pour calculer les valeurs présentées. Notons que cela n'est pas le cas pour la commande dfuller qui a été utilisée pour les variables invariantes dans l'espace, soit CONJONCTURE et CROISSANCE.

Tableau 8.1
Tests de racine unitaire de Maddala & Wu (1999)[a]

	Niveau[b]		*Différence*[b,c]		
Déterminant	Test avec constante	Test alternatif	Test sans constante, ni trend	Test alternatif	*Conclusion*
SOLDES	184,4**	p. p.	p. n.	p. p.	I(0)
RECETTES	38,2	p. p.	231,0**	p. p.	I(1)
DEPENSES	47,6	p. p.	309,7**	p. p.	I(1)
REVENU	91,2**	p. p.	p. n.	p. p.	I(0)
CROISSANCE[d]	-3,456**	p. p.	p. n.	p. p.	I(0)
CONJONCTURE[d,e]	-3,046**	-3,046**	p. n.	p. n.	I(0)
CHOMAGE	195,2**	p. p.	p. n.	p. p.	I(0)
DENSITE[f]	81,2**	48,6	p. n.	195,6**	I(0) ou I(1)
AGEES (>65 ans)[f]	95,4**	47,8	p. n.	200,2**	I(0) ou I(1)
JEUNES (<20ans)[f]	190,4**	36,8	p. n.	148,0**	I(0) ou I(1)
ETRANGERS[f]	149,5**	94,0**	p. n.	p. n.	I(0)
CENTRALISATION	206,0**	p. p.	p. n.	p. p.	I(0)
PARTIMPOTS	74,1*	p. p.	p. n.	p. p.	I(0)
PARTSUBVENTION	133,6**	p. p.	p. n.	p. p.	I(0)

Le symbole ^{x} indique que la non-stationnarité est rejetée au seuil de 90%, l'astérisque (*) qu'elle est rejetée au seuil de 95% et le double astérisque (**) au seuil de 99%.

[a] Ces résultats sont générés avec STATA 8.2.

[b] p. p. signale que le test n'est théoriquement pas pertinent pour la série considérée.

[c] p. n. indique que le test n'est pas nécessaire: une série I(0) est toujours I(0) en différence.

[d] Test augmenté de Dickey & Fuller (1976) sur la période 1977-2002 pour CROISSANCE (25 observations) et sur la période 1976-2002 pour CONJONCTURE (26 observations). L'utilisation de ce test s'explique par l'invariance dans l'espace des variables concernées. Les valeurs critiques concernant les tests pour CROISSANCE sont -3,000, -3,630 et-3,750. Pour les tests relatifs à CONJONCTURE les valeurs critiques sont -2,629, -2,997 et -3,743 pour le 1er test et pour les pour le test alternatif: -1,318, -1,711 et -2,492.

[e] L'équation sous-jacente au test alternatif ne comprend ni constante, ni trend.

[f] Les tests alternatifs se basent sur les équations en niveau avec trend et en différence avec constante.

moins une série cantonale I(0). Ce déséquilibre en faveur de la stationnarité ne pose pas de problème si l'on considère qu'en général les tests statistiques tendent à favoriser l'acceptation de l'hypothèse nulle plutôt que son alternative (Maddala 2001). La dernière colonne du Tableau 8.1 mentionne à chaque fois les conclusions découlant des tests effectués. Certaines variables (politiques notamment) ne sont pas susceptibles d'être I(1) ou plus. C'est pourquoi elles ne figurent pas dans le tableau.

A l'exception de RECETTES, DEPENSES, DENSITE, AGEES et JEUNES, aucune variable ne nécessite une attention particulière pour la suite du travail: en effet, seules ces variables résultent I(1). Comme on pouvait si attendre suite à la partie descriptive, RECETTES et DEPENSES sont I(1) et SOLDES I(0). Ces résultats impliquent par définition que les recettes et les dépenses par habitant sont cointégrées d'ordre 1, soit CI(1,1). En effet, les combinaisons linéaires de variables I(1) donnent des variables I(0) seulement si elles sont cointégrées, alors qu'elles donnent des variables I(1) autrement. Il n'est guère surprenant que les tests de cointégration ultérieurs confirment ce résultat. En effet, les recettes et les dépenses ne peuvent que constituer des séries cointégrées en raison de la contrainte imposée par la norme de l'équilibre budgétaire. De fait, l'existence de cette norme empêche que les recettes ne s'éloignent de façon marquée et durable des dépenses. C'est pourquoi le niveau des recettes reste proche de celui des dépenses et que ces séries évoluent de façon parallèle à moyen et long terme.

Au regard des tests avec constante, DENSITE, AGEES et JEUNES apparaissent I(0). Par contre, elles ressortent I(1) pour les tests avec trend, soit avec la spécification la moins vraisemblable. Mentionnons qu'il en va de même pour la proportion des 20-65 ans *(20-65ANS)*, soit le complémentaire de AGEES et de JEUNES. Comme les examens graphiques permettent clairement d'affirmer que 20-65ANS constitue une série I(0), nous pouvons rejeter l'existence d'un trend déterministe pour cette variable. Notons que si nous ne le faisions pas, nous aurions une contradiction, puisque cette variable se révèle I(1) avec un trend. Dès lors, il paraît légitime de considérer AGEES et JEUNES comme I(0). En effet, il semble difficile de croire que ces variables comprennent des trends qui s'annulent. Or, il faudrait que ces trends se compensent exactement pour que la part des 20-65 ans n'affiche pas de tendance.

Ni l'examen graphique, ni un raisonnement analogue ne permettent de déterminer si DENSITE est I(0) ou I(1). Par conséquent, il nous faut envisager la possibilité que cette variable soit I(1). Une telle possibilité aurait pu nous conduire à estimer en différence ou sous forme de ECM les équations comprenant cette variable. Etant donné l'objectif de cette recherche et les éléments théoriques présentés, nous avons préféré remplacer DENSITE par ses valeurs en début de période: l'estimation en différence changerait la nature du problème. Mentionnons ici que la substitution de DENSITE par ses valeurs en début de période a pour mérite de préserver la pertinence des résultats découlant de l'estimation de modèles exprimés en niveau, sans être trop dommageable en termes de perte d'information. Il se trouve en effet que les différences intercantonales de DENSITE sont telles qu'elles rendent négligeables les variations interannuelles: sur la période, l'écart type intercantonal est de 32,7 fois supérieur à celui interannuels.

Pour savoir si RECETTES et DEPENSES sont cointégrées, nous utilisons les 7 statistiques proposées par Pedroni (1999). Comme ces statistiques suivent une loi normale, l'hypothèse de non-cointégration est rejetée au seuil de 99% lorsque leurs valeurs sont inférieures en valeur absolue à 2,576. On écarte cette même hypothèse aux seuils respectifs de 95% et 90% lorsque ces statistiques sont inférieures en valeur absolue à 1,960 et 1,645. Il n'existe pas de simulation permettant de choisir une statistique plutôt qu'une autre. C'est pourquoi, nous nous basons sur chacune d'entre elles. Plus précisément, nous considérons les séries cointégrées dès lors que la majorité des tests rejettent la non-cointégration.[2]

2 Ces statistiques sont toutes basées sur l'estimation d'équations comprenant des trends qui peuvent être spécifiés de façon identique ou différente pour chaque canton. Pour des raisons de manque de données les tests présentés ne comprennent qu'un trend commun.
Les seules simulations existantes à notre connaissance concernent des tests fondés sur des équations comprenant des trends différents pour chaque canton (Pedroni 2004). Pour indication mentionnons que ces tests montrent que les statistiques Panel-V, Panel_rho et groupe_rho (cf. Tableau 8.2, en page 156) sous-estiment les valeurs critiques lorsque 20 individus sont étudiés.

Le Tableau 8.2 présente les tests de cointégration entre RECETTE et DEPENSES, entre RECETTES, DEPENSES et RECETTE(-1), ainsi qu'entre DEPENSES, RECETTE et DEPENSES(-1). Le test des combinaisons avec retard s'explique par l'introduction possible des variables expliquées retardées dans les équations du modèle simultané. Les tests de Pedroni reposent sur les résidus issus de l'estimation d'une équation mettant en relation les variables examinées. Comme les résidus ne sont pas identiques selon que l'on estime les recettes par les dépenses ou les dépenses par les recettes, le tableau présente aussi les tests issus de l'explication des dépenses par les recettes.

Tableau 8.2
Tests de cointégration de Pedroni (1999)[a]

	Panel v-stat	*Panel rho-stat*	*Panel pp-stat*	*Panel adf-stat*	*Group rho-stat*	*Group pp-stat*	*Group adf-stat*
Combinaison possible dans les modèles simultanés sans retards (1979-2002, soit 24 observations)							
RECETTES, DEPENSES	2,817**	-3,132**	-3,384**	-2,971**	-1,134	-2,626**	-2,498**
DEPENSES, RECETTES	4,585**	-3,228**	-3,147**	-3,078**	-1,061	-2,261*	-2,697**
Combinaison possible dans les modèles simultanés avec retards, équation des recettes (1980-2002, soit 23 observations)							
RECETTES, DEPENSES, RECETTES(-1)	9,548**	-7,976**	-11,175**	-7,729**	-7,086**	-14,253**	-9,384**
Combinaison possible dans les modèles simultanés avec retards, équation des dépenses (1980-2002, soit 23 observations)							
DEPENSES, RECETTES, DEPENSES(-1)	5,176**	-5,642**	-9,021**	-8,654**	-3,954**	-10,244**	-9,839**

[a] Ces résultats ont été effectués grâce à une routine programmée par Pedroni sur RATS (6,0). Le symbole [x] indique que la non-cointégration est rejetée au seuil de 90%, l'astérisque (*) qu'elle est rejetée au seuil de 95% et le double astérisque (**) au seuil de 99%.

Les variables des combinaisons examinées apparaissent quasiment à chaque fois cointégrées. En effet, 25 tests sur 28 permettent de conclure que les variables considérées sont cointégrées au seuil de 99% et seuls 2 tests aboutissent à la conclusion de non-cointégration. Relevons que l'acceptation de la cointégration des variables examinées tranche nettement avec les résultats obtenus canton par canton à l'aide de la méthode de Johansen (1988): par exemple, les séries des recettes et des dépenses réelles par habitant n'apparaissent cointégrées que pour 8 cantons sur 26. Soulignons néanmoins que l'examen de ces résultats, loin de nous alarmer, nous conforte dans le choix de procéder à des tests de panels, tant les intervalles de confiance des estimations associés à ces tests sont larges. Comme les résultats présentés indiquent que RECETTES et DEPENSES sont cointégrées entre elles, il est à présent possible d'affirmer que les modèles peuvent être estimés sous forme simultanée en niveaux ou sous forme de ECM.

8.1.2 Choix des modèles

Trois façon théoriquement pertinentes et empiriquement envisageables permettent de tenir compte des hétérogénéités cantonales constatées: 1) la correction de White qui consiste simplement à corriger les écarts types pour tenir compte de la variance différente d'un canton à l'autre, 2) l'estimation par les FGLS qui permet l'estimation de variances cantonales différentes et 3) l'utilisation de FEM qui supposent que la différence de comportement entre les individus peut être captée par des termes fixes variant d'un individu à l'autre.

Plusieurs constats empiriques concernant ces trois types de modèles peuvent être dressés.[3] Relevons tout d'abord que l'analyse graphique des résidus ainsi que des tests de Portmanteau révèlent des signes évidents d'autocorrelation positive. Relevons aussi que ce n'est qu'en introduisant les variables expliquées retardées que ces signes disparaissent, alors que cela n'est pas le cas si l'on permet que les termes d'erreurs soient autocorrelées par le biais de modèles estimés par les FGLS. Relevons ensuite que les modèles à effets fixes doivent être écarté en raison de la quasi multicolinéarité (et donc de l'instabilité des coefficients estimés) engendrée par l'introduction conjointe des effets individuels fixes et des nombreuses variables quasi invariantes dans le temps qui constituent la

3 Chaque type de modèle considéré a aussi bien été exploré dans l'approche simultanée que dans celle des soldes uniquement. Notons que les modèles simultanés estimant des variances cantonales différentes font exception, car aucune des librairies des logiciels économétriques à notre disposition ne comprenaient ce type de modèle.

base de données à disposition.[4] Néanmoins comme le test de Wald indique que les modèles à effets spécifiques sont préférables à ceux sans effets spécifiques (l'hypothèse d'égalité des effets individuels est rejetée) et que celui de Hausmann rejette systématiquement les modèles à effets aléatoires (REM) pour ceux à effets fixes (FEM), plusieurs variantes avec effets fixes, mais sans les variables quasi invariantes ont été testées. Les influences identifiées dans ces modèles restant proches de celles des modèles avec correction de White, ces modèles ne sont pas explicitement présentés. De même, les résultats obtenus à partir de modèles prévoyant une variance propre à chaque canton ne se distinguent pas notablement de ceux commentés et ne sont donc pas non plus présentés. Relevons en passant que l'estimation de 26 variances supplémentaires cause des chutes importantes de significativité statistique des coefficients estimés et conduirait à ne retenir que des modèles fort restreints. Soulignons d'ailleurs que la relative faiblesse du nombre d'observations à disposition par rapport au nombre de paramètres à estimer ne peut que déboucher sur des modèles ne contenant qu'un nombre restreint de variables statistiquement significatives et ce même si l'ensemble des variables présentées étaient réellement toutes explicatives des soldes publics.

4 Les valeurs du critère de Belsley *et al.* (1980), qui vont de 20 à plus de 80 pour la majorité des matrices seulement composées des effets fixes et de l'une des variables envisagées, révèlent d'ailleurs cette quasi multicolinéarité: seules les variables CHOMAGE, CROISSANCE, MESURESSOLDES, ANELECTORAL, ETRANGERS et PARTSUBVENTION comprennent des valeurs inférieures à 20, parmi les matrices seulement composées des effets fixes et de l'une des variables envisagées. Or, les concepteurs de ce critère indiquent que des problèmes de multicolinéarité sont fort probables à partir de 20 et ce lorsque l'ensemble des variables explicatives est considéré. Dès lors, il n'est pas surprenant que l'on constate parfois des changements importants des coefficients estimés au gré des variables introduites dans les modèles à effets individuels fixes.

8.1.3 Choix des instruments

Aucune des variables explicatives potentiellement endogènes n'est strictement invariante pour l'ensemble des cantons. Toutefois, plusieurs d'entre-elles varient si peu souvent au cours de la période qu'elles peuvent être considérées comme exogènes. Il s'agit de REGLESOLDES qui n'enregistre que 2 changements sur la période (sur les 598 possibles), de MESURESSOLDES (4 changements), de NBDPT (16) et de NBCOMMUNES (45). Dès lors, il ne semble pas absolument nécessaire d'instrumenter ces variables.

Par contre, les autres variables potentiellement endogènes doivent être instrumentées, car elles varient de par leur codage entre chaque observation. Suivant la procédure décrite en fin de partie 4.2.3, ces variables sont d'abord instrumentées par des variables exogènes, puis par leurs retards. L'annexe 7 motive le choix des exogènes retenues pour l'instrumentation des variables explicatives potentiellement endogènes. Cette instrumentation nous a permis de constater que les résidus n'étaient pas autocorrélés pour le type de modèle retenu (modèle dynamique avec correction de White). Fort de ce constat, nous avons pu utiliser les retards des variables potentiellement endogènes comme instrument et bénéficier ainsi d'instruments dont les corrélations sont fortes avec les variables potentiellement endogènes (0,98). Mentionnons ici que la force de ces corrélations s'explique par la relative importance des différences entre les cantons par rapport à celles entre les années: les rapports entre les écarts types intercantonaux et ceux interannuels se montent à 2,4 pour PARTIMPOTS et REFERENDUM, 3,3 pour PARTSUBVENTION, 5,5 pour CENTRALISATION et 6,6 pour INITITATIVE.

8.2 Présentation des estimations

8.2.1 Performance des modèles et stabilité des résultats

Après examen de nombreuses variantes, nous avons pu identifier trois catégories de variables: 1) les variables dont les influences sont suffisamment stables et les significativités régulièrement fortes pour entrer sans trop d'incertitude dans l'explication des recettes et/ou des dépenses et donc des soldes publics, 2) les variables qui entrent vraisemblablement aussi dans l'explication des soldes, mais dont les coefficients peuvent varier de part leur ampleur ou leur significativité de façon importante selon les variantes examinées et 3) les variables dont les influences sont tellement peu significatives et/ou dont les coefficients peuvent varier de façon considérable au gré des variantes examinées.

A partir des variables explicatives de la première catégorie, nous avons construit un modèle de base: ce modèle comprend les variables expliquées et leurs retards, ainsi que 11 autres variables explicatives. L'ajout à ce modèle des variables de la deuxième catégorie a permis la construction d'un modèle élargi qui comprend 5 variables supplémentaires. Notons que nous aurions retenu des modèles plus restreints, si nous avions rigoureusement choisi les capacités explicatives des modèles telles que reflétées par les valeurs des pseudos coefficients de détermination ajustés (pseudo R^2a) comme base de sélection.[5] Toutefois, la faiblesse des écarts entre les pseudos R^2a des variantes examinées, la pénalisation des modèles relativement larges découlant du nombre restreint d'observations à disposition ainsi que la solidité des mécanismes théoriques présentés expliquent pourquoi nous avons aussi retenu la stabilité et la significativité des influences comme critère de sélection des variables.

5 Tout comme le R^2a, le pseudo R^2a constitue une mesure de la capacité d'un modèle à rendre compte de la variance de sa variable expliquée. Lorsque cette capacité est parfaite ces mesures prennent la valeur 1. Lorsqu'elle est nulle le R^2a prend la valeur 0, contrairement au pseudo R^2a qui n'est pas borné vers le bas. Pour nous orienter dans la construction de nos modèles, nous avons appliqué la définition classique du R^2a à notre modèle. Le résultat obtenu est désigné pseudo R^2a, car les R^2a ne sont compris dans l'intervalle 0 à 1 que pour les modèles avec constante estimés par les MCO.

Le Tableau 8.3 présente les résultats de l'estimation par les triples moindres carrés (TMC) des modèles retenus, ainsi que les modèles des soldes publics qui en sont dérivés. Comme indiqué au point précédent, les variables explicatives potentiellement endogènes sont instrumentées par leurs retards. A titre de comparaison, ce tableau comprend, en plus, les résultats découlant de l'estimation directe des soldes par des modèles composés respectivement par les variables du modèle de base et celles du modèle élargi. Ces modèles de comparaison sont estimés par la méthode des variables instrumentales, car ils comprennent des variables explicatives potentiellement endogènes.

Les résultats issus de l'estimation par les doubles moindres carrés (DMC) ne sont pas commentés, car ils ne se différencient pas qualitativement et que peu quantitativement de ceux obtenus par les TMC. Si les écarts entre les résultats obtenus indiquent que des corrélations contemporanées existent entre les termes d'erreurs des équations des recettes et des dépenses, leur proximité montre que ces corrélations ne sont pas particulièrement fortes. Malgré cela, les pseudos R^2a indiquent que les modèles comprenant ces corrélations sont plus performants que ceux ne les comprenant pas. Par exemple, le pseudo R^2a du modèle de base estimé par les TMC se monte à 0,339 contre 0,335 pour celui estimé par les DMC. Notons qu'ils donnent la même indication pour le modèle de base par rapport à celui élargi: son pseudo R^2a se monte à 0,339 contre 0,335 pour l'estimation par les TMC et à 0,335 contre 0,310 pour l'estimation par les DMC.

Malgré la non-significativité individuelle de certains coefficients au seuil de 90%, plusieurs raisons expliquent notre choix de commenter chacune des variables du tableau. Il s'agit d'abord de la stabilité des influences constatées. Il s'agit ensuite des tests de significativités conjointes: le test de Wald indique que ces coefficients sont conjointement différents de 0. Il s'agit aussi de la présence des variables expliquées retardées dans les équations: l'introduction de ce type de variable a pour effet de réduire ou de masquer la significativité des autres variables explicatives. Il s'agit encore de la relative importance des paramètres à estimer par rapport aux observations à disposition: un tel manque relatif se traduit en général par l'instabilité de l'ampleur et de la significativité des coefficients. Le fait que les variables non significatives dans le modèle

Tableau 8.3

Estimation par les TMC des modèles simultanés des recettes et des dépenses et modèles dérivés puis estimation directe par les variables instrumentales des soldes publics[a]

	Modèle de base				*Modèle élargi*			
	structurel		*dérivé*	*direct*	*structurel*		*dérivé*	*direct*
	RECETTES	DEPENSES	SOLDES	SOLDES	RECETTES	DEPENSES	SOLDES	SOLDES
RECETTES		**0,311**** (9,86)			**0,298**** (9,41)			
DEPENSES	**0,123**** (3,80)				**0,147**** (4,64)			
CROISSANCE	**23,8**** (3,49)	**-11,0** (-1,60)	**27,1**** (3,62)	**28,5**** (3,74)	**24,8**** (3,72)	**-13,0**^{X} (-1,95)	**29,8**** (3,96)	**28,6**** (3,69)
CHOMAGE		**27,3**** (3,50)	**-24,9**** (-3,33)	**-9,50** (-1,03)		**24,8**** (3,27)	**-22,1**** (-3,13)	**-11,0** (-1,16)
REFERENDUM	---	**-20,9**^{X} (-1,89)	**19,0*** (2,20)	**16,7**^{X} (1,74)	---	**-26,5**** (-2,13)	**23,6**** (2,63)	**17,7** (1,59)
INITIATIVE		**22,2**^{X} (1,83)	**-20,2*** (-2,03)	**-9,10** (-0,76)		**17,9** (1,49)	**-16,0X** (-1,75)	**-9,58** (-0,79)
NBDPT	---	**9,43**^{X} (1,83)	**-8,60**^{X} (-1,96)	**-9,37*** (-1,81)	---	**10,8**^{X} (1,94)	**-9,60*** (-2,09)	**-11,7*** (-2,07)
HUNI		**71,5**^{X} (1,81)	**-65,2**** (-2,19)	**-33,3** (-0,80)		**61,8** (1,46)	**-55,1**^{X} (-1,74)	**-32,7** (-0,75)
AGEES		**11,4**^{X} (1,72)	**-10,4** (-1,50)	**-4,64** (-0,61)		**24,1**** (2,89)	**-21,5**** (-2,97)	**-2,27** (-0,31)
GVTDROITE	**-49,9*** (-2,19)	**-26,2** (-1,12)	**-11,8** (-0,46)	**-14,3** (-0,51)	**-56,7*** (-2,49)	**-30,1** (-1,29)	**-14,8** (-0,57)	**-21,7** (-0,77)
ANELECTORAL		**42,3**^{X} (1,69)	**-38,6** (-1,55)	**-29,0** (-0,92)		**36,5** (1,50)	**-32,5** (-1,40)	**-28,0** (-0,88)
CONCORDANCE		**-2,34**^{X} (-1,74)	**2,13**^{X} (1,73)	**2,19** (1,41)		**-3,64*** (-2,50)	**3,25**** (2,64)	**2,79**^{X} (1,78)
MESURESOLDES					**39,7** (1,31)		**29,1** (1,42)	**47,1** (1,58)
PARTSUBVENTION					**3,15**^{X} (1,91)	**7,15**** (3,13)	**-4,06*** (-1,98)	**-0,921** (-0,44)
REVENU					**0,00376*** (2,17)	**0,00549*** (2,50)	**-0,00213** (-0,99)	**0,00151** (0,74)
REVENUZG					**-0,000798** (-0,79)	**-0,000769** (-0,73)	**0,0000995** (0,07)	**-0,000256** (-0,16)
COALITION						**28,9**^{X} (1,67)	**-25,8**^{X} (-1,74)	**-12,5** (-0,67)
GE		**253**** (3,32)	**-230*** (-2,46)	**-137** (-1,28)		**395**** (4,50)	**-352**** (-3,44)	**-136** (-1,24)
RECETTES(-1)	**0,880**** (26,0)		**0,631**** (16,2)		**0,850**** (25,3)		**0,624**** (15,9)	
DEPENSES(-1)		**0,677**** (20,9)	**-0,617**** (-16,2)			**0,669**** (21,2)	**-0,597**** (-15,5)	
SOLDES(-1)				**0,655**** (16,3)				**0,643**** (15,6)
CONSTANTE	**341*** (2,54)	**251** (1,41)	**15,46** (0,094)	**40,1** -(-0,22)	**181** (1,29)	**-84,9** (-0,42)	**209** (1,22)	**-87,7** (-0,45)
Pseudo R^{2}a	0,990	0,991	0,339	0,560	0,990	0,992	0,335	0,558

---: pas d'influence théoriquement attendue.

Les retards des variables soulignées ont été utilisés comme instruments.

[a] Les nombres entre parenthèses au-dessous des paramètres estimés sont les valeurs calculées de student. Les coefficients qui s'accompagnent du symbole ^{X} sont différents de 0 au seuil de 90%, ceux qui sont suivis d'une astérisque (*) le sont au seuil de 95% et ceux qui s'accompagnent d'un double astérisque (**) le sont au seuil de 99%. Les valeurs critiques correspondant à ces seuils sont respectivement: 1,65, 1,96 et 2,58.

retenu peuvent apparaître fortement significatives dans des variantes plus restreintes, et ce malgré la présence des variables expliquées retardées, renforce notre choix de commenter l'ensemble des variables présentées.

Relevons quand même que le manque relatif d'observations se traduit concrètement dans nos modèles par des intervalles de confiance plutôt larges et ce même pour des variables fortement significatives. Par exemple, si l'on considère l'équation des recettes du modèle de base, on constate que l'intervalle de confiance associé au paramètre de DEPENSES (0,123) va de 0,0595 à 0,187, soit du simple au triple, alors que cette variable est largement significative au seuil de 99%. Cet intervalle ainsi que celles des autres variables sont donnés à l'annexe 8.

D'une manière générale, on peut dire que les valeurs des paramètres estimés ne varient que peu selon les modèles considérés. En effet, les influences constatées dans le modèle simultané de base restent proches de celles identifiées grâce au modèle élargi. De plus, elles ne changent que peu après extension de la comparaison aux modèles des soldes uniquement. Cette stabilité témoigne de la solidité des influences identifiées. Notons, tout de même, que l'on constate des différences de signes pour REVENU et REVENUZG, ainsi que des différences importantes d'intensité (notamment pour AGEES et PARTSUBVENTION). Les principales différences d'intensité constatées dans les modèles présentés sont discutées à l'occasion du commentaire relatif à chacune des variables retenues. Ce commentaire traite également des différences de significativité observées entre les paramètres des modèles structurels, dérivés et de comparaison. A ce sujet, notons déjà que les modèles directs se distinguent nettement des modèles simultanés de part la faible significativité des paramètres qui les composent. Cette faiblesse est d'ailleurs telle que jamais nous n'aurions présenté ces modèles autrement qu'à titre comparatif: la faiblesse des significativités constatées nous auraient conduits à rejeter la plupart des variables composant les modèles de comparaison si notre objectif avait été de construire des modèles des soldes à une équation. Dès lors, mentionner que les pseudos R^2a de ces modèles sont supérieurs à ceux des modèles simultanés relève de l'anecdote.

8.2.2 Influences des variables endogènes

Les premières variables commentées sont naturellement les recettes, les dépenses et leurs retards. Malgré l'importance des intervalles de confiance associés à ces variables, la force des significativités de RECETTES et de DEPENSES ainsi que la stabilité de leur coefficient dans les nombreuses variantes examinées confirment l'existence de la relation de simultanéité supposée. A chaque fois, la relation allant des recettes vers les dépenses affiche une intensité supérieure à la relation inverse: le coefficient associé à RECETTES se monte à 0,31 contre 0,12 pour DEPENSES dans le modèle de base et à 0,30 contre 0,15 dans le modèle élargi. Cela s'explique vraisemblablement par une plus grande flexibilité des dépenses par rapport aux recettes. Sans surprise, cette flexibilité plus importante se manifeste aussi par des inerties plus faibles des dépenses par rapport à celles des recettes: les coefficients associés à DEPENSES(-1) ne vont pas au-delà de 0,68, alors que ceux associés à RECETTES(-1) se montent respectivement à 0,88 et 0,85.

Bien sûr, ces résultats peuvent être interprétés de deux autres façons compte tenu des fortes corrélations existant entre les variables expliquées ainsi qu'entre ces dernières et leurs retards respectifs (plus de 0,988). La première interprétation alternative prête la totalité de l'effet constaté à la simultanéité entre les recettes et les dépenses. Deux arguments nous poussent à rejeter cette interprétation. D'une part, une relation proche de l'unité semble peu plausible, si l'on considère l'absence de lien systématique établi entre les recettes et les dépenses lors des débats budgétaire. D'autre part, cela impliquerait qu'il n'existe pas d'inertie des séries étudiées. Or, cela ne concorde ni avec la relative permanence du cadre législatif, ni avec les difficultés rencontrées par les collectivités publiques lorsqu'elles cherchent à modifier rapidement le niveau de leurs recettes ou de leurs dépenses. De surcroît, rejeter l'existence de ces inerties ne concorde ni avec les structures autocorrélées des résidus obtenues à partir de modèles non dynamiques, ni avec l'absence d'autocorrélation constatée après l'introduction des variables expliquées retardées.

L'autre interprétation possible consiste à attribuer la totalité de l'influence constatée aux retards. Le faire revient à dénier l'existence d'une relation simultanée entre les recettes et les dépenses ou plutôt à considérer que cette relation est négligeable du point de vue empirique. Il semble en effet impossible de rejeter l'existence d'une telle relation, puisque des lois prévoient ou justifient explicitement des recettes (respectivement des dépenses) lors de l'introduction de prestations particulières (ou de recettes).

En plus de ces arguments rejetant les interprétations alternatives discutées, la concordance des inerties nettes constatées dans les modèles dérivés avec celles identifiées dans les modèles des soldes uniquement achève de nous convaincre à la fois de l'existence d'une relation autoregressive pour les recettes et les dépenses ainsi que d'une relation simultanée entre ces dernières. En effet, les coefficients de RECETTES(-1) prennent des valeurs autour de 0,63, ceux de DEPENSES(-1) de -0,62 dans les modèles dérivés des soldes et les coefficients de SOLDES(-1) valent moins de 0,66 dans les modèles directs des soldes. Notons ici que l'estimation directe des soldes implique que les paramètres associés à RECETTES(-1) et DEPENSES(-1) soient de signes opposés et de même intensité: γSOLDES(-1) = γRECETTES(-1) - γDEPENSES(-1).

8.2.3 Influences des variables explicatives

Les fluctuations économiques se manifestent par une influence positive de CROISSANCE sur les recettes, une influence négative sur les dépenses et partant par un effet net positif sur les soldes publics. Concrètement, ces influences se montent pour les recettes à 24 francs par habitant (25 pour le modèle élargi) pour chaque point de croissance supplémentaire, à -11 (-13 frs/hab.) pour les dépenses et à 27 francs par habitant (30 frs/hab.) pour les soldes publics. La sensibilité plus forte des recettes à l'évolution économique s'explique par les structures des recettes et des dépenses. D'une part, les recettes cantonales sont majoritairement composées par les impôts sur le revenu et la fortune, soit des recettes sensibles aux fluctuations économiques. D'autre part, les dépenses d'enseignement et de santé, qui forment la plus grande partie des dépenses, dépendent plus de considérations politiques et démographiques que de l'évolution conjoncturelle.

Comme attendu, CHOMAGE exerce une influence à la hausse sur les dépenses et une influence négative sur les soldes publics. Ces influences s'expliquent par la capacité de CHOMAGE à rendre compte des dépenses de prévoyance sociale et de la situation conjoncturelle. En plus de constater l'absence de significativité de CHOMAGE dans les modèles de comparaison à une équation, on observe que l'intensité de son influence y est bien moindre que dans les modèles simultanés (-10 et -11 contre -25 et -22 frs/hab.). Cette différence d'intensité exemplifie l'avantage de la modélisation simultanée sur celle directe. En effet, elle s'explique pour bonne partie par la décision de ne pas introduire CHOMAGE dans l'équation des recettes, en raison de l'absence de plausibilité de l'influence à la hausse qu'elle y exerce. Sans cette décision, l'influence nette de cette variable s'élèverait à -15 francs par habitant pour le modèle de base et à -13,5 pour le modèle élargi. Elle serait donc bien plus proche de l'influence constatée dans les modèles directs.[6] Relevons que cette influence positive observée dans l'équation des recettes montre que la forte similarité des recettes et des dépenses peut faire apparaître un facteur explicatif spécifique aux dépenses comme empiriquement explicatif des recettes et vice et versa.

REFERENDUM exerce une influence négative sur les dépenses qui se répercute presque entièrement par une amélioration des soldes publics. La corrélation de cette variable avec LATINS (-0,75) porte à croire qu'une part de l'effet de REFERENDUM est due aux différences de préférences entre les alémaniques et les latins réputés plus dépensiers. Toutefois, LATINS ressort avec des significativités tellement faibles que nous n'avons pas jugé opportun de l'introduire dans nos modèles. Ce choix paraît d'autant plus justifié que le sens de son influence sur les recettes et sur

6 L'effet positif de CHOMAGE sur les recettes pourrait s'expliquer par le rôle d'intermédiaire joué par les cantons dans le versement des indemnités chômage. Cette explication implique que la variable CROISSANCE capte l'essentiel de l'influence des fluctuations économiques sur les recettes et que la partie qui en est captée par CHOMAGE ne suffise pas pour compenser les montants transitant par les comptes cantonaux. Une telle interprétation pourrait être plausible, si l'influence à la hausse de CHOMAGE sur les recettes ne persistait lorsque l'on retire les recettes sociales des cantons en provenance de la Confédération et/ou que l'on retire CROISSANCE du modèle.

les dépenses varie selon les variantes testées. Notons qu'il en va de même pour RIGUEUR dont la corrélation avec REFERENDUM se monte à 0,63 et avec LATINS à -0,93.

L'instabilité et les faibles significativité d'INITIATIVE conduisent à son exclusion de l'équation des recettes. Les résultats montrent par contre que cette variable exerce une influence à la baisse sur les dépenses. Cela dénote la plus grande facilité à faire passer des initiatives ayant pour objet l'introduction de nouvelles prestations que des initiatives visant à modifier le niveau des recettes ou à réduire les dépenses: les projets impliquant de nouvelles prestations sont appuyés par les futurs bénéficiaires et les propositions de supprimer des prestations existantes sont combattues par leurs bénéficiaires, alors que les décisions en matière de recettes touchent généralement une population plus diffuse et moins organisée. Malgré la forte corrélation absolue entre INITIATIVE et LATINS (-0,69), il serait contradictoire d'attribuer une part de l'influence d'INITITATIVE aux différences de préférences entre les latins et les alémaniques: le signe négatif de la corrélation indique que le droit d'INITITATIVE est plus répandu chez les alémaniques que chez les latins réputés pourtant plus dépensiers que les alémaniques.

La présence commune de REFERENDUM et d'INITIATIVE dans les modèles ne pose pas de problème de multicolinéarité marqué, malgré le niveau de leur corrélation qui s'élève à 0,57. Deux constats permettent de l'affirmer: 1) leur retrait individuel ou conjoint ne modifie que marginalement l'ampleur des autres coefficients estimés, 2) tant le paramètre de REFERENDUM que celui d'INITIATIVE reste significatif et de même signe lorsque l'on retire du modèle l'une ou l'autre de ces variables. Ajoutons tout de même, qu'un tel retrait occasionne la réduction de près de la moitié des influences nettes de REFERENDUM et d'INITIATIVE.

Comme le prédit la théorie, les tests de significativité indiquent que NBDPT n'influence pas les recettes. De même, ils montrent que cette variable exerce une influence à la hausse sur les dépenses et partant une influence négative sur les soldes publics. Ce constat peut s'expliquer par le jeu de chaque département dans le processus budgétaire. Il peut aussi s'expliquer par les efforts cantonaux de rationalisation et de simplification entrepris depuis les années nonante essentiellement. Ces efforts ont été tels que le nombre total de département est passé de 211 en 1990 à 167 en 2002 (-21%).[7]

Du point de vue de la significativité et de la stabilité des coefficients, la présence d'un hôpital universitaire se fait sentir sur les dépenses cantonales, mais pas sur les recettes. L'absence de HUNI de l'équation des recettes nous conduit à attribuer l'effet constaté sur les dépenses à une autre raison. En effet, il semble difficile de croire que cette variable parvienne à rendre compte des coûts engendrés par la présence d'un hôpital universitaire, mais qu'elle ne puisse pas en capter les retombées sur les recettes. Comme les cantons dotés d'un hôpital universitaire sont les plus urbanisés, il se peut que cette variable rende en fait compte des charges supplémentaires supportées par les agglomérations. La sensibilité des influences constatées lorsque l'on retire les observations relatives à Genève et Bâle-Ville ou la variable spécifique au canton de Genève (GE), nous conforte dans cette interprétation. Notons que cette sensibilité n'altère ni les sens, ni les significativités constatées au fil des variantes examinées. Notons également que nous aurions pu retenir UNI plutôt que HUNI, mais que nous y avons renoncé en raison des plus fortes significativités et intensités constatées pour HUNI.

AGEES exerce un effet à la hausse sur les dépenses qui se traduit par un effet négatif sur les soldes. Ces constats, conformes à la théorie, n'appelleraient pas de commentaire particulier si l'effet de cette variable sur les soldes n'était pas bien moindre dans les modèles de comparaison (directs) que dans les modèles simultanés. Cette différence découle de l'exclusion de cette variable de l'équation des recettes: tout comme pour CHOMAGE, une influence positive d'AGEES sur les recettes n'est pas vraisemblance. Relevons par ailleurs que la très faible significativité de cette variable dans le modèle de comparaison élargi nous aurait conduits

7 Le nombre de départements devrait se stabiliser ses prochaines années. En effet, 12 cantons n'ont déjà plus que 7 départements, tandis 11 autres n'en ont plus que 5. Selon les données de la Badac, le nombre de services à l'intérieur des départements a crû de 16% entre 1990 et 2001. Dès lors, on pourrait ne pas être pleinement convaincu par l'explication relative au nombre d'acteurs impliqués dans le processus budgétaire. C'est pourquoi, il convient de souligner que les principaux arbitrages budgétaires se font au niveau des départements.

à l'exclure, si notre but avait été de construire un modèle explicatif des soldes à une équation.

GVTDROITE exerce des influences à la baisse sur les recettes et les dépenses. Son effet net sur les soldes dépend donc de l'intensité de ces influences, mais aussi des coefficients associés à RECETTES et à DEPENSES. Selon les estimations présentées, cet effet serait négatif. Toutefois, comme les intervalles de confiance associés à GVTDROITE chevauchent largement la valeur nulle, il n'est statistiquement pas possible d'affirmer que son influence nette réelle n'est pas nulle ou même positive: ces intervalles vont de -62,7 à 39,0 dans le modèle de base et de -65,6 à 36,1 dans celui élargi. Comme ce constat se répète dans l'ensemble des variantes examinées, il nous semble préférable de considérer que l'influence nette de GVTDROITE est nulle ou indéterminée, même si elle est presque toujours négative dans les équations des soldes. Cette décision nous apparaît d'autant plus fondée que les coefficients associés à PARTGVTDROITE, PLTDROITE et PARTPLTDROITE y sont presque toujours positifs, tout en étant bien sûr très peu significatifs. Cela étant, il convient de souligner que ces variables, tout comme GVTDROITE, résultent systématiquement significatives et négatives dans les équations des recettes et des dépenses. Pour être exact, précisons que ce constat n'est pas si systématique pour PARTPLTDROITE dans l'équation des dépenses. Au regard des résultats relatifs à l'orientation partisane, on peut affirmer sans réserve que les niveaux des prélèvements et des prestations sont d'autant plus bas que les gouvernements sont inclinés à droite.[8]

Relevons par ailleurs que les constats dressés pour GVTDROITE ne diffèrent que marginalement selon que l'on introduise ou non les valeurs attribuées à AI et AR. Cela montre que les résultats relatifs à GVTDROITE ne sont pas faussés par la solution pragmatique adoptée pour pallier l'absence (absolue ou relative) des partis de ces cantons (voir partie 5.2.2). De même, les influences négatives de l'inclinaison à droite persistent, si l'on exclut les variables dichotomiques rendant compte de l'exception

8 Dès lors que le champ politique suisse est majoritairement dominé par les partis de centre-droite et que la Suisse est un pays de coalition et de consensus où il n'existe pas d'alternance marquée, GVTDROITE reflète davantage une inclinaison plus ou moins marquée à droite que l'existence d'un gouvernement majoritairement de droite plutôt que de gauche.

genevoise (GE) ou si l'on estime les modèles sans ce canton. Dès lors, on peut également affirmer que les influences identifiées ne dépendent pas des forts déficits enregistrés par Genève lorsque son gouvernement était entièrement composé par des partis de droite, soit pendant la période allant de 1993 à 1996.

Les coefficients associés à ANELECTORAL sont suffisamment stables au gré des variantes examinées pour que cette variable soit retenue dans l'équation des dépenses. Par contre, ils ne le sont pas assez pour que l'on retienne ANELECTORAL dans l'équation des recettes. Cela peut s'expliquer par une plus grande flexibilité des dépenses ainsi que par un avantage électoral plus direct apporté par l'offre de prestations supplémentaires. Tout comme pour GVTDROITE, ces constats ne changent pas sensiblement si l'on renonce aux observations des cantons de AI et AR.

La concordance entre les partis représentés au gouvernement et au parlement (CONCORDANCE) joue un rôle modérateur sur les dépenses et donc un effet positif sur les soldes financiers. Un tel résultat associé à ceux obtenus pour ANELECTORAL et pour COALITION révèle que, malgré ses caractéristiques (consensus, coalition, etc.), le système politique suisse laisse tout de même place à des comportements électoralistes. Nous verrons plus loin que ces comportements n'ont qu'une place restreinte dans l'explication des soldes du point de vue quantitatif.

La significativité et la stabilité de la variable dichotomique GE dans les équations des dépenses et des soldes publics montrent que les déficits importants accumulés par le canton de Genève ne peuvent s'expliquer que par les autres déterminants composant le modèle. Ces résultats s'expliquent vraisemblablement par l'acceptation plus large des déficits par les genevois. Le rejet du modèle d'une variable dichotomique propre au canton de Bâle-Ville (BS) et de la variable GE de l'équation des recettes indiquent que la force des coefficients associés à RECETTES(-1) et à DEPENSES(-1) suffisent pour expliquer les différences de niveau constatées entre les recettes et les dépenses de Genève et de Bâle-Ville et celles des autres cantons. Ces rejets, motivés par le manque de significativité et de stabilité de ces variables, laissent penser que les influences des DC_2 (soit les déterminants communs aux recettes et aux dépenses, mais pas aux soldes) tendent à être masquées par la présence des variables retardées des recettes et des dépenses.

MESURESOLDES est la première des variables ne faisant pas partie du modèle de base, mais seulement du modèle élargi. Son absence du modèle de base s'explique par les faibles significativités qu'elle peut parfois avoir, ainsi que par son rejet quasi systématique de l'équation des dépenses. Malgré cela, MESURESOLDES figure dans le modèle élargi en raison de la stabilité quantitative de son influence et de la régularité avec laquelle elle apparaît significative dans l'équation des recettes. Différentes estimations montrent que les influences positives constatées sur les recettes et sur les soldes publics ne changent pas qualitativement selon la situation excédentaire ou déficitaire des soldes financiers. Notons que cela reste vrai si l'on considère la situation financière de la période précédente plutôt que celle de la période concernée. Ces constats ne surprennent pas. En effet, le maintient de l'équilibre budgétaire (ou même la stabilisation des déficits) relève d'un effort permanent et difficile. Or, dans une période globalement déficitaire, il semble naturel que les collectivités dotées d'une règle visant l'équilibre budgétaire n'augmentent pas leurs dépenses (ou ne diminuent pas leurs recettes) en cas d'excédent.[9] Une telle explication suppose qu'une part de l'influence exercée par MESURESOLDES découle de l'attitude plus rigoureuse des collectivités s'étant dotées d'une règle budgétaire, plutôt que de son effet mécanique conduisant à l'équilibre financier.

La variable PARTSUBVENTION ressort systématiquement positive dans les équations des recettes et des dépenses examinées. Toutefois, elle ne fait pas partie du modèle de base en raison de la variabilité de l'ampleur et de la significativité de ses coefficients. L'étendue considérable de l'intervalle de confiance au seuil de 95% associé à son coefficient dans l'équation des recettes exemplifie parfaitement cette variabilité: cet

9 La présence d'une règle budgétaire semble davantage se traduire par une réduction des déficits que par un blocage des dépenses publiques. Preuve en sont l'influence plus forte de MESURESOLDES sur les recettes que sur les dépenses ainsi que la plus grande significativité de ces dernières dans l'équation des recettes que de l'influence constatée dans l'équation des dépenses. Notons qu'il faudrait pouvoir tenir compte des éventuels effets interactifs entre MESURESOLDES et les variables expliquées, pour en être tout à fait sûr. Faute de méthode d'estimation le permettant, nous n'avons pas pu le faire.

intervalle va de -0,0887 à 6,39, soit du simple à près du centuple. Malgré cette variabilité l'influence de PARTSUBVENTION sur les dépenses surpasse son influence sur les recettes dans toutes les variantes examinées. Par conséquent, cette variable exerce un effet net négatif sur les soldes. Ce résultat concorde avec l'effet négatif observé dans le modèle de comparaison, même si ce n'est qu'avec une intensité 6 fois inférieure. Notons toutefois que la faiblesse de la significativité observée dans ce modèle nous aurait conduit à rejeter cette variable, si nous avions cherché à construire un modèle des soldes à une équation. Comme attendu PARTIMPOTS exerce une influence négative sur les recettes, les dépenses et les soldes publics. Malgré cela, cette variable n'a pas été introduite dans le modèle pour deux raisons. D'une part, son introduction avec PARTSUBVENTION se répercute par des changements fréquents de signe et d'ampleur des paramètres associés à ces variables, ainsi que par des variations importantes des coefficients de la plupart des autres variables des modèles testés. D'autre part, les significativités et la stabilité des paramètres associés à PARTIMPOTS sont moindres que celles des coefficients de PARTSUBVENTION. Notons que les problèmes de stabilité mentionnés ne s'expliquent pas seulement par la corrélation entre ces variables (-0,85), mais vraisemblablement aussi par la nécessité de les instrumenter: la méthode des variables instrumentales peut donner des résultats instables lorsque l'échantillon est relativement restreint.

L'introduction ou non de REVENU et de REVENUZG dans le modèle porte à discussion. En effet, ces variables ne sont pas significatives lorsque le modèle ne comprend pas PARTSUBVENTION. Soulignons que l'inverse n'est pas vrai. Comme attendu REVENU exerce une influence positive sur les recettes et les dépenses et REVENUZG modère cet effet pour Zoug. L'influence nette négative constatée sur les soldes traduit l'existence d'un effet richesse plus important sur la demande de prestations publiques que sur les recettes. Notons toutefois que l'influence totale de la variation du revenu cantonal d'une collectivité comprend aussi celle exercée via les taux de croissance. Ainsi, une augmentation du revenu cantonal de 1% en 2002 améliorerait les soldes financiers vaudois et glaronais de 35,3 francs par habitant en 2002. Ces améliorations équivalent respectivement à 22,6 et 1,3 millions de francs. Notons finalement qu'au vu de leur volatilité en terme d'intensité et de significativité, ces variables auraient été rejetées, si l'on n'avait considéré que des modèles directs des soldes financiers.

Malgré l'absence de significativité de COALITION dans le modèle présenté, la relative stabilité des résultats et la fréquence assez élevée de sa significativité au seuil de 90%, nous ont conduits à retenir cette variable dans le modèle élargi. Son influence y est à la hausse sur les dépenses et à la baisse les soldes. L'absence d'arguments statistiques pour introduire COALITION dans l'équation des recettes peut s'expliquer, comme pour CONCORDANCE et ANELECTORAL, par la plus faible flexibilité des recettes. Notons que l'utilisation de DISPGVT ou de DISPPLT aboutirait aussi à des résultats similaires, mais avec des significativités bien plus faibles que pour COALITION. Or, comme cette dernière apparaît parfois avec des significativité très faible, il convient tout de même d'ajouter que COALITION pourrait ne pas exercer d'influence sur les dépenses publiques. Une telle absence d'influence pourrait s'expliquer par la nature consensuelle et de concordance du système politique suisse. Relevons finalement que l'ensemble des constats dressés pour cette variable ne sont pas sensibles à l'utilisation ou non des observations de AI et AR.

Pour clore cette partie, ajoutons que l'annexe 9 présente les résultats de l'application des modèles retenus aux données non ajustées. Si l'on en juge par ces résultats, les influences de la plupart des variables sont si fortes qu'il est possible de les observer même sans que les séries soient corrigées de l'impact découlant d'évènements susceptibles de brouiller les résultats. En effet, il n'y a guère que les significativités de NBDPT qui soient bien inférieures à celles observées dans les modèles appliqués aux données ajustées. Cela étant, notons quand même que les intensités constatées d'un jeu de données à l'autre varient parfois de façon considérable, comme l'exemplifient les influences de DEPENSES et de REVENU. Concrètement, l'effet de DEPENSES double dans les modèles appliqués aux données non ajustées et les influences de REVENU changent suffisamment pour que le sens de son impact net sur les soldes devienne positif.

8.2.4 Importance relative des influences identifiées

Pour déterminer l'importance relative exercée par chacune des influences identifiées, il suffit de mettre les coefficients estimés en regard des valeurs des variables considérées. En fait, il s'agit d'exprimer les coefficients estimés en termes d'écarts types des variables explicatives et expliquées: plus les coefficients transformés sont importants et mieux les variables considérées permettent de rendre compte de la variabilité des endogènes expliquées.

Le Tableau 8.4 présente les paramètres standardisés des modèles simultanés. Concrètement, la valeur standardisée du coefficient associé à CROISSANCE dans l'équation des soldes du modèle de base (0,103) s'obtient en mettant en relation sa valeur (27,1) avec celles des écarts types de CROISSANCE (1,645) et de SOLDES (432). Ainsi, on a: 27,1×1,645/432 = 44,6/432 = 0,103.

La comparaison des paramètres présentés dans le tableau permet de s'apercevoir que les recettes et les dépenses s'expliquent essentiellement par leur retard. Par exemple, l'accroissement d'un écart type de CROISSANCE n'entraîne que la variation de 0,015 écart type de RECETTES, tandis que pour RECETTES(-1) la variation s'élève à 0,867.

On constate aussi que les variables explicatives influencent bien plus fortement les soldes financiers que les recettes et les dépenses. Par exemple, si l'influence de CROISSANCE sur RECETTES est en valeur absolue quasi identique à celle sur SOLDES, tel n'est pas le cas en termes de variabilité: en considérant le modèle de base, on constate que RECETTES varie pour l'ensemble des cantons de 0,015 écart type (soit de 39 frs/hab.) suite à l'accroissement de 1 écart type de CROISSANCE (soit de 1,6 point de pourcent), alors que SOLDES augmente de 0,103 écart type (soit de 44 frs/hab.). Cette influence relative plus forte sur les soldes s'explique simplement par les niveaux bien plus élevés des recettes et des dépenses par rapport au niveau des soldes publics: dès lors que les niveaux moyens sur la période de RECETTES et DEPENSES s'élèvent à 6'819 et 6'959 francs par habitant, une influence de 10 francs par habitant se répercute bien plus faiblement sur ces dernières que sur SOLDE dont la moyenne se situe à 140 francs par habitant.

Tableau 8.4

Coefficients des modèles simultanés et dérivés exprimés en termes d'écarts types des variables explicatives et expliquées

	Modèle de base			Modèle élargi		
	RECETTES	DEPENSES	SOLDES	RECETTES	DEPENSES	SOLDES
RECETTES		0,299			0,287	
DEPENSES	0,128			0,153		
CROISSANCE	0,015	-0,007	0,103	0,015	-0,008	0,114
CHOMAGE		0,018	-0,103		0,016	-0,092
REFERENDUM		-0,010	0,056		-0,012	0,070
INITIATIVE		0,011	-0,064		0,009	-0,050
NBDPT		0,008	-0,046		0,009	-0,052
HUNI		0,010	-0,060		0,009	-0,050
AGEES		0,009	-0,050		0,018	-0,103
GVTDROITE	-0,009	-0,005	-0,013	-0,010	-0,005	-0,017
ANELECTORAL		0,006	-0,038		0,006	-0,032
CONCORDANCE		-0,009	0,051		-0,014	0,078
MESURESOLDES				0,005		0,025
PARTSUBVENTION				0,009	0,021	-0,075
REVENU				0,015	0,022	-0,054
REVENUZG				-0,005	-0,004	0,003
COALITION					0,010	-0,055
GE		0,018	-0,103		0,027	-0,157
RECETTES(-1)	0,867		[a]	0,838		[a]
DEPENSES(-1)		0,668	[a]		0,661	[a]
SOLDES(-1)			0,697[a]			0,762[a]

[a] Les influences nettes de RECETTES(-1) et de DEPENSES(-1) se compensent presque complètement. C'est pourquoi l'influence standardisée de ces variables est calculée à partir de leur influence nette. Par exemple, cette influence nette s'obtient pour le modèle de base à partir de l'expression suivante: 0,631×RECETTES(-1) - 0,617×DEPENSES(-1) = 0,617×SOLDES(-1)+0,014×RECETTES(-1).

Outre l'importance de l'influence des endogènes retardées dans l'explication des recettes, des dépenses et des soldes publics, le Tableau 8.4 permet de constater que les capacités explicatives des variables considérées sont loin d'être uniformes: hors variables expliquées, ces capacités vont de 0,012 pour GVTDROITE à 0,107 pour GE dans le modèle de base et de 0,006 pour REVENUZG à 0,160 pour GE dans le modèle élargi (avec 0,015 pour GVTDROITE). Sans surprises, les valeurs transformées du modèle de base ne s'éloignent que peu de celles du modèle élargi. Notons toutefois les exceptions d'AGEES et de GE dont les capacités explicatives absolues sont bien supérieures dans le modèle élargi.

Abstraction faite de GE et des endogènes retardées, CHOMAGE et CROISSANCE sont les deux déterminants qui rendent le mieux compte de la variabilité de SOLDES. AGEES dans le modèle élargi est la seule autre variables dont le coefficient transformé dépasse 0,10. Après REFERENDUM et son coefficient de 0,079 dans le modèle élargi, viennent ensuite, INITIATIVE (dans le modèle de base), CONCORDANCE et PARTSUBVENTION avec des valeurs supérieures à 0,07. A la vue de ces résultats, mais aussi des paramètres associés aux autres variables politiques, on peut dire que les variables économiques d'abord et celles institutionnelles et structurelles ensuite prennent des parts relativement plus importantes que celle prise par les déterminants politiques dans l'explication des soldes publics. En effet, la valeur associée à COALITION reste en dessous de 0,05 et celles associées à ANELECTORAL et GVTDROITE se montent respectivement à moins de 0,04 et de 0,02.

Plusieurs raisons expliquent pourquoi il n'est pas forcément exact de considérer que les variables exclues de nos modèles n'exercent pas d'influence sur les recettes, les dépenses et les soldes publics. Tout d'abord, il faut rappeler que certaines variables ont été écartées en faveur de variables dont les influences étaient plus nettes: par exemple GVTDOITE a été préférée à PLTDROITE ou PARTSUBVENTION à PARTIMPOTS. De surcroît, il convient de ne pas oublier que certaines variables influençant effectivement les soldes peuvent avoir été écartées pour des motifs purement empiriques. D'une part, la relative faiblesse des données à disposition ainsi que la présence des endogènes retardées ont eu pour effet d'abaisser la précision et donc la significativité des estimations réalisées. Il se peut donc que certaines variables rejetées à cause de significativité insuffisante, l'aient été pour à cause de cette relative faiblesse ou de la présence des variables expliquées retardées. D'autre part, certaines variables comme CHARGEFISCALE n'ont pas pu être testées, car elles ne pouvaient l'être à l'aide des méthodes utilisées.

Ajoutons finalement quelques précisions susceptibles de conforter le rejet de certaines variables n'ayant pas été retenues dans nos modèles. Mentionnons d'abord que les résultats obtenus pour DENSITE ne changent pas foncièrement si l'on utilise la surface totale (soit celle couramment utilisée) plutôt que la surface totale moins les surfaces improductives (lac, haute montagne, etc.). Cela s'explique vraisemblablement par le fort écart entre la densité de Bâle-Ville par rapport à celle de Genève d'une part et de la densité des autres cantons d'autre part: en moyenne sur la période 1980-2002, DENSITE se monte à 54,9 habitants par km^2 pour BS (52,4 avec la surface totale), à 15,8 pour Genève (13,5) et entre 7,1 et 0,4 pour les autres cantons (entre 6,7 et 0,2).

La variable ETRANGER apparaît le plus souvent non significative, mais peut parfois être fortement significative et ce aussi bien de façon négative que positive. Mentionnons toutefois qu'ETRANGER perd toute significativité lorsque la variable GE figure dans le modèle. Il faut dire que Genève se distingue nettement des autres cantons du point de vue de sa population étrangère sans permis C: de 1980 à 2002, la proportion genevoise moyenne se situe à 12,8%, alors que celle des autres cantons (sans GE) ne se monte qu'à 4,4%.

CONJONCTURE n'apparaît que très rarement significative dans les nombreuses variantes testées. Cela ne serait pas particulièrement étonnant, si son coefficient n'était pas si souvent de signe opposé (négatif) à celui prédit par la théorie (positif) dans l'équation des recettes. En effet, cette absence de significativité dénoterait simplement du comportement procyclique des collectivités publiques. Relevons que cette négativité persiste si l'on estime les modèles sans CROISSANCE et/ou sans CHOMAGE.

Mentionnons par ailleurs que CENTRALISATION apparaît le plus souvent positive dans les équations des recettes et des dépenses lorsqu'elle n'est pas instrumentée et négative autrement. Ce point mérite d'être relevé, car c'est la seule variable parmi celles instrumentées pour laquelle on observe un changement de signe quasi systématique selon son instrumentation ou non. Remarquons quand même que dans un cas comme dans l'autre le niveau de significativité de CENTRALISATION reste très faible.

Remarquons que la faiblesse des significativités ainsi que l'instabilité des coefficients associés à MINFINDROITE demeurent lorsque cette variable est introduite dans des variantes ne comprenant pas l'une ou l'autre des variables politiques (GVTDROITE, PLTDROITE, etc.). Notons qu'il en va de même si l'on utilisait un codage dichotomique analogue à celui présenté pour PARTGVTDROITE.

Ajoutons pour finir que l'ensemble des résultats commentés ne change que très peu quantitativement (et à fortiori qualitativement) lorsque l'on cherche à expliquer les recettes, les dépenses et les soldes publics hors intérêts passifs, soit hors effets mécaniques des actifs financiers et de la dette. Fort de ces constats, il nous semble pouvoir dire que les résultats ne sont que peu influencés par l'impossibilité d'utiliser la variable DETTE.

8.3 Comparaison des résultats avec ceux des contributions économétriques existantes

8.3.1 Utilité de la comparaison

Cette partie confronte les résultats obtenus avec les contributions économétriques en lien avec l'explication des soldes financiers des cantons suisses. Pour rappel, ces contributions sont présentées dans le Tableau 3.1 à la page 22. Cette confrontation consiste à déterminer quels sont nos résultats qui sont partagés par les autres études et lesquels ne le sont pas. Déterminer cela apporte un éclairage supplémentaire sur la solidité des influences identifiées. Certes, les différences de méthode, de forme fonctionnelle ainsi que de choix des variables et de leur codage rendent cette confrontation difficile.[10] Toutefois, c'est précisément dans ces différences que réside l'intérêt de la comparaison envisagée. En effet, les constats (sens ou absence d'influence) partagés par l'ensemble des contributions peuvent être considérés comme particulièrement solides puisqu'ils ne dépendent pas des méthodes et des spécifications adoptées.

10 Les différences de codage des endogènes expliquées constituent l'un des principaux facteurs motivant notre choix de ne pas comparer l'intensité des influences constatées. Il faut dire qu'il est malaisé d'exprimer sous forme d'équations mettant en lien des variables en francs par habitant les relations identifiées dans des modèles dont les variables explicatives sont logarithmisées. Un autre facteur motivant ce choix réside dans l'utilisation quasi systématique d'autres méthodes que celle constituant à introduire les endogènes expliquées retardées pour traiter le problème de l'autocorrélation des résidus. Or, différents essais tendent à montrer que ce problème existe aussi lorsque l'on adopte les spécifications retenues dans les contributions examinées, sans l'introduction des endogènes retardées.

De ce point de vue, on peut même affirmer que les indications tirées de la confrontation envisagée sont d'autant plus solides que les contributions examinées sont différentes et nombreuses. Par exemple, constater que toutes les contributions, sauf une, partagent un même constat n'a pas le même poids lorsque l'on confronte 3 contributions (celle évaluée et deux autres) plutôt que 30 (celle évaluée et 29 autres): dans un cas, le constat n'est partagé que par la contribution évaluée et une autre, alors que dans l'autre cas le constat est partagé par 28 contributions sur 29. De même, il ne serait guère étonnant que des modèles spécifiés de la même façon aboutissent à des résultats similaires. Cette confrontation permet par ailleurs de constater l'effort fourni en montrant que de nombreuses variables jamais testées auparavant l'ont été dans ce travail.

Le Tableau 8.5 récapitule le sens des influences identifiées dans ce travail ainsi que dans les contributions de comparaison. Il distingue 3 catégories de variables, soit 1) les variables retenues dans le modèle de base, 2) celles ajoutées dans le modèles élargi et 3) celles testées qui ne sont pas retenues dans les modèles présentés. Ce tableau ne recense donc pas les influences des variables que nous n'avons pas testées, mais qui l'ont été dans d'autres contributions. Parmi ces variables on compte essentiellement celles, qui comme DETTE et CHARGEFISCALE, ont été écartées suite à leur examen théorique et pratique. Relevons qu'aucune des variables non commentées n'apparaît fréquemment et fortement significative dans les contributions examinées. La première colonne (1) du tableau rappelle les influences constatées dans ce travail. Les colonnes suivantes présentent respectivement celles identifiées par Kirchgässner & Pommerehne (1997; K & P), par Feld & Kirchgässner (2001a; F & K), par Vatter & Freitag (2002; V & F), par Pujol (2000; P) et Dafflon & Pujol (2001; D & P), par Martin & Soguel (2002, 2004; M & S), par Feld & Matsusaka (2003; F & M), par Freitag *et al.* (2003; F, M & V) et par Bodmer (2004; B).[11]

11 Pour l'étude de Feld & Kirchgässner (2001a), on ne prend que les résultats pour l'ensemble des cantons. De plus et pour les raisons exposées à la note 24 (p. 63), on ne considère pas leurs modèles des soldes absolus. Seuls les résultats de la première colonne des tableaux 3 des contributions de Pujol (2000) et de Dafflon & Pujol (2001) sont considérés. Les résultats de la contribution de Freitag *et al.* (2003) se réfèrent à leur modèle A. Parmi les nombreux modèles présentés par Bodmer (2004), nous nous référerons à celui figurant dans la dernière colonne de la table 3 de sa contribution.

Tableau 8.5

Influences constatées dans les contributions économétriques suisses en lien avec les soldes publics

		(1)	K & P	F & K	V & Fa D & P	P et	M & S	F & M	F, M & V	B
Variable du modèle de base										
ENDOGENE(-1)	R	+								
	D	+								
	S	+				+ (0,7)[s]				
CROISSANCE	R	+			—					
	D	— / 0			—					
	S	+			?[b]	+[s]	+[s]			+[s]
CHOMAGE	R	0 / +	—	+	+				+	
	D	+		+[s]	—			—		
	S	—			+		—[s]			
REFERENDUM	R	--- / +		—[s]	—				—[s]	
	D	—		—[s]	—[s]			—[s]		—[s]
	S	+			+	—	+[s]			
INITIATIVE	R	0 / +		+[s]						
	D	+		+[s]				—[s]		
	S	—								
NBDPT	R	--- / —								
	D	+								
	S	—								
HUNI	R	0 / —								
	D	+								
	S	—								
AGEES	R	0 / +	+[s]	+[s]	—[s]				+	
	D	+		+[s]	—			+[s]		+[s]
	S	—			+	—				+[s]
GVTDROITE, PLTDROITE	R	—		—[s]	—				+[d]	
	D	—		—[s]	—					—
	S	? / 0			+	—[c]	+[s]			+[s]
ANELECTORAL	R	--- / +								
	D	+ / 0								
	S	—					0[e]			
CONCORDANCE	R	0 / +			—					
	D	—			+					
	S	+			—					
GE	R	0 / ?		+[s]						
	D	+		+[s]						+[s]
	S	—								
Variable spécifique au modèle élargi										
MESURESOLDES	R	+		+						
	D	0 / —		—						
	S	+								+
PARTSUBVENTION PARTIMPOTS[f]	R	+ / 0		+[s]	+[s]					
	D	+ / 0		+[s]	+[s]			—		+[s]
	S	— / ?			—	+[c]				—[s]
REVENU	R	+ / 0	+[s]	+[s]					+[s]	
	D	+ / 0		+[s]				+[s]		+[s]
	S	— / 0				—[s]	—[s]			
COALITION DISPGVT, DISPPLT	R	0 / —		+						
	D	+ / 0		+						+[s]
	S	— / 0				—	0[e]			—

Tableau 8.5 suite

		(1)	K & P	F & K	V & Fa D & P	P et	M & S	F & M	F, M & V	B
Variable non retenue										
	R	0 / ?	+s	+s	+					
LATINS, -RIGUEUR	D	0 / —	+s	+s	—s			+		+s
	S	0 / ?	—		+	—s	0[e]			—s
	R	0 / —		—s						
JEUNES	D	0 / —		—s				+		—s
	S	0 / —								+
	R	0 / —								
INSTABILITE	D	0 / +								
	S	0 / —								
	R	0 /—								
MINFINDROITE	D	0 / ?								
	S	0 / —								
	R	--- / ?								
NBCOMMUNES	D	0 / ?								
	S	0 / ?								
	R	0 / —			+s				—	
CENTRALISATION	D	0 / —			+					+s
	S	0 / —			+	+	+s			
	R	0 / +		—s						
DENSITE	D	0 / +		—				+s		
	S	0 / +					—s			
	R	0 / —								
AEROPORT	D	0 / +								
	S	0/ —								
	R	0 / —			+s					
FRACTIONALISATION	D	0 / +			+s					
	S	0 / —			+					
	R	0 / +								
ETRANGERS	D	0 / +								
	S	0 / —								
	R	0 / —								
CONJONCTURE	D	0 / +								
	S	0 / —								

--- indique qu'aucune influence n'est théoriquement attendue;

s indique que la variable est (au moins) significative au seuil de 90% dans le modèle examiné;

[a] Vatter & Freitag (2002) n'ont pas estimé de modèle des soldes. Comme ils utilisent des variables identiques pour expliquer les recettes et les dépenses, nous avons pu calculer (par différence) le modèle des soldes qui résulte de ces équations. Par contre, il n'est pas possible d'associer aux coefficients ainsi obtenus des informations quant à leur significativité.

[b] Le report des résultats n'est pas assez détaillé pour permettre de calculer l'influence de CROISSANCE sur les soldes.

[c] Les influences sont de signes opposés dans d'autres variantes présentées par les auteurs.

[d] Le modèle comprend aussi la part des sièges occupés par des partis de gauche. Tout comme celle des partis de droite, son influence est négative et non significative.

[e] Faute de significativité, Martin & Soguel (2002, 2004) indiquent ne pas avoir retenu les variables suivantes: COALITION, ANELECTORAL et LATINS.

[f] Pour des raisons de significativité PARTSUBVENTION a été préférée à PARTIMPOTS. Sans PARTSUBVENTION, PARTIMPOTS exerce une influence négative sur chaque endogène expliquée du modèle élargi.

8.3.2 Résultats de la comparaison

Aucune des variables considérées n'a été testée dans chacune des 8 contributions examinées. Malgré cela, la comparaison envisagée garde son sens, car plusieurs d'entre elles figurent quand même dans 7 contributions. Il s'agit de CHOMAGE, AGEES, LATINS et REFERENDUM. Les nombreuses présences de REFERENDUM peuvent s'expliquer par sa forte capacité explicative, mais surtout parce que les référendums financiers constituent, tout comme le multiculturalisme helvétique reflété par LATINS, l'une des principales spécificités de la Suisse. Certes, cela est également le cas d'INITIATIVE. Toutefois, l'apparition plus tardive de cette variable dans le champ de l'économie politique des soldes publics explique sa basse fréquence d'utilisation. Il en va de même pour CONCORDANCE et surtout pour NBDPT qui apparaît pour la première fois dans cette étude. Observons que si GVTDROITE ne figure pas dans la liste des variables les plus testées, c'est uniquement parce que Feld et Matsusaka (2003) l'ont utilisée comme variable instrumentale dans leur modèle. Les fréquences d'utilisation de CHOMAGE, AGEES et LATINS ne sont pas surprenantes dans la mesure où ces variables comptent parmi les premières, avec CROISSANCE, qui viennent à l'esprit lorsque l'on cherche à lister les déterminants des recettes, des dépenses et des soldes publics.

L'absence de CROISSANCE parmi les variables les plus utilisées étonne. En effet, non seulement son impact sur les variables expliquées semble largement connu, mais en plus la force de sa capacité explicative aurait dû multiplier son utilisation. Un examen plus attentif permet néanmoins de penser que cette absence découle du recours plutôt fréquent à la variable REVENU. Notons d'ailleurs que cette dernière variable est avec LATINS la seule parmi les plus testées à ne pas figurer dans le modèle de base. La quasi-absence d'ANELECTORAL étonne également si l'on considère que son influence supposée est largement répandue dans l'opinion publique. Elle étonne davantage encore lorsque l'on sait que de nombreuses contributions empiriques attestent de son influence dans d'autres pays. Cela peut s'expliquer, d'une part, par la nature du système politique suisse basé sur la concordance, le consensus et la coalition. D'autre part, elle peut s'expliquer par la tendance des auteurs à ne pas mentionner dans leurs contributions les variables rejetées en raison de leur faible significativité ou de leur faible capacité explicative.

Même si elle est peu utilisée, il ne semble pas intéressant de constater que l'influence de SOLDES(-1) est quasi identique (0,7) à celles identifiées dans nos modèles (0,65) dans le seul modèle à l'utiliser, soit dans celui présenté par Pujol (2000) et repris par Dafflon & Pujol (2001).

CROISSANCE exerce une influence positive et significative sur les soldes dans 3 des 4 études l'utilisant. Il se pourrait même que cela soit le cas dans chacune d'entre elles. Toutefois, les résultats présentés par Vatter & Freitag (2002) ne sont pas assez détaillés pour en être sûr. Quoiqu'il en soit, cette concordance renforce quelque peu les résultats de ce travail. Ils ne le font pas pleinement, car il n'est pas exclu que les constats dressés dans ces études ne soient pas très solides. En effet, différents essais ainsi que le modèle de Vatter & Freitag (2002) indiquent que l'influence de CROISSANCE sur les soldes découle, dans les modèles non simultanés et sans endogène retardée, de sa plus forte influence négative sur les dépenses que sur les recettes. Or, un tel constat peut conduire au rejet de CROISSANCE de l'équation des recettes: en tous les cas, l'influence négative de CROISSANCE sur les recettes nous paraît tellement improbable que nous n'aurions pas retenu cette variable. Un tel constat pourrait même conduire toute personne considérant peu vraisemblable l'absence d'influence de CROISSANCE à rejeter la modélisation séparée des recettes et des dépenses. A notre sens, cela donne un poids supplémentaire à l'argumentaire développé en faveur de la modélisation simultanée dans la partie théorique et lors du commentaire des influences des variables endogènes expliquées.

La variable CHOMAGE est testée dans 6 contributions. Les auteurs l'utilisent 4 fois dans l'explication des recettes, 3 dans celle des dépenses et 2 dans celle des soldes. Bien que jamais significative, cette variable apparaît 3 fois sur 4 de façon positive dans les équations des recettes. Rappelons qu'une influence similaire a motivé son rejet des équations des recettes présentées dans ce travail. Notons que nous n'aurions pas introduit CHOMAGE dans l'équation des dépenses si son coefficient s'y était avéré négatif comme dans les contributions de Vatter & Freitag (2002) et de Feld & Matsusaka (2003). Soulignons néanmoins que le signe de cette variable concorde avec la théorie à chaque fois qu'elle est significative, soit lorsque son influence est positive sur les dépenses et négative sur les soldes. Dès lors, nous pouvons affirmer que nos constats sont partagés et donc renforcés par les contributions examinées.

Tout comme dans nos modèles, l'influence à la baisse de REFERENDUM sur les dépenses ressort significative dans les 4 autres contributions l'ayant testées. Par contre, l'influence de REFERENDUM sur les soldes ne ressort positive que 2 fois sur 4. Cette proportion serait de 3 sur 4 si cette variable n'avait pas été retenue dans l'équation des recettes de la contribution de Vatter & Freitag (2002). Notons à ce propos que nous observerions une influence positive et très faiblement significative de REFERENDUM dans l'équation des recettes, si les arguments théoriques développés ne nous avaient pas convaincus de ne pas l'y introduire. Notons, par ailleurs, qu'une telle introduction n'aurait que très peu modifié les résultats tant l'influence observée dans l'équation des recettes est faible par rapport à celle constatée dans l'équation des dépenses.

A l'exception de l'étude de Feld & Matsusaka (2003) pour les recettes, toutes les contributions (y compris la nôtre) testant GVTDROITE observent que cette variable influence négativement les recettes et les dépenses. Les résultats par contre sont plus mitigés en ce qui concerne l'influence nette de cette variable sur les soldes publics. D'une part, l'orientation partisane apparaît, comme dans notre modèle, négative, mais pas significative, dans celui de Pujol (2000) et de Dafflon & Pujol (2001). D'autre part, elle exercerait une influence positive sur les soldes dans les modèles de 3 autres contributions. Etant donnés les incertitudes en matière de spécification, le fait que GVTDROITE y apparaisse 2 fois significative ne nous semble pas suffisant pour nous convaincre de l'influence positive de cette variable sur les soldes publics.

A part dans l'étude de Vatter & Freitag (2002), l'influence d'AGEES ressort positive sur les recettes et les dépenses dans les 4 autres contributions qui testent cette variable. Malgré cela, nous persistons à ne pas la retenir parmi les variables explicatives des recettes pour 2 raisons. D'une part, la faiblesse de sa significativité est telle qu'il nous paraît inopportun de la retenir. D'autre part, son influence positive sur les recettes reste théoriquement difficile à justifier. Notons à ce propos que l'influence négative sur les dépenses retenue dans la contribution de Vatter & Freitag (2002) nous semble, quant à elle, encore plus difficile à justifier: on ne voit pas quel(s) mécanisme(s) permettrai(en)t plus de compenser les dépenses supplémentaires découlant du vieillissement démographique. En ce qui concerne les soldes, les influences constatées sont loin de concorder: 2 études trouvent des influences négatives et 2 des influences positives. Notons toutefois que la proportion serait de 3 contre 4 si AGEES n'avait pas été retenue dans l'équation des recettes de Feld & Kirchgässner (2001a). Il ne nous semble donc pas exagéré de conclure que ces résultats appuient les nôtres.

Sans conteste, il en va de même pour les résultats relatifs à REVENU. En effet et à l'instar de ce que l'on constate dans notre modèle simultané élargi, cette variable exerce de façon significative des influences positives sur les recettes (3 fois) et les dépenses (3 fois) ainsi que des influences négatives sur les soldes (3 fois) dans les 7 contributions utilisant cette variable.

Pour LATINS, tout comme pour GVTDROITE, les constats dressés par les contributions de comparaison semblent assez nets sur les recettes et les dépenses: l'influence de cette variable est positive sur les recettes dans les 3 contributions qui la testent et positive sur les dépenses dans 4 des 5 contributions concernées. Par contre, cette fois, ces constats se distinguent partiellement des nôtres. Certes rejeter LATINS de nos équations revient formellement à considérer que son influence est nulle. Toutefois, la nuance apportée dans le commentaire atténue partiellement ce propos. Rappelons que ce commentaire attribue une partie des influences de REFERENDUM aux différences entre les préférences des alémaniques et celles des latins. Les résultats sont plus contrastés en ce qui concerne l'influence de LATINS sur les soldes. En effet, l'influence apparaît négative dans 3 contributions, positive dans celle de Vatter & Freitag (2002) et nulle dans celle de Martin & Soguel (2002, 2004).

En plus de valider les résultats relatifs aux influences sur les soldes de SOLDES(-1), CROISSANCE, CHOMAGE, REFERENDUM, AGEES et REVENU, cette comparaison confirme que la similarité entre les recettes et les dépenses peut poser problème du point de vue économétrique. En effet, comme l'exemplifient les influences à la hausse de CHOMAGE et AGEES sur les recettes, l'analyse statistique seule peut prêter à confusion même en cas de modélisation simultanée: ces influences peu plausibles théoriquement découlent vraisemblablement de l'ajustement des recettes aux variations des dépenses provoquées par l'évolution de CHOMAGE et

AGEES. Dès lors, on peut dire que la similarité entre les recettes et les dépenses rend nécessaire une compréhension approfondie des mécanismes par lesquels les déterminants influencent les recettes ou les dépenses, même en cas de modélisation simultanée de ces variables.

9 Conclusion

Cette recherche a été menée dans l'optique de mieux comprendre le phénomène de l'endettement et de s'appuyer ensuite sur cette connaissance pour formuler des recommandations à l'attention des collectivités publiques. Les modèles explicatifs des soldes financiers cantonaux, élaborés pour atteindre ces objectifs, en constituent le cœur, puisqu'ils représentent à la fois son aboutissement et le moyen par lequel ses buts sont atteints. Ils en constituent l'aboutissement parce que les différentes étapes qui composent cette recherche (examen des théories explicatives des soldes, récolte des données, etc.) ont été franchies dans le but de permettre la construction de ces modèles. Ils en constituent le moyen parce qu'ils permettent, d'une part, de tester l'existence de la relation de simultanéité supposée entre les recettes et les dépenses et, d'autre part, de mesurer les influences de nombreux déterminants sur lesquels les autorités peuvent agir pour piloter leur politique budgétaire.

La plupart des contributions empiriques examinées ne considèrent que des modèles à une équation (soit des soldes, soit de la dette) pour étudier le phénomène de l'endettement. Or, comme nous l'avons explicité dans le chapitre 2, ce phénomène ne prend corps que par le biais des recettes et des dépenses. Dès lors, il nous a semblé naturel de construire un modèle explicatif des soldes en modélisant de façon explicite les recettes et les dépenses. Cette modélisation a notamment nécessité la description des mécanismes par lesquels les déterminants envisagés exerceraient leur influence sur les agrégats expliqués. Comme ces descriptions n'existaient pas toutes dans la littérature, il nous a parfois fallu partir des mécanismes expliquant l'influence des déterminants considérés sur les soldes. Cette recherche, par son approfondissement des influences attendues, constitue un apport théorique au champ de l'économie politique des soldes publics.

Afin d'embrasser l'ensemble des déterminants et mécanismes envisagés, nous avons dû recourir à plusieurs théories, car il n'existe pas de théorie explicative générale des soldes publics. Bien qu'étant de nature appliquée, cette recherche apporte une indication importante en vue de l'élaboration future d'une théorie complète des soldes publics. En effet, en attestant de l'existence d'une relation simultanée entre les recettes et les dépenses, elle indique que toute théorie générale des soldes publics devrait pouvoir rendre compte de cette relation simultanée.

Les résultats empiriques obtenus confirment la pertinence de procéder à la modélisation simultanée des recettes et des dépenses. D'une part, en concluant à la cointégration des recettes et des dépenses, ils n'excluent pas l'existence d'une relation simultanée entre ces dernières (une relation simultanée entre deux variables intégrées ne peut exister que si elles sont cointégrées). D'autre part, l'ampleur et la très forte significativité des paramètres associés aux recettes et aux dépenses observées dans les modèles structurels estimés plaident sans ambiguïté en faveur de l'existence d'une relation simultanée entre les recettes et les dépenses. Concrètement, la comparaison des modèles simultanés testés et leur comparaison avec les modèles des soldes qui en découlent, nous ont permis de sélectionner deux modèles simultanés et dynamiques des recettes et des dépenses. Le premier de ces modèles comprend, en plus d'une constante et des variables expliquées courantes et retardées, les 11 variables explicatives dont les influences sont suffisamment stables et souvent significatives pour entrer dans l'explication des soldes publics. Le deuxième modèle comprend, en sus, 5 autres variables qui entrent vraisemblablement aussi dans l'explication des soldes, mais dont le coefficient et la significativité varient de façon importante selon les combinaisons de variables examinées. Pour être complet, il convient d'ajouter que certaines variables ont été exclues de l'une et/ou de l'autre équation du modèle en raison de l'absence de pertinence théorique de leur influence observée empiriquement. Par exemple, le taux de chômage a été exclu de l'équation des recettes, non par manque de significativité ou de stabilité, mais en raison de l'absence de mécanisme permettant d'expliquer son influence positive sur les recettes.

Les tests de spécification indiquent que les modèles comprenant des effets spécifiques aléatoires ne sont pas adéquats et que ceux comprenant des effets spécifiques fixes sont préférables à ceux n'en comprenant pas. Toutefois, force est de constater que la présence conjointe d'effets fixes et de variables quasi invariantes pose des problèmes de stabilité des résultats. Or, l'intérêt particulier revêtu par bon nombre des variables quasi invariantes explique pourquoi il convient de retenir des modèles sans effets fixes pour cette recherche. De la même façon, les modèles à correction de White sont préférables aux modèles permettant l'estimation explicite de variances propres à chaque canton. En effet, le nombre relativement important de paramètres à estimer par rapport au nombre d'observations à disposition est tel que les tests statistiques nous conduisent probablement déjà (dans les modèles à correction de White) à exclure de nos modèles des variables influençant effectivement les recettes et/ou les dépenses. Il semble dès lors naturel de ne pas chercher, en plus, à estimer 26 paramètres supplémentaires (les variances cantonales).

L'examen détaillé des influences constatées indique que les variables économiques d'abord et celles institutionnelles et structurelles ensuite prennent une part plus importante que les déterminants politiques dans l'explication des soldes publics. Cette capacité explicative relativement faible des variables politiques s'explique vraisemblablement par la culture consensuelle du système politique suisse, ainsi que l'absence de différence marquée entre les gouvernements et les parlements orientés à droite et ceux orientés à gauche.

La confrontation des modèles simultanés avec les modèles de comparaison à une équation montre concrètement quels sont les avantages méthodologiques de l'analyse des recettes et des dépenses plutôt que des soldes uniquement. Certes, les résultats obtenus ne varient que peu qualitativement selon que l'on considère une approche plutôt que l'autre. Toutefois, la significativité de certains paramètres est bien moindre dans les modèles des soldes à une équation. Ces différences de significativité, tout comme les différences quantitatives constatées pour certaines variables, s'expliquent par l'impossibilité pour l'approche à une équation de tenir compte des relations découlant des équations des recettes et des dépenses. Or, l'importance de ces différences laisse supposer que l'on n'aurait pas retenu les mêmes modèles si l'on avait cherché à construire des modèles des soldes à une équation plutôt que des modèles structurels des recettes et des dépenses. Dès lors, les constats dressés et les recommandations qui en découlent ne correspondraient pas forcément à ceux formulés plus loin. Nous aboutissons donc à la recommandation de procéder à l'avenir de façon systématique à l'analyse simultanée des recettes et des dépenses, plutôt qu'à celle des soldes uniquement. Notons par ailleurs que cette recommandation s'applique également à toute recherche ne s'intéressant qu'aux recettes et/ou qu'aux dépenses. En effet, ne pas adopter l'approche simultanée conduirait à des résultats biaisés puisque l'on ignorerait aussi les relations découlant du lien de simultanéité entre les recettes et les dépenses.

Le rejet des influences positives du taux de chômage dans nos équations des recettes exemplifie l'avantage de pouvoir apprécier la pertinence d'un modèle non seulement à l'aune des influences observées sur les soldes, mais aussi à la lumière des influences constatées sur les recettes et les dépenses. Cet avantage est tel que l'analyse des recettes et des dépenses semble toujours préférable à l'examen des soldes uniquement. En effet, ce rejet montre que des déterminants supposés communs aux recettes et aux dépenses ne ressortent finalement pas comme tel de l'analyse statistique. Or, les résultats de l'approche à une équation des soldes n'équivalent ceux passant par la modélisation des recettes et des dépenses que si leurs déterminants sont les mêmes.

La similitude qualitative des résultats obtenus selon que l'on neutralise ou non l'impact des événements susceptibles de brouiller les résultats ne doit pas minimiser le caractère primordial de l'analyse préalable des données. En effet, rien ne garantissait *a priori* que seule la variable mesurant le nombre de départements serait exclue, sur les 16 retenues dans notre plus grand modèle, à partir des données non-ajustées. De même, rien ne garantissait que d'autres variables au centre de notre intérêt ne soient pas indûment rejetées à cause de l'utilisation des données brutes. De plus, il n'est pas certain que le processus de sélection des modèles aurait aboutit au même résultat si nous avions utilisé une ou plusieurs variables inappropriées (de part ses données ou même sa nature). Ainsi, nous aurions pu nous retrouver à disserter de l'influence de la charge fiscale, alors que les résultats obtenus sur la base de l'indice de charge fiscale n'ont pas de sens. Dès lors que les tentations de négliger l'exercice de l'examen préalable des données sont grandes (fastidiosité de l'exercice, faible potentiel de valorisation, etc.), on ne peut que souhaiter que toutes les contributions quantitatives comportent au moins un commentaire sur la pertinence de l'évolution des séries qu'elles utilisent.

Du point de vue de la maîtrise des déficits publics, plusieurs constats peuvent être dressés. Le premier est que la prépondérance de la capacité explicative des inerties observées par rapport à celles des autres variables témoigne de la forte composante historique des niveaux et probablement de la structure des recettes et des dépenses. La force de ces inerties atteste par ailleurs de la difficulté de lutter contre les déficits publics ainsi que de la nécessité d'agir en la matière de façon préventive et sur le moyen terme plutôt que sur le court terme. En effet, la force des inerties observées est telle qu'une collectivité en difficulté verrait sa mauvaise situation se prolonger dans un premier temps, malgré ses efforts d'assainissements. Cet état de fait plaide pour une gestion financière prudente en matière d'endettement. Relevons ici qu'une telle gestion ne saurait être rigoureuse au point de condamner l'accumulation des déficits financiers observée sur la période étudiée. Il se trouve en effet que la théorie économique recommande, pour des raisons d'équité et d'efficacité allocative, le recours à l'emprunt lorsqu'il s'agit de financer des investissements. Il s'avère par ailleurs que le poids relatif des intérêts passifs s'est allégé pour les cantons sur la période d'analyse (-1,3 point de pourcent par rapport aux recettes et aux dépenses). Notons, tout de même, que cette évolution favorable s'explique par la baisse des taux d'intérêt et par la croissance économique qui s'est traduite par une hausse des recettes et des dépenses.

L'importance de l'influence des taux de croissance et de chômage confirme la forte sensibilité, observée lors de l'analyse descriptive, de la situation financière des cantons suisses à l'évolution économique qu'ils traversent. Ce constat, en adéquation avec le statut de petites économies ouvertes des cantons, montrent que les agrégats étudiés ne sont que partiellement maîtrisables par les autorités publiques et qu'ils ne dépendent pas entièrement des politiques qu'elles peuvent menées. Il montre de ce fait la nécessité pour les collectivités publiques de contenir la progression de leur dette afin d'éviter de s'exposer à la hausse future des taux d'intérêts, ainsi qu'aux conséquences financières qu'engendreront notamment le vieillissement démographique et la hausse du prix de l'énergie.

Heureusement, les résultats relatifs aux instruments de pilotages des soldes publics confirment qu'il est possible de contrôler l'évolution des finances publiques, comme l'atteste d'ailleurs l'hétérogénéité des trajectoires financières cantonales. Concrètement, presque tous les instruments organisationnels et institutionnels examinés exercent l'influence attendue et peuvent donc servir aux collectivités publiques pour piloter leurs soldes publics. En effet, parmi les variables d'intérêt, les seules ne pouvant pas être retenues dans nos modèles sont le degré de centralisation et le nombre de communes. Il s'agit par conséquent des deux seuls instruments analysés pour lesquels il n'est pas possible d'émettre de recommandations en matière de gestion financière.

A première vue, nos résultats indiquent que les cantons en difficulté financière devraient réduire le nombre de départements composant leur administration. En effet, plus ce nombre est élevé, plus les dépenses sont importantes et plus les soldes se détériorent. Toutefois, si l'on examine l'évolution du nombre de départements dans le temps, on constate que la possibilité pour les cantons d'améliorer leurs soldes financiers par la réduction du nombre de départements est limitée. En effet, si cet examen montre que les efforts de simplification administrative entrepris ont permis aux cantons d'atténuer la croissance de leurs dépenses et d'améliorer leurs soldes financiers, il établit aussi que ces efforts ont été tels que 12 cantons ne disposent plus que de 7 départements et 11 cantons plus que de 5.

Une autre recommandation consiste à encourager les collectivités à se doter de règles budgétaires contraignantes, puisque la présence de ces dernières semble influencer positivement les recettes et les soldes publics. Rappelons néanmoins que les résultats obtenus nous conduisent à interpréter cette influence non seulement comme la manifestation de l'effet des règles budgétaires examinées, mais aussi comme révélatrice d'une attitude plus rigoureuse des collectivités s'en étant dotées.

Il en va partiellement de même pour les instruments de démocratie directe que sont les référendums financiers en matière de dépenses. Toutefois, au vu de l'importance de leur influence, il convient de recommander aux collectivités en difficulté financière de renforcer leur dispositif référendaire. En effet, elles bénéficieront ainsi de leur impact négatif sur les dépenses et positif sur les soldes publics. Ajoutons qu'un tel renforcement serait pour elles l'occasion de recentrer les débats budgétaires sur la maîtrise des soldes publics.

L'objectif d'assainissement des finances ou de prévention des déficits conduirait, au contraire, à réduire les droits populaires si l'on se tourne vers l'autre instrument de démocratie directe étudié, soit le droit d'initiative législative. En effet, nos résultats indiquent que plus les initiatives sont faciles à lancer et plus les dépenses publiques d'une collectivité sont élevées et moins ses soldes sont favorables.

La variable mesurant la part des impôts dans les recettes figurerait dans notre plus grand modèle si on ne lui avait pas préféré celle mesurant la part des subventions perçues par les cantons. Comme son influence sur les soldes y serait positive, il convient de proposer aux cantons de se financer par les impôts plutôt que par d'autres sources de revenu. En effet, une telle mesure permettrait de rendre les contribuables plus conscients et plus attentifs aux coûts des prestations publiques. Soulignons toutefois que l'instabilité et le manque de précision des estimations relatives à la part des recettes fiscales, nous conduisent à considérer cette recommandation avec prudence: les intervalles de confiance associés à cette variable sont tels que l'on ne peut pas exclure que son influence nette sur les soldes soit négative. Un tel résultat pourrait s'expliquer par l'incapacité (ou le penchant) des citoyens à tenir pleinement compte de la contrainte budgétaire étatique. Si tel est le cas, cela accréditerait les thèses portant sur l'illusion fiscale.

Avant de clore cette recherche, il convient de rappeler que les recommandations formulées en matière de maîtrise des déficits publics ne prennent pas en considération les dimensions allocative, stabilisatrice et redistributive de la gestion des finances publiques: l'action étatique est nécessaire pour pallier l'incapacité du marché à allouer les ressources de façon optimale et socialement équitable, ainsi qu'à atténuer les cycles conjoncturels. Or, il se pourrait que l'on doive nuancer nos recommandations dès lors que l'on tient également compte de ces dimensions. Par exemple, il n'est pas toujours pertinent de renforcer les référendums financiers et/ou d'augmenter la part des recettes fiscales. En effet, dans les collectivités dont les membres ne perçoivent pas pleinement l'utilité de l'action publique, un tel renforcement engendrerait une fourniture sous-optimale de prestations étatiques. Loin d'être inconcevable, une telle éventualité peut très bien s'expliquer par le caractère souvent collectif, différé et qualitatif des prestations publiques. Relevons par ailleurs que le renforcement des référendums financiers pourrait se révéler dommageable dans les cantons où ils sont déjà bien en place. Par exemple, abaisser les limites de déclenchement des référendums financiers peut occasionner des coûts inutiles, ainsi que le ralentissement excessif du processus de décision publique: plus les limites de déclenchement sont basses et plus des référendums risquent d'être déclenchés contre des projets finalement acceptés en votation.

La réduction du nombre de départements n'est pas toujours une mesure pertinente pour une collectivité en mauvaise situation financière. En effet, réduire le nombre de départements dans des cantons n'en comptant plus que 5 pourrait poser des difficultés managériales. Abstraction faite de ses conséquences politiques, une telle réduction occasionnerait, en effet, la création de départements difficilement gérables en raison de leur taille. Ajoutons qu'une réduction pourrait également poser des problèmes aux cantons dotés d'un nombre supérieur de départements. En effet, une dotation plus importante peut s'expliquer par la nécessité de fournir des prestations supplémentaires, certes financièrement coûteuses, mais néanmoins utiles du point de vue allocatif ou redistributif.

La pertinence d'instaurer une règle visant à limiter les déficits publics se discute également si l'on considère la dimension allocative et stabilisatrice de l'action étatique. Pour le comprendre plus aisément, imaginons le cas très strict d'une règle imposant chaque année l'équilibre financier. En interdisant le recours à l'emprunt, une telle règle pourrait conduire à une allocation sous-optimale des ressources notamment parce qu'elle rend impossible le financement de certains investissements publics pourtant nécessaires. Une telle règle obligerait par ailleurs la collectivité à contrecarrer les stabilisateurs automatiques de son budget et donc à mener une politique procyclique. Cela dit, il est possible, comme l'exemplifie la règle adoptée par la Confédération, de concevoir une règle budgétaire contraignante qui permet aux collectivités de mener des politiques anticycliques.

Finalement, il convient de rappeler qu'une gestion des finances publiques donnant la priorité aux questions allocatives, stabilisatrices et redistributives au détriment des impératifs de saine gestion financière peut s'avérer dommageable. En effet, une collectivité qui agirait de la sorte risquerait de se trouver dans une situation de surendettement. Dès lors, elle se verrait confrontée à la nécessité de renoncer à délivrer certaines prestations pour réduire sa dette. Or, les renoncements nécessaires à cette réduction sont souvent supérieurs à ceux qu'il aurait fallu consentir pour éviter de se trouver en mauvaise situation financière. Le rappeler revient à souligner l'importance de la maîtrise des déficits publics et la nécessiter d'intensifier encore les efforts entrepris pour mieux comprendre les ressorts de l'endettement.

Bibliographie

Abizadeh S. & Basilevsky A. (1990), «Measuring the Size of Government», *Public Finance*, 45(3): 353-377.

Alesina A. & Drazen A. (1991), «Why are Stabilizations Delayed?», *American Economic Review*, 82(5): 1170-1188.

Alesina A. & Perotti R. (1995), «The Political Economy of Budget Deficits», *International Monetary Fund Staff Papers*, 42(1): 1-31.

Alesina A. & Perotti R. (1996a), *Fiscal Expansions and Adjustments in OECD Countries*, Working paper series 5214, Press for National Bureau of Economic Research.

Alesina A. & Perotti R. (1996b), *Fiscal Adjustments in OECD Countries: Composition and Macroeconomic Effects*, Working paper series 5730, Press for National Bureau of Economic Research, Cambridge Mass.

Alesina A. & Perotti R. (1999), «Budget Deficits and Budget Institutions», Poterba J.M & von Hagen J. (eds), *Fiscal Institutions and Fiscal Performance*, Press for National Bureau of Economic Research, Chicago, pp. 13-36.

Alesina A., Perotti R. & Tavares J. (1998), «The Political Economy of Fiscal Adjustments», *Brookings Papers on Economic Activity*, 1: 197-266.

Alesina A. & Rosenthal H. (1995), *Partisan Politics, Divided Government and the Economy*, Cambridg University Press, Cambridge.

Alesina A., Roubini N & Cohen G.D. (1997), *Political Cycles and the Macroeconomy*, MIT Press, London.

Alesina A. & Tabellini G. (1990), «A Positiv Theory of Fiscal Deficits and Government Debt», *Review of Economic Studies*, 57(3): 403-414.

Alt J. & Lowry R. (1994), «Divided Government, Fiscal Institutions, and Budget Deficits», *American political Science Review*, 88(4): 811-828.

Ammann Y. (2002), « Quelques réflexions à propos des règles de politique budgétaire », WP Discussion Paper 13, seco, Berne.

Institut für Politikwissenschaft (2002-1974), *Année politique Suisse*, Berne.

Baghestani H & McNown R. (1994), «Do Revenues or Expenditures Respond Budgetary Disequilibria?», *Southern Economic Journal*, 61(2): 311-322.

Baltagi B. (1995), *Econometric Analysis of Panel Data*, Wiley, New York.

Banarjee A. (1999), «Panel Data Unit Roots and Cointegration An overview», *Oxford Bulletin of Economics and Statistics*, 61(4+): 607-629.

Barro R. (1979), «On the Determination of Public Debt», *Journal of political Economy*, 87(5): 940-71.

Barro R. (1986), «U.S. Deficits since World War I», *Scandinavian Journal of Economics*, 88(1): 193-222,

Barro R. (1987). «Government Spending, Interest Rates, Prices and Budget Deficits in the United Kingdom, 1701-1918», *Journal of Monetary Economics,* 20(2): 221-47.

Baumol W. J. (1967), «The Macroeconomics of Unbalanced Growth», *American Economic Review*, 57(3): 415-426.

Baumol W. J., Blackman S. A. B. & Wolff E. N. (1985), «Unbalanced Growth Revisited: Asymptotic Stagnancy and New Evidence», *American Economic Review*, 75(4): 806-817.

Baxter M. & King R. G. (1999), «Measuring Business Cycles: Approximate Band-Pass Filters for Economic Time Series», *The Review of Economics and Statistics*, 81(4): 575-593.

Becker G. (1983), «A Theory of Competition among Interrest Groups for Political Influence», *Quarterly Journal of Economics*, 98(3): 371-400.

Blanchard O. (1990), *Suggestions for a New Set of Fiscal Indicators*, Working Papers, n° 79, OECD's Economics and Statistics Department, Paris.

Blejer M. & Cheasty A. (1991), «The Measurement of Fiscal Deficits: Analytical and Methodoligical Issues», *Journal of Economic Literature*, 29(4): 1644-78.

Bochsler D, Koller C., Sciarini P., Traimond S. & Trippolini I (2004), *Les cantons suisses sous la loupe*, Haupt, Berne.

Bodmer F. (2004), «Warum die Direkte Demokratie den Anstieg der Staatsquote in der Schweiz nicht verhindern konnte», Borner S. & Bodmer F. (Hrsg.), *Wohlstand ohne Wachstum – eine schweizerische Illusion,* Avenir Suisse, Orell Füssli, Zürich.

Borcherding T. E. (1985), «The Causes of Government Expenditure Growth: A Survey of the U.S. Evidence», *Journal of Public Economics*, 28(3): 359-82.

Bowles S. (1998), «Endogenous Preferences: The Cultural Consequences of Markets and other Economic Institutions», *Journal of Economic Literature*, 36(1): 75-111.

Boyer (1990), «Fluctuations et croissance», Greffe X., Mairesse J. & Reiffers J.-L., *Encyclopedie économique*, Economica, Paris, pp. 609-650.

Breton A. (1989), «The Growth of Competitive Governments», *Canadian Journal of Economics*, 22(4): 717-50.

Bretschneider S. & Gorr W. (1992), «Economic, Organizational and Political Influences on Biases in Forcasting States Sales Tax Receipts», *International Journal of Forcasting*, 7(4): 457-466.

Bruchez P.-A. (2003), *Réexamen du calcul du coefficient K*, Working paper n° 2, Administration fédérale des finances > groupe des économiste > Etudes.

Buchanan J. & Wagner R. (1977), *Democracy in Deficit*, Academic Press, New York.

Buchanan J. & Wagner R. (1978), «Dialogues Concerning Fiscal Religion», *Journal of Monetary Economics*, 4(3): 627-36.

Bureau d'information fiscale: Administration fédérale des contributions (2003: Février), *Informations fiscales, Notions fiscales*, Conférence suisse des impôts, Vol. 1: 1-13.

Chevallier J. (1980), «La fin de l'Etat-providence», *Projet*, 143: 263-273.

Clark D. J. (1997), «Pressure and the Division of a Public Budget», *Public Choice*, 93: 179-195.

Commission Européenne (1995), «Les grandes orientations des politiques économiques de 1995», *Economie européenne*, 60.

Confédération (2000), loi sur l'équilibre financier, message sur le frein à l'endettement. FF 1976 III, p 702.

Conférence des Directeurs cantonaux des finances (1982), *Manuel de comptabilité publique*, Tome 1 et 2, Haupt, Berne.

Crepaz M. (1998), «Inclusion versus Exclusion. Political Institutions and Welfare Expenditures», *Comparative Politics*, 31(1): 61-80.

Cukierman A. & Meltzer A. (1989), «A Political Theory of Government Debt and Deficits in a Neo Ricardian Framework», *American Economic Review*, 79(4): 713-732.

Dafflon B. (1994), *La gestion des finances publiques locales*, Economica, Lausanne.

Dafflon B. & Pujol F. (2001), «Fiscal Preferences and Fiscal Performance: Swiss Cantonal Evidence», *International Public Management Review*, 2(2): 54-78.

Darrat A.F. (1998), «Tax and Spend or Spend and Tax, An Inquiry into the Turkish Budgetary Process», *Southern Economic Journal*, 64(4): 940-956.

Delalay E. (1999), *Publicains et républicains: pour une gestion démocratique des finances publiques*, Georg Editeur, Genève.

Dickey, D. & Fuller W. (1979), «Distribution of the Estimators for Autoregressive Time Series with a Unit Root», *Journal of the American Statistical Association*, 74: 427-431.

Dickson V. & Yu W. (2000), «Revenue Structures, the Perceived Price of Government Output, and Public Expenditures», *Public Finance Review*, 28(1): 48-65.

Dollery B. & Worthington A. (1996), «The Empirical Analysis of Fiscal Illusion», *Journal of Economic Surveys*, 10(3): 261-97.

Downs A (1957), *An Economic Theory of Democraty*, Harper and Row, New York.

Drazen A. (2000), «The Size of Government and the Number of Nations», *Political Economy in Macroeconomics*, Priceton University Press, pp. 675-733.

Esping-Andersen G. (1999), *Les trois mondes de l'Etat-providence*, Presses universitaire de France, Paris.

Etat de Vaud (1998), *Exposé des motifs et projets de décret ordonnant la convocation des assemblées de commune aux fins d'introduire le référendum financier et un mécanisme de frein à l'endettement dans la Constitution du 1er mars 1885 du Canton de Vaud*, septembre no 39.

Feld (1997), «Exit, Voice and Income Taxes», *European Journal of Political Economy*, 13(3): 455-478.

Feld L.P. & Kirchgässner G. (2000), «Direct Democracy, Political Culture, and the Outcome of Economic Policy: a Report on the Swiss Experience», *European Journal of Political Economy*, 16(2): 287-306.

Feld L.P. & Kirchgässner G. (2001a), «The Political Economy of Direct Legislation: Direct Democracy and Local Decision Making», *Economic Policy*, 16(2): 331-367.

Feld L.P. & Kirchgässner G. (2001b), Income Tax Competition at the State and Local Level in Switzerland, *Regional Science and Urban Economics*, 31(2): 181-213.

Feld L.P., Kirchgässner G. & Schaltegger C.A. (2003), «Decentralized Taxation and the Size of Government: Evidencew from Swiss State and Local Government», CESifo Working Paper Series No. 1087.

Feld L. P. & Matsusaka J. G. (2003), «Budget Referendums and Government Spending: Evidence from Swiss Cantons», *Journal of Public Economics*, 87(12): 2703-2724.

Fischer S. (1985), «Long Term Contracts, Rational Expectations and the Optimal Money supply Rule», *Journal of Political Economy*, 85(1): 191-206.

Ford R. (1998), «Assainissement budgétaire, croissance et équité», *L'observateur de l'OCDE*, 210: 37-42.

Freitag M., Müller C. & Vatter A. (2003), «Bremse oder Gaspedal? Eine empirische Untersuchung zur Wirkung der direkten Demokratie auf den Steuerstaat», *Politische Vierteljahresschrift*, 44(3): 348-369.

Freitag M. & Sciarini P. (2001), «The Political Economy of Budget Deficits in the European Union: The Role of International Constraints and Domestic Structure», *European Union Politics*, 2(2), 163-189.

Friedman M. (1978), «The Limitations of Tax Limitations», *Policy Review*, 5: 7-14.

Giraud R. (1993), *L'économétrie*, Que sais-je, Presses universitaires de France, Paris.

Granger CWJ & Newbold P. (1974), «Spurious Regressions in Econometrics», *Journal of Econometrics*, 2: 111-120.

Granger CWJ (1981), «Some Properties of Time Series Data and their Use in Econometric Model Specification», *Journal of Econometrics*, 16(1): 121-130.

Greene W. H. (1993), *Econometric Analysis*, Macmillan Publishing Company, New York.

Greenwald B. & Stiglitz J. E. (1980), «Keynesian, New Keynesian and New Classical Economics», *Oxford Economic Papers*, vol. 39, trad française Arena R. & Torre D. (1992), *Keynes et les nouveaux keynésiens*, Presses universitaire de France, Paris, 170-171.

Groves H. M. & Kahn C. H. (1952), «The Stability of State and Local Tax Yields», *American Economic Review*, 42: 87-102.

Guex S. (1998), *L'argent de l'Etat*, Réalités sociales, Lausanne.

De Haan J. & Sturm J.-E. (1994), «Political and Institutional Determinants of Fiscal Policy in the European Community», *Public Choice*, 80: 157-72.

von Hagen J. (1992), «Budgeting Procedures and Fiscal Performance in the European Community», *Economic Papers*, Commission of the European Community, n° 96.

von Hagen J. & Harden I. (1994), «Towards Greater Fiscal Discipline: National Budget Processes and Fiscal Performance», *European Economy Reports and Studies*, 3: 311-418.

von Hagen J. & Harden I. (1996), *Budget Processes and Commitment to Fiscal Discipline*, Working paper No. 78, International Monetary Fund, Washington.

Henrekson M. (1993), «The Peacock-Wiseman Hypothesis», Gemmell N., *The Growth of the Public Sector: Theories and Internationa Evidence*, Edward Elgar, London, pp. 53-71.

Hettich W. & Winer S. (1999), *Democratic Choice and Taxation* University Press, Cambridge.

Hettich W. & Winer S. (1988), «Economic and Political Foundations of Tax Structure», *American Economic Review*, 78(4): 701-712.

Hibbs D. (1987), *The Political Economy of Industrial Democracy*, Harvard University Press, Cambridge.

Hibbs D. (1992), «Partisan Theory After Fifteen Years», *European Journal of Political Economy*, 8(3): 361-373.

Higgs R. (1987), *Crisis and Leviathan*, Oxford University Press, New York.

Hodrick R.J. & Prescott E.C. (1997), «Postwar U.S. Business Cycles: An Empirical Investigation», *Journal of Money, Credit and Banking*, 29(1): 1-16.

Holcombe R.G. (1995), *An Economic Analysis of Democracy*, Southern Illinois University Press, Carbonale.

Holcombe & Mills (1995), «Politics and Deficit Finance», *Public Finance Quarterly*, 23(4): 448-466.

Holsey C.M. & Borcherding T.E. (1997), «Why Does Government's Share of National Income Grow? An Assessment of The Recent Literature on The U.S. Experience», Mueller D.C. (ed.), *Perspectives on Public Choice*, Cambridge University Press, London, pp. 562-589.

Hsiao C. (1997), «Cointegration and Dynamic Simultaneous Equations Model», *Econometrica*, 65(3): 647-670.

Hsiao C. (2003), *Analysis of Panel Data*, Cambridge University Press, Cambridge.

Imbeau L.M. (2004), «The Political-Economy of Public Deficits», Imbeau L.M. & Pétry F. (eds), *Politics, Institutions, and Fiscal Policy: Deficits and Surpluses in Federated States*, Lexington Books, Lanham, pp. 1-19.

Imbeau L.M. & Pétry F. (eds), *Politics, Institutions, and Fiscal Policy: Deficits and Surpluses in Federated States*, Lexington Books, Lanham.

Intriligator M.D., Bodkin R.G. & Hsiao C. (1996), *Econometric Models, Techniques and Applications*, Prentice Hall, Upper Saddle River, New Jersey.

Johansen S., (1988) «Statistical Analysis of Cointegration Vectors», *Journal of Economic Dynamics and Control*, 12(2): 231-254.

Joulfaian D. & Mookerjee R. (1990), «The Intertemporal Relationship between State and Local Government Revenues and Expenditures: Evidence from OECD Countries», *Public Finance*, 45(1): 109-17.

Kenny L. & Winer S. (2001), *Tax Systems in the World – An Empirical Investigation into the Importance of Tax Bases, Collection Costs, and Political Regime*, Carleton Economic Papers 01-03, Carleton University, Ottawa.

Kirchgässner G. & Pommerehne W. (1997), «Public Spending in Federal States: A Comparative Econometric Study», Capros, P. & Meulders, D. (eds.), *Budgetary Policy Modelling: Public Expenditures*, Routledge, London, pp. 179-213.

Kirchgässner (2002), «Föderalismus und Staatsquote», *Der Preis des Foederalismus*, Wagschal U. & Rentsch H. (eds.), Avenir Suisse, Orell Füssli, Zürich, pp. 71-91.

Kirchgässner G. (2002), «The effects of fiscal institutions on public finance: a survey of the empirical evidence», Winer S.L. & Shibata H. (eds), *Political Economy and Public Finance*, Edward Elgard, Cheltenham, pp. 145-177.

Kontopoulos Y. & Perotti R. (1999), «Government Fragmentation and Fiscal Policy Outcomes: Evidence from OECD Countries», Poterba J.M. & von Hagen J. (eds), *Fiscal Institutions and Fiscal Performance*, Press for National Bureau of Economic Research, Chicago, pp. 81-102.

Kremp E. (1995), «Nettoyage de fichiers dans le cas de données individuelles», *Economie et prévision*, 119(3): 171-193.

Kriesi H. (1995), *Le système politique suisse*, Economica, Paris.

Krishnakumar J., Martin M.-J. & Soguel N. (2004), «Application of Granger Causality Tests to Revenue and Expenditure of Swiss Cantons», Cahiers du Département d'Econométrie 15, Université de Genève.

Kristov L., Lindert P. & McClelland R. (1992), «Pressure Groups and Redistribution», *Journal of Public Economics*, 48(2): 135-63.

Krol R. (1997), «A Survey of the Impact of Budget Rules on State Taxation, Spending, and Debt», *The Cato Journal*, 16(3): 295-307.

Krugman P. (1994), *Peddling Prosperity*, WW Norton & co, New York.

Kydland F.E. & Prescott E.C. (1989), *A Fortran Subroutine for Efficiently Computing HP-filtered Time Series*, Federal Reserve Bank of Minneapolis Researche Memorendum.

Ladner A. (1999), «Das Schweizer Parteiensystem und seine Parteien», Klöti U., Knoepfel P., Kriesi H., Linder W. & Papadopoulos Y. (eds), *Handbuch der Schweizer Politik*, NZZ Verlag, Zürich, pp. 213-260.

Laffer A. (1981), «Government Extractions and Revenue Deficiencies», *Cato Journal*, 1: 1-23.

Lane J.-E. & Ersson S. (1994), *Politics and Society in Western Europe*, Sage, London.

Larkey P.D. & Smith R.A. (1984), «The Misrepresentation of Information in Governmental Budgeting», Sproull L.S. & Larkey P.D. (eds), *Advances in Managerial Cognition and Organizational Information Processing*, vol. 1, JAI Press, Greenwich.

Larkey, P.D., Stolp C. & Winer W. (1981), «Theorizing About the Growth of Government: A Research Assessment», *Journal of Public Policy*, 1: 157-220.

Lijphart A. (1999), *Patterns of Democracy. Government Forms and Performance in Thirty-Six Countries*, Yale University Press, New Haven and London.

Linz J. (1993), «The Perils of Presidentialism», Diamond L. & Plattner M.F. (eds.), *The Global Resurgence of Democracy*, Johns Hopkins, Baltimore, pp. 108-126.

Lucas R.E. & Sargent T.J. (1979), «After Keynesian Macroeconomics», *Federal Reseve Bank of Minneapolis Quarterly Review*, 3(2): 1-15.

Maddala G.S. (2001), *Introduction to Econometrics,* 3rd edition, Wiley, Chichester.

Maddala G.S. & Wu S. (1999), «A Comparative Study of Unit Root Tests with Panel Data and a New Simple Test», *Oxford Bulletin of Economics and Statistics,* 61(1): 631-652.

Manzini A. & Zarin-Nejadan M. (1995), «The Causal Relationship between Government Expenditure and Revenue: the Case of Switzerland», *Revue suisse d'économie politique et de statistique*, 4(1): 637-647.

Martin M.-J. (1999), *Gestion de la dette à Genève: une application du solde structurel et des indicateurs de soutenabilité*, Université de Genève, Genève.

Martin M.-J. (2004a), «Pour un examen attentif des variables et des données avant toute analyse quantitative: Exemples tirés de modèles économétriques des soldes ou des dépenses des cantons suisses», Working Paper 8/2004, Idheap, Chavannes-Lausanne.

Martin M.-J. (2004b), «A Theoretical Basis for the Consideration of Spending Thresholds in the Analysis of Fiscal Referendums», *Constitutional Political Economy*, 15(4): 359-370.

Martin M.-J. & Soguel N. (2002), «Comprendre les excédents et les déficits financiers des cantons suisses», Wagschal U. & Rentsch H. (eds.), *Der Preis des Foederalismus*, Avenir Suisse, Orell Füssli, Zürich, pp. 93-116.

Martin M.-J. & Soguel N. (2004), «Towards a Model for Predicting Deficit and Surplus in the Swiss Cantons», Imbeau L.M. & Pétry F. (eds.), *Politics, Institutions, and Fiscal Policy: Deficits and Surpluses in Federated States,* Lexington Books, Lanham, pp. 135-159.

Martin M.-J., Soguel N. & Tangerini A. (2003), «Perception des chefs des finances, vs économétrie des soldes budgétaires: le cas des cantons suisses», *Revue politique et management public*, 27(4): 41-69.

Matsusaka J. G. (1995), «Fiscal Effects of the Voter Initiative: Evidence from last 30 Years», *Journal of Political Economy,* 103(2): 587-623.

Matyas L. & Sevestre P. (eds.) (1996), *The Econometrics of Panel Data: Handbook of Theory and Applications*, Kluwer Academic Publishers, Netherlands.

McCubbins D. (1991), «Government on Lay-Away: Federal Spending and Deficits Under Divided Government», Cox G.W. & Kernell S. (eds), *The Politics of Divided Government*, Westview Press, Boulder, pp. 215-231.

Meltzer A. H. & Richard S. F. (1981), «A Rational Theory of Size of Government», *Journal of Political Economy*, 89(5): 914-927.

Message sur le frein à l'endettement du 5 juillet 2000, Feuille fédérale, pp. 4295-4368.

Mottu E. (1997), «De la (non-)soutenabilité des politiques budgétaires en Suisse», *Revue suisse d'économie politique et de statistique*, 133(3): 395-420.

Musgrave R. A. (1966), «Principles of Budget Determination», Cameron H. Henderson W. (eds.), *Public Finance: Selected Readings*, Random House, New York, pp. 15-27.

Nerlove M. & Balestra P. (1996), «Formulation and Estimation of Econometric Models for Panel Data», Matyas L. & Sevestre P. (eds), *The Econometrics of Panel Data: Handbook of Theory and Applications*, Kluwer Academic Publishers, Netherlands, pp. 3-22.

Niskanen W. A. Jr. (1971), *Bureaucracy and Representative Government*, Aldine-Atherton, Chicago.

Nordhaus W.D. (1975), «The Political Business Cycle, *Review of Economic Studies*, 42(2): 169-190.

Novaresi N. (2001), *Discipline budgétaire: Etude de l'influence du référendum financier et des règles d'équilibre budgétaire sur les finances publiques des 26 cantons suisses*, Centre d'études en économie du secteur public, Université de Fribourg, Fribourg.

Oates W. E. (1972), *Fiscal Federalism*, Harcourt Brace, New York.

Oates W. E. (1975), «Automatic Increases in Tax Revenues: the Effect on the Size of the Public Budget», Oates W. E. (ed.) *Financing the New Federalism: Revenue Sharing Conditional Grants and Taxation*, John Hopkins University Press, Baltimor, pp. 139-160.

Oates W. E. (1979), «Lump-sum Intergovernmental Grants Have Price Effects», Mieszkowski P. & Oakland W. (eds) *Fiscal Federalism and Grants-in-Aid*, The Urban Institute, Washington D.C., pp. 23-30.

Olson M. Jr. (1987), *Logique de l'action collective*, 2e éd, Presses Universitaires de France, Paris.

Oppenheimer J. A. (1980), «Small Steps Forward for Political Economy», *World Politics*, 33(1): 121-151.

Ordonnance sur les routes nationales du 8 mai 2002, Recueil officiel, p. 1177.

Otsuka Y. & Braun B.M. (1999), «The Random Coefficient Approach for Estimating Tax Revenue Stability and Growth», *Public Finance Review*, 27(6): 665-676.

Pampel F.C. & Williamson J.B. (1989), *Age, Class, Politics, and the Welfare State*, Cambridge University, Cambridge.

Payne J.E. (2003), «A Survey of the International Empirical Evidence on the Tax-Spend Debate», *Public Finance Review*, 31(3): 3002-324.

Peacock A. & Wiseman J. (1979), «Approaches to the Analysis of Government Expenditures Growth», *Public Finance Quarterly*, 7(1): 3-23.

Pedroni P. (1999), «Critical Values for Cointegration Tests in Heterogeneous Panels and Multiple Regressors», *Oxford Bulletin of Economics and Statistics*, 61(4): 653-671.

Pedroni P. (2004), «Panel Cointegration; Asymptotic and Finite Sample Properties of Pooled Time Series Tests with an Application to the PPP Hypothesis», *Econometric Theory*, 20(3): 597-625.

Perotti R., Strauch R. & von Hagen J. (1997), *Sustainability of Public Finances*, Centre for Economic Policy Research, Discussion paper No. 1781, International Macroeconomics, London.

Persson T., Roland G. & Tabellini G. (1998), «Towards Micropolitical Foundations of Public Finance», *European-Economic-Review*, 42(3): 685-694.

Persson T. & Svensson L. (1989), «Why a Stubborn Conservative Would Run a Deficit», *The Quarterly Journal of Economics*, 104(2): 324-345.

Persson T. & Tabellini G. (1999), «The Political Economics and Macroeconomic Policy», Taylor J.B. & Woodford M. (eds), *Handbook of Macroeconomics*, vol. 1C, NH Elsevier, Amsterdam, pp. 1399-1482.

Pettersson-Lidbom P. (2001), «An Empirical Investigation of the Strategic Use of Debt», *Journal of Political Economy*, 109(3): 570-583.

Poterba J. (1994), «State Responses to Fiscal Crises: the Effects of Budgetary Institutions and Politics», *Journal of Political Economy*, 102(4): 799-821.

Poterba J. (1996), «Budget Institutions and Fiscal Policy in the U.S. States», *American Economic Review*, 86(2): 395-400.

Poterba J. (1997), «Do Budget Rules Work ?», Auerbach A. J. (ed.), *Fiscal Policy: Lessons from Economic Research*, MIT Press, Cambridge, pp. 53-100.

Poterba J.M. & von Hagen J. (eds) (1999), *Fiscal Institutions and Fiscal Performance*, Press for National Bureau of Economic Research, Chicago.

Potter B.H. & Diamond J. (1999), *Guidelines for Public Expenditure Management*, International Monetary Fund, Washington D.C.

Pujol F. (2000), *L'incidence des préférences sur la discipline budgétaire*, Université de Genève, Genève.

Pujol F. & Weber L. (2003), «Are Preferences for Fiscal Discipline Endogenous», *Public Choice*, 114(3): 421-444.

Quivy R. & Van Campenhoudt L. (1995), *Manuel de recherche en sciences sociales*, Dunod, Paris.

Rae D. W. (1967), *The Political Consequences of Electoral Laws*, Yale University Press, New Haven, London.

Richter R. (1994), *Institutionen ökonomisch analysiert*, J.C.B. Mohr (Paul Siebeck), Türingen.

Ricker W. (1980), «Implications for the Disequilibrium of Majority Rule for the Study of Institutions», *American Political Science Review*, 74(2): 432-446.

Rogoff K. & Sibert A. (1998), «Equilibrium Political Business Cycles», *Review of Economic Studies*, 55(1): 1-16.

Ross K. L. & Payne J. E. (1998), «A Reexamination of Budgetary Disequilibria» *Public Finance Review*, 26(1): 53-66.

Roubini N. (1995), *The Economics of Fiscal Bondage: The Balanced Budget Amendment and Other Binding Fiscal Rules*, Manuscript, Yale University.

Roubini N. & Sachs J. (1989a), «Political and Economic Determinants of Budget Deficit in the Industrial Democracies», *European Economic review*, 33(5): 903-938.

Roubini N. & Sachs J. (1989b), «Government Spending and Budget Deficits in the Industrialized Countries», *Economic Policy*, 8: 99-132.

Rubin I. S. (1987), «Estimated and Actual Urban Revenues: Exploring the Gap», *Public Budgeting and Finance*, 4: 83-95.

Rubin I. S. (1997), «Budgeting: Theory and Concepts», Golembiewski R. T. & Rabin J. (eds), *Public Budgeting and Finance*, 4th ed, Marcel Dekker, New York, pp. 185-201.

Rys A. & Vaneecloo N. (1998), «Econométrie: théorie et aplication», Nathan, Paris.

Schick A. (1997), *The Changing Role of central Budget Office*, OCDE, Paris.

Schoneneberger A. & Zarin-Nejadan M. (2001), *L'économie Suisse*, Presses Universitaires de France, Paris.

Sen A. K. (2001), *Ethique et économie*, Presses Universitaires de France, Paris.

Sevestre P. (2002), *Econométrie des données de panel*, Dunod, Paris.

Shaviro D. (1997), *Do Deficits Matter?*, University of Chicago Press, Chicago.

Simon H. A. (1976), *Administrative Behavior*, The Free Press, New York.

Soguel N. (1996), «Faut-il s'inquiéter de l'augmentation de la dette de la Confédération?», Cahiers de questions conjoncturelles n° 2, Berne.

Soguel N. & Martin M.-J. (2000), *Comparatif des finances cantonales 1999*, Idheap, rapport FP 18, Chavannes-Lausanne.

Spolaore E. (1993), *Macroeconomic Policy, Institutions and Efficiency*, Ph. D. Dissertation, Harvard Univesity, Cambridge.

Stauffer (2001), *Instrumente des Haushaltsaugleichs: Ökonomische Analyse und rechtliche Umsetzung*, Phd thesis, University of St Gallen, St Gallen.

Stutzer A. & Frey B. S. (2000), «Stärkere Volksrechte – Zufriedene Bürger: eine mikroökonometrische Untersuchung für die Schweiz», *Schweizerische Zeitschrift für Politikwissenschaft*, 6(3): 1-30.

Tabellini G. (1991), «The Politics of Intergenerational Redistribution», *Journal of Political Economy*, 99(2): 335-57.

Tabellini G. & Alesina A. (1990), «Voting on the Budget Deficit», *American Economic Review*, 80(1): 37-49.

Tanzi V. & Schuknecht L. (2000), *Public Spending in the 20th [twentieth] Century: a Global Perspective*, Cambridge University Press, Cambridge.

Tarschys, D. (1975), «The Growth of Public Expenditures: Nine Modes of Explanation», *Scandinavian Political Studies*», 10: 9-31.

Trechsel A. & Serdült U. (1999), *Kaleidoskop Volksrechte: die Institutionen der direkten in den schweizerischen Kantonen 1970-1996*, Helbing & Lichtenhahn, Genève.

Vatter A. & Freitg M. (2002), «Die Janusköpfigkeit von Verhandlungsdemokratien», *Schweizerische Zeitschrift für Politikwissenschaft,* 8(2): 53-80.

Velasco A. (2000), «Debts and Deficits with Fragmented Fiscal Policymaking», *Journal of Public Economics*, 76(1): 105-125.

Wagner A. (1893), *Grundlegung der Politischen Oekonomie*, C.F. Winter, Leipzig.

Wagner R. (1976), «Revenue Structure, Fiscal Illusion and Budgetary Choice», *Public Choice*, 25: 45-61.

Weber L. (1997), *L'Etat, acteur économique*, Economica, 3ème édition, Paris.

Weber M. (1947), *The Theory of Social and Economic Organization,* Oxford University Press, Oxford.

Weingast B., Shepsle K. & Johnsen C. (1981), «The Political Economy of Benefits and Costs: A Neoclassical Approach to Redistributive Politics», *Journal of Political Economy*, 89(4): 642-64.

Weinmann G. (1997), *Application de l'analyse dynamique a l'étude du déficit et de la dette publique: cas du canton de Neuchâtel*, mémoire de licence, Université de Neuchâtel, Neuchâtel.

Western B. (1996), «Vague Theory and Model Uncertainty in Macrosociology», *Sociological Methodology*, 26: 165-192.

Wildavsky A. (1975), *Budgeting: A Comparative Theory of Budgetary Processes*, Little Brown, Boston.

Wildavsky A. (1988), *The New Politics of Budgetary Process*, Scott, Foresman and Company, Glenview.

Annexe

Annexe 1: Définition et caractéristiques des cycles économiques

L'observation rétrospective des économies de marché montre que ces dernières tendent à osciller autour d'une tendance de croissance sur le long terme. Une oscillation complète est appelée *cycle économique* ou *cycle conjoncturel*. Ces oscillations, qui ne sont pas forcément de même ampleur ni de même durée, seraient dues à l'évolution cyclique ou conjoncturelle de l'économie et à des chocs aléatoires (les chocs permanents provoquent des changements de tendances et les chocs temporaires des écarts à la tendance).[1] La Figure A.1 permet de préciser différentes notions (récession, reprise, etc.) communément utilisées. Elle permet surtout d'illustrer différentes notions relatives aux cycles économiques utilisées dans ce travail.

Figure A.1
Représentation de l'évolution cyclique de l'économie

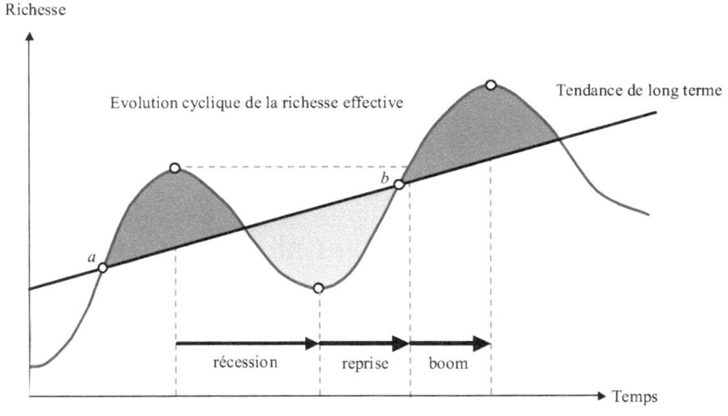

1 Boyer (1990) et Krugman (1994) présentent les principales explications (celles d'inspiration keynésienne et celles d'inspiration monétariste) donnés pour expliquer le caractère cyclique de l'évolution économique des économies de marché.

L'axe des abscisses donne le temps et l'axe des ordonnées indique la richesse d'une collectivité (ici mesurée le PIB). La droite légèrement croissante correspond à l'évolution tendancielle de la richesse produite par une collectivité. La courbe à l'allure sinusoïdale retrace l'évolution effective ou observée de cette richesse. La notion d'*écart de production* désigne la différence entre la production observée et la production tendancielle. Lorsque l'écart de production est positif, on dit que l'économie est en phases de surchauffe ou de haute conjoncture. Lorsque cet écart est négatif, on parle de sous-emploi des facteurs de production ou de basse conjoncture. Un *cycle économique* ou *conjoncturel* peut être défini comme la succession de chacune de ces phases. Sur la figure un cycle complet va du point *a* au point *b*. D'une manière plus générale, un cycle économique peut être défini en reliant n'importe quel point avec le prochain lui étant analogue. Ainsi, on pourrait définir un cycle en reliant les creux et/ou les apogées des trajectoires considérées.

Lorsque l'économie est en surchauffe certaines recettes publiques sont plus élevées et certaines dépenses publiques plus faibles que ce qu'elles auraient été si la collectivité s'était trouvée sur son chemin de croissance tendancielle. Lorsque l'économie est en phase de sous-emploi, l'inverse est vrai. Il résulte donc des variations conjoncturelles des variations des soldes budgétaires. Ces variations dues aux fluctuations conjoncturelles sont appelées soldes conjoncturels. Ces derniers sont d'autant plus important (en valeur absolue) que les écarts de production sont importants. Ainsi, lorsque l'écart de production est nul, les soldes conjoncturels le sont aussi.

Annexe 2: Présentation de l'influence de la variable *DENSITE*

La description théorique met en relation DENSITE avec les recettes et les dépenses exprimées en francs et non en francs par habitant. Afin de déterminer la forme des relations entre DENSITE et ces dernières, on part des équations décrivant la relation attendue entre la densité et les recettes puis les dépenses. On dérive ensuite les équations entre DENSITE et RECETTES puis DEPENSES.

La Figure A.2 présente la relation attendue entre la densité et les recettes publiques. Cette présentation est stylisée et ne sert qu'à illustrer le comportement des recettes: les différentes phases sont certainement d'ampleur et de longueur différentes en réalité. Par contre, cette relation devrait avoir la même allure. Ainsi, cette relation comprend une première phase (phase A) où les collectivités font face à des rendements d'échelle croissants: les recettes croissent de façon plus que proportionnelle avec la densification de la population. Elle comprend une seconde phase (phase B) au cours de laquelle les recettes croissent en raison de la densification de la population, mais toujours plus faiblement: la pente de la courbe reste positive, mais s'aplanit progressivement. Ce type de relation peut être décrit par la forme logistique:

Recettes = (Rmax) / (1+$e^{aDENSITE}$+b),
avec notamment Rmax le plafond des recettes et a < 0.

Figure A.2
Relation attendue entre la densité démographique et les recettes

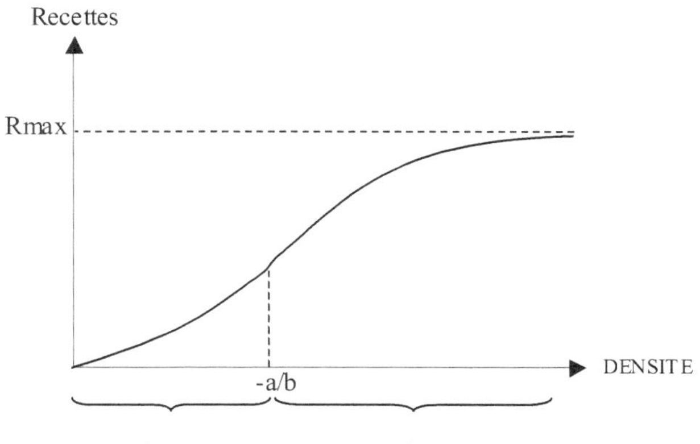

Comme cette étude s'intéresse aux recettes par habitant, il convient de dériver de l'équation présentée la forme de la relation attendue entre DENSITE et RECETTES. La Figure A.3 donne l'allure de cette relation:

RECETTES = [(Rmax) / (1+$e^{aDENSITE}$+b)]/habitants.

Pour estimer les paramètres Rmax, a et b, il faudrait utiliser une méthode itérative non linéaire. A la vue de la difficulté et de l'imprécision de cette pratique, il est préférable d'avoir recours à des formes quadratique, cubique ou même linéaires. Comme on peut le constater sur la figure commentée, la forme cubique semble plus appropriée que la forme quadratique en début de courbe et ce même si en tout début de courbe ces deux formes conduisent à des valeurs négatives pour les recettes. Par contre, on dresse le constat inverse lorsque l'on considère la fin de la courbe. Relevons que l'on constate aussi que de simples droites peuvent suffire pour rendre compte de cette relation selon les portions de courbe associées aux valeurs prises par DENSITE. Etant donné que l'introduction de plusieurs termes élevés à des puissances différentes pose généralement des problèmes de stabilité des résultats, il convient de déterminer si des spécifications simples comme des droites ou la forme quadratique suffisent. Relevons que le recours à une spécification plus simple ne peut se faire qu'après le test de spécifications plus complexes. Il faut dire que l'utilisation d'une droite ne permettrait pas de rendre compte de l'inflexion prévue au milieu de la courbe représentée.

Figure A.3
Relation attendue entre la densité démographique et les recettes par habitant

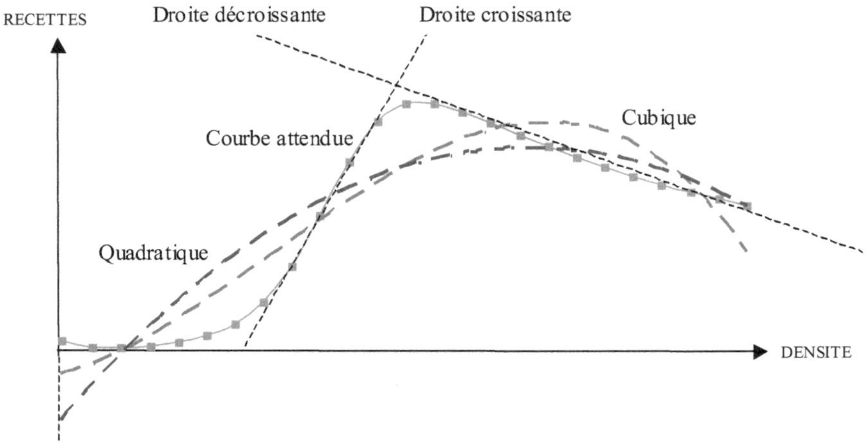

Le Tableau A.1 présente les signes attendus des coefficients rattachés à DENSITE selon les variantes retenues.

Tableau A.1
Relations attendues entre la densité et les recettes selon les types de forme retenus

	Forme cubique	*Forme quadratique*	*Droite (dé)croissante*
DENSITE	–	+	+ (–)
DENSITE2	+	–	0 (0)
DENSITE3	–	0	0 (0)

Un + (— ou 0) indique que l'influence attendues est positive (négative ou nulle).
DENSITE2 = DENSITE^2 et DENSITE3 = DENSITE^3.

La Figure A.4 présente la relation attendue entre la densité et les dépenses publiques. Cette relation contient deux phases (A et B). Dans la phase A, la collectivité bénéficie de rendements d'échelle croissants. Par conséquent, la croissance des dépenses ralentit avec la densification démographique. Dans la phase suivante (B), la collectivité subit des effets d'échelle décroissants. Dès lors, le rythme de croissance des dépenses s'accélère avec la densification de la population. Une telle relation peut être décrite par un polynôme d'ordre 3, soit sous la forme cubique:

RECETTES = a+bDENSITE+cDENSITE2+dDENSITE3,
avec b>0, c<0 et d>0.

Figure A.4
Relation attendue entre la densité démographique et les dépenses

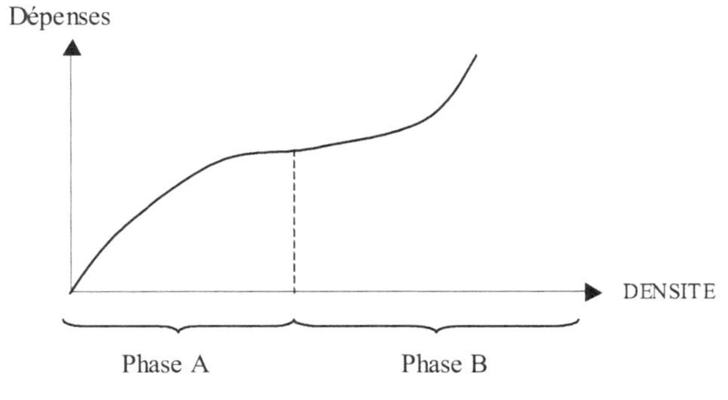

La division par habitant de l'équation précédente donne:

> RECETTES = (a+bDENSITE+cDENSITE2+dDENSITE3)/habitants,
> avec les signes des paramètres inchangés.

La Figure A.5 donne l'allure de la relation décrite par cette équation. Comme pour les recettes cette équation peut être approchée par des formes plus simples selon les portions de courbe associées aux valeurs prises par DENSITE. Certaines d'entre-elles sont également tracées dans la figure commentée (forme cubique, droites etc.).

Figure A.5
Relation attendue entre la densité démographique et les dépenses par habitant

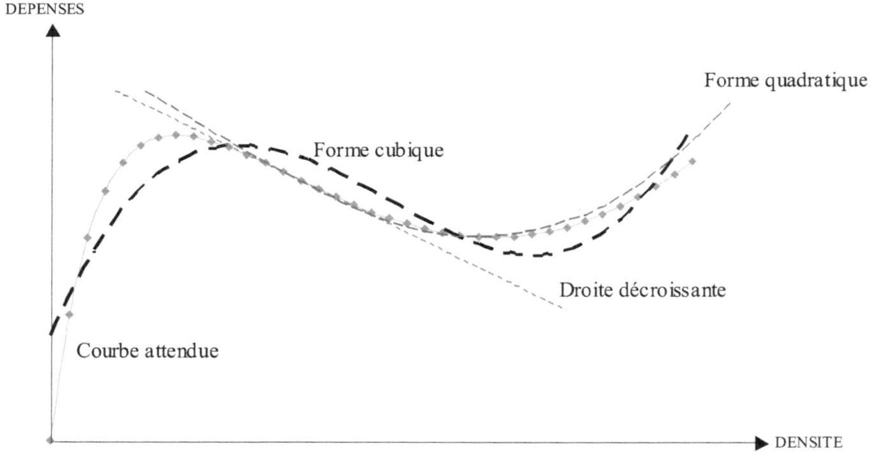

Le Tableau A.2 présente les signes attendus des coefficients rattachés à DENSITE selon les variantes retenues.

Tableau A.2

Relations attendues entre la densité et les dépenses par habitant selon les types de forme retenus

	Forme cubique	*Forme quadratique*	*Droite (dé)croissante*
DENSITE	+	–	+ (–)
DENSITE2	–	+	0 (0)
DENSITE3	+	0	0 (0)

Un + (— ou 0) indique que l'influence attendues est positive (négative ou nulle).
DENSITE2 = DENSITE^2 et DENSITE3 = DENSITE^3.

Le Tableau A.3 récapitule selon les formes retenues les signes attendus entre DENSITE et RECETTES, DEPENSES puis SOLDES. Par souci de clarté, il ne le fait que pour les cas dont les formes retenus sont les mêmes pour les recettes et les dépenses. Ces différents cas peuvent servir à compléter la partie du Tableau 5.4 présentée à la page 115.

Tableau A.3

Relations attendues selon les types de forme retenus

	RECETTES	*DEPENSES*	*SOLDES*
Forme cubique			
DENSITE	–	+	–
DENSITE2	+	–	+
DENSITE3	–	+	–
Forme quadratique			
DENSITE	+	–	+
DENSITE2	–	+	–
Droite (dé)croissante			
DENSITE	+ (–)	+ (–)	? (?)

Un + (—) indique que l'influence attendues est positive (négative).
DENSITE2 = DENSITE^2 et DENSITE3 = DENSITE^3.

Annexe 3: Description statistique des variables

Tableau A.4

Statistiques des variables utilisées de 1980 à 2002 pour l'ensemble des cantons suisses

Déterminant	*Domaine définition*	*Médiane*	*Moyenne*[a]	*Minimum*	*Maximum*	*Ecart-type*
RECETTES (en frs/hab.)	ℜ+	6'060	6'754	3'415	20'734	2'671
DEPENSES (en frs/hab.)	ℜ+	6'124	6'845	3'291	20'296	2'773
RECETTES(-1) (en frs/hab.)	ℜ+	5'922	6'601	3'415	20'734	2'633
DEPENSES(-1) (en frs/hab.)	ℜ+	6'028	6'691	3'291	20'296	2'740
SOLDES (en frs/hab.)	ℜ	-37,8	-90,3	-2'513	1'297	432
SOLDES(-1) (en frs/hab.)	ℜ	-36,5	-89,7	-2'513	1'297	429
REFERENDUM	[0–6]	3,94	3,84	0,00	6	1,28
INITIATIVE	[0–6]	4,64	4,18	1,62	6	1,36
MESURESOLDES	0/1	0	0,162	0	1	0,369
REGLESOLDES	0/1	0	0,115	0	1	0,320
NBDPT	ℜ+	7,00	7,66	5	13	2,33
CENTRALISATION (en %)	[0–100]	52,7	56,0	34,2	98,4	12,6
NBCOMMUNES	ℜ+	82,0	115	3,00	414	113
PARTIMPOTS (en %)	[0–100]	48,0	48,0	21,0	72,0	10,5
REVENU (en 1000 frs/hab.)	ℜ+	42'035	44'969	27'460	83'614	10'956
REVENUZG (en 1000 frs/hab.)	ℜ+	0	3'016	0	83'614	15'098
CONJONCTURE	ℜ	-0,0029	0,0002	-0,0300	0,0457	0,0175
CROISSANCE (en %)	ℜ	1,31	1,67	-1,33	4,55	1,65
CHOMAGE (en %)	[0–100]	1,20	1,80	0,000	7,80	1,79
PARTSUBVENTION (en %)	[0–100]	14,9	15,8	3,32	38,2	7,98
AGEES (en %)	[0–100]	14,6	14,6	10,3	21,0	2,07
JEUNES (en %)	[0–100]	25,7	25,5	16,1	34,1	3,37
ETRANGERS (en %)	[0–100]	3,89	4,31	1,42	14,2	2,07

ℜ symbolise l'ensemble des nombres réels et ℜ+ celui des réels positifs.

[a] Moyenne simple des observations.

Tableau A.4, suite

Statistiques des variables utilisées de 1980 à 2002 pour l'ensemble des cantons suisses

Déterminant	*Domaine définition*	*Médiane*	*Moyenne*[a]	*Minimum*	*Maximum*	*Ecart-type*
UNI	0/1	0	0,319	0	1	0,467
HUNI	0/1	0	0,192	0	1	0,394
AEROPORT	0/1	0	0,077	0	1	0,267
DENSITE	$\Re+$	2,15	4,77	0,41	58,3	10,6
RIGUEUR	0/1	51,2	49,7	40,3	53,6	3,57
LATINS	0/1	0	0,269	0	1	0,444
GVTDROITE	[1–10]	5,60	5,53	3,50	6,74	0,489
PLTDROITE	[1–10]	5,50	5,48	4,43	6,40	0,343
PARTGVTDROITE (en %)	[0–100]	80,0	78,3	33,3	100	16,0
PARTPLTDROITE (en %)	[0–100]	76,3	76,0	46,9	100	13,3
DISPGVT	[0–25][b]	2,80	2,81	0,240	5,89	1,44
COALITION	$\Re+$	3,00	3,31	1,00	5,00	0,92
DISPPLT	[0–25][b]	3,38	3,24	0,401	6,72	1,49
FRACTIONALISATION	[0–1[	0,735	0,661	0,000	0,882	0,212
CONCORDANCE (en %)	[0–100]	88,4	86,5	53,3	100	10,3
INSTABILITEGVT	[0–230][c]	1,25	1,41	0,000	3,86	1,01
INSTABILITEPLT	[0–230][c]	0,648	0,714	0,352	2,05	0,343
INSTABILITEPLTS	[0–23][d]	0,532	0,472	0,000	1,29	0,349
INSTABILITEGVTS	[0–23][d]	0,425	0,437	0,000	0,831	0,186
ANELECTORAL	0/1	0	0,232	0	1	0,423
URBAINS (en %)	[0–100]	58,2	54,8	0,000	100	30,9
CITADINS (en %)	[0–100]	29,5	32,3	0,000	99,4	24,8
GE	0/1	0	0,038	0	1	0,192

$\Re$ symbolise l'ensemble des nombres réels et $\Re+$ celui des réels positifs.

[a] Moyenne simple des observations.

[b] La borne supérieure correspond au carré de la valeur centrale de l'échelle utilisée.

[c] La borne supérieure correspond au nombre de périodes considéré multiplié par l'écart entre les extrémités de l'échelle utilisée: soit pour nous à l'alternance annuelle entre un parti dont le poids idéologique vaut 0 et un autre dont le poids vaut 10.

[d] La borne supérieure correspond au nombre de périodes considéré multiplié par 100%, soit au renouvellement partisan complet à chaque période.

Annexe 4: Ajustements des séries des recettes

Les recettes ont été ajustées pour supprimer l'influence directe de la privatisation de la banque cantonale de AR en 1996 (180 millions représentant plus de 57% des recettes du canton; les pourcentages sont à chaque fois exprimés par rapport aux niveaux ajustés), de la transformation en société anonyme de la banque cantonale de SG en 2000 (500 millions de recettes comptables, 16%) et de la privatisation de cette même banque en 2001 (160 millions, 5%) ou encore de trois successions exceptionnelles: de 23,6 millions à Neuchâtel en 1990 (près de 3%) et de 100 millions au TI en 1988 (6%) et en 1994 (près de 5%). Les recettes ont également été ajustées pour tenir compte de la perception par GL en 2000 de recettes extraordinaires au titre de l'impôt sur le bénéfice des personnes morales (35; 10,5%): Alors que ces dernières fluctuent en général entre 20 et 30 millions, ces recettes s'élevaient à 60 millions cette année-là. On peut donc estimer que le surplus de recettes s'élève entre 30 et 40. Les recettes ont finalement été ajustées du creux observé pour Zug en 1999. Ce creux est dû à la très forte chute des contributions enregistrée en 1999. Il semble que cette chute ne soit pas réelle, mais qu'elle s'explique plutôt par une comptabilisation postérieure au bouclement des comptes. Par conséquent, nous avons ajouté aux recettes le montant de 47,2 millions (6,7%) calculé par interpolation linéaire entre les contributions 1998 et 2000.

Annexe 5: Ajustements des séries des dépenses

Les dépenses ont été ajustées pour neutraliser les effets directs de la capitalisation de la Banque cantonale genevoise en 1993 (147 millions représentant plus de 2,5% des dépenses du canton; les pourcentages sont à chaque fois exprimés par rapport aux niveaux ajustés) et des efforts d'assainissement de cette même banque entrepris par le biais de la fondation de revalorisation en 2000 (19 millions, 0,3%), 2001 (194 2,5%

et 2002 (294, 3,7%), de la transformation en société anonyme de la banque cantonale saint-galloise en 2000 (255 millions de dépenses comptables, plus de 8,5%), de la faille de la banque cantonale de SO en 1996 (34 millions, 2,7%), en 1997 (34 millions, plus de 2,5%) et en 1998 (125 millions, 9%), de la recapitalisation de la Banque cantonale du JU en 1997 (42 millions, 7,5%) ainsi que du bouclement en 1994 du programme extraordinaire de construction datant de 1985 et dont le lissage était prévu sur 25 ans (41 millions, près de 9%) dans le canton du JU. En outre, les séries des dépenses ont été ajustée des prestations complémentaires à l'AVS/AI supportées par BE en 1986 (242 millions, plus de 6%), de la rupture inexpliquée de 36 millions (6%; écart à l'interpolation linéaire entre 1984 et 1986) des dépenses uranaises apparaissant nettement en 1985 après soustraction des montants relatifs aux routes nationales, des dépenses causés à OW par les intempéries en 2000 (plus de 16 millions, soit 7,7%), des coûts causés en Valais par les intempéries en 2001 (plus de 175 millions, soit près de 8,5%) ainsi que de l'assainissement à hauteur de 100 millions des forces motrices valaisannes en 2001 (près de 5%).

Annexe 6: Condition d'équivalence d'une estimation direct des soldes par les MCO avec celle d'un modèle séparé des recettes et des dépenses

Pour montrer que l'estimation direct des soldes par les MCO est équivalente à celle d'un modèle séparé des recettes et des dépenses que s'il n'existe que des déterminants communes aux recettes et aux dépenses, il suffit de discuter les résultats qui découlent de l'application des MCO lorsqu'il existe des déterminants communs influençant les soldes (DC_{1t}) et des déterminants spécifiques.

Par exemple, en ne prenant que des déterminants spécifiques aux dépenses (DS_{Dt}), on a formellement pour les recettes et les dépenses:

$R_t = XC_tB_{R1} + e_{Rt}$
$D_t = XC_tB_{D1} + DS_{Dt}B_{D2} + e_{Dt}$
avec e_{Rt} et e_{Dt} i.i.d. et $E[e_{Rt}\ e_{Dt}] = 0$.

Evidemment pour les soldes on a:

$S_t = XC_tB_{S1} + DS_{Dt}B_{S2} + e_{St}$
avec notamment $XC_t = [1\ DC_{1t}]$ et e_{st} i.i.d.

En appliquant les MCO aux recettes, on obtient:

$$\hat{B}_{R1} = [XC_t'XC_t]^{-1}XC_t'R_t\,.$$

Cette relation peut être réécrite de la façon suivante:

$$[XC_t'XC_t]\hat{B}_{R1} = XC_t'R_t\,.$$

En appliquant les MCO aux dépenses et en procédant à la même réécriture que pour les recettes, on obtient par la propriété des matrices partitionnées:

$$\begin{matrix}(1)\\(2)\end{matrix}\left\{\begin{bmatrix} XC_t'XC_t & XC_t'DS_{Dt} \\ DS_{Dt}'XC_t & DS_{Dt}'DS_{Dt}\end{bmatrix}\begin{bmatrix}\hat{B}_{D1}\\ \hat{B}_{D2}\end{bmatrix} = \begin{bmatrix} XC_t' \\ DS_{Dt}'\end{bmatrix}D_t\,.\right.$$

Dès lors, il est possible de mettre en évidence $\hat{B}_{D1}$:

$$XC_t'XC_t\hat{B}_{D1} + XC_t'DS_{Dt}\hat{B}_{D2} = XC_t'D_t\,.$$

Ce qui permet d'écrire:

$$XC_t'XC_t\hat{B}_{D1} = XC_t'D_t - XC_t'DS_{Dt}\hat{B}_{D2} =$$

$$[XC_t'XC_t]^{-1}XC_t'XC_t\hat{B}_{D1} = [XC_t'XC_t]^{-1}XC_t'D_t - [XC_t'XC_t]^{-1}XC_t'DS_{Dt}\hat{B}_{D2}$$

et donc:

$$\hat{B}_{D1} = [XC_t'XC_t]^{-1}XC_t'[D_t - DS_{Dt}\hat{B}_{D2}]\,.$$

Pour obtenir $\hat{B}_{D2}$, on commence par remplacer $\hat{B}_{D1}$ par son expression dans (2):

$$DS'_{Dt}XC_t[[XC'_tXC_t]^{-1}XC'_t[D_t - DS_{Dt}\hat{B}_{D2}]] + DS'_{Dt}DS_{Dt}\hat{B}_{D2} = DS'_{Dt}D_t \ .$$

En développant, l'équation précédente s'écrit:

$$DS'_{Dt}XC_t[XC'_tXC_t]^{-1}XC'_tD_t - DS'_{Dt}XC_t[XC'_tXC_t]^{-1}XC'_tDS_{Dt}\hat{B}_{D2} + DS'_{Dt}DS_{Dt}\hat{B}_{D2} = DS'_{Dt}D_t \, .$$

On tire de l'expression précédente l'égalité suivante:

$$DS'_{Dt}DS_{Dt}\hat{B}_{D2} - DS'_{Dt}XC_t[XC'_tXC_t]^{-1}XC'_tDS_{Dt}\hat{B}_{D2} = DS'_{Dt}D_t - DS'_{Dt}XC_t[XC'_tXC_t]^{-1}XC'_tD_t =$$

$$[DS'_{Dt} - DS'_{Dt}XC_t[XC'_tXC_t]^{-1}XC'_t]DS_{Dt}\hat{B}_{D2} = [DS'_{Dt} - DS'_{Dt}XC_t[XC'_tXC_t]^{-1}XC'_t]D_t =$$

$$DS'_{Dt}[I - XC_t[XC'_tXC_t]^{-1}XC'_t]DS_{Dt}\hat{B}_{D2} = DS'_{Dt}[I - XC_t[XC'_tXC_t]^{-1}XC'_t]D_t \, .$$

En posant $M_{XCt} = [I - XC_t[XC'_tXC_t]^{-1}XC'_t]$, l'écriture de $\hat{B}_{D2}$ s'allège et devient:

$$DS'_{Dt}M_{XCt}DS_{Dt}\hat{B}_{D2} = DS'_{Dt}M_{XCt}D_t \ .$$

Puis en mettant en évidence $\hat{B}_{D2}$, on a:

$$\hat{B}_{D2} = [DS'_{Dt}M_{XCt}DS_{Dt}]^{-1}DS'_{Dt}M_{XCt}D_t \, .$$

En suivant le même raisonnement que pour $\hat{B}_{D2}$, on finit par trouver:

$$\hat{B}_{D1} = [XC'_tM_{DSDt}XC_t]^{-1}XC'_tM_{DSDt}D_t \, ,$$
avec $M_{DSDt} = I - DS_{Dt}[DS'_{Dt}DS_{Dt}]^{-1}DS'_{Dt}$.

Dès lors, il est possible de dériver de ces résultats une équation des soldes publics:

$$\hat{B}_{S1} = \hat{B}_{R1} - \hat{B}_{D1} = [XC'_tXC_t]^{-1}XC'_tR_t - [XC'_tM_{DSDt}XC_t]^{-1}XC'_tM_{DSDt}D_t$$
$$\hat{B}_{S2} = \hat{B}_{R2} - \hat{B}_{D2} = 0 - [DS'_{Dt}M_{XCt}DS_{Dt}]^{-1}DS'_{Dt}M_{XCt}D_t \, .$$

L'obtention des estimations découlant du modèle des soldes uniquement s'obtient en appliquant la démarche adoptée pour les dépenses. Cette démarche aboutit finalement à:

$$\hat{B}_{S1} = [XC'_t M_{DSDt} XC_t]^{-1} XC'_t M_{DSDt} S_t$$

$$\hat{B}_{S2} = [DS'_{Dt} M_{XCt} DS_{Dt}]^{-1} DS'_{Dt} M_{XCt} S_t \,.$$

La mise en regard de ces résultats avec ceux dérivés du modèles des recettes et des dépenses montre que ces résultats ne sont équivalents que si $DS_{Dt} = 0$. En effet, avec $DS_{Dt} = 0$ on a:

$$DS_{Dt}[DS'_{Dt} DS_{Dt}]^{-1} DS'_{Dt} = 0 \text{ et } M_{DSDt} = I \,.$$

On trouve ainsi l'équivalence entre $\hat{B}_{S1}$ et $\hat{B}_{R1} - \hat{B}_{D1}$. On a en plus celle entre $\hat{B}_{S2}$ et $\hat{B}_{R2} - \hat{B}_{D2}$, puisque ces paramètres deviennent tous nuls.

Annexe 7: Choix des instruments

Le Tableau A.5 présente les corrélations entre les variables à instrumenter et différentes variables pouvant leur servir d'instrument. Il ne le fait que pour des variables I(0) puisque toutes les variables à instrumenter le sont et que des variables I(0) ne sauraient être instrumentées par des variables I(1) ou plus. En plus des variables explicatives les plus corrélées avec celles à instrumenter, ce tableau comprend la population totale (POPULATION), la proportion des 20-65 ans (20-65ANS) et la part des étrangers y compris les détenteurs de permis C (*ETRANGERSycC*).[2]

La liste des instruments retenus dépend des variables introduites dans les équations. Plus précisément, il s'agit de choisir comme instruments

2 ETRANGERSycC résulte I(0) au regard des tests de racine unitaire et des analyses graphiques. Sur ce dernier point, il en va de même pour POPULATION, alors que cette variable apparaît I(0) sans trend et I(1) avec.

Tableau A.5
Corrélations entre les variables à instrumenter et les instruments potentiels

	REFERENDUM	INITIATIVE	CENTRALISATION	PARTIMPOTS	PARTSUBVENTION
PARTGVTDROITE(-1)	0,191	0,348	-0,193	-0,402	0,392
PLTDROITE(-1)	0,265 (4)	0,274	-0,395 (4)	-0,304	0,321
PARTPLTDROITE (-1)	0,283 (3)	0,506 (3)	-0,281	-0,536 (4)	0,507 (4)
DISPGVT(-1)	-0,115	-0,270	0,247	0,489	-0,430
DISPPLT(-1)	-0,254	-0,409 (4)	0,367	0,622 (2)	-0,505
COALITION(-1)	-0,122	-0,304	0,316	0,549 (3)	-0,569 (1)
FRACTIONNALISATION(-1)	-0,089	-0,423	0,152	0,510	-0,480
CONCORDANCE(-1)	0,173	0,328	-0,294	-0,349	0,371
POPULATION(-1)	-0,216	-0,491 (2)	-0,160	0,368	-0,373
JEUNES(-1)	0,179	0,336	-0,378	-0,479	0,479
20-65ANS(-1)	-0,144	-0,416	0,188	0,501	-0,550 (3)
AGEES(-1)	-0,094	0,034	0,364	0,085	-0,015
DENSITE(-1)	-0,009	-0,064	0,729 (1)	0,369	-0,436
ETRANGERS(-1)	-0,307 (2)	-0,386	0,425 (2)	0,354	-0,288
ETRANGERSycc(-1)	-0,323 (1)	-0,481 (1)	0,407 (3)	0,641 (1)	-0,558 (2)

(1) indique la variable la plus corrélée avec celle en tête de colonne, (2) fait de même pour la seconde plus corrélée, etc.

les variables les plus corrélées avec celles à instrumenter tout en s'assurant que les corrélations les moins importantes ne soient pas trop faibles. Ainsi, lorsque seul PARTIMPOTS est à instrumenter, il serait préférable d'utiliser ETRANGERSycc(-1). De même, pour instrumenter PARTIMPOTS et REFERENDUM, il convient d'utiliser ETRANGERSycc(-1) et DISPPLT(-1) et non ETRANGERSycc(-1) et PARTPLTDROITE(-1). Relevons que l'on aurait fait le même choix si la corrélation entre PARTIMPOTS et DISPPLT(-1) n'avait été que de 0,5. En effet, la faiblesse des corrélations avec REFERENDUM nécessite la sélection de la variable qui lui est la plus corrélée, soit ETRANGERSycc(-1). D'ailleurs, on peut se demander s'il vaut la peine de passer par l'étape de l'instrumentation de REFERENDUM par ETRANGERSycc(-1) à la vue de la faiblesse de leur corrélation 0,32. Quoique avec moins d'acuité, cette question se pose aussi pour INITIATIVE. Par ailleurs, il convient de garder à l'esprit que les tests de racine unitaire montrent que DENSITE est susceptible d'être I(1) et donc non adéquat pour instrumenter des variables I(0). Par conséquent, l'instrumentation par ETRANGERSycc(-1) de CENTRALISATION doit aussi être envisagée.

Annexe 8: Intervalles de confiance des influences

Tableau A.6

Intervalles de confiance au seuil de 95% associées aux coefficients des modèles simultanés présentés

	Modèle de base			Modèle élargi		
	RECETTES	DEPENSES	SOLDES	RECETTES	DEPENSES	SOLDES
RECETTES		[0,249; 0,372]			[0,236; 0,360]	
DEPENSES	[0,0595; 0,187]			[0,0852; 0,210]		
CROISSANCE	[10,4; 37,2]	[-24,6; 2,47]	[12,4; 41,8]	[11,7; 37,8]	[-26,1; 0,0836]	[15,0; 44,6]
CHOMAGE		[12,0; 42,5]	[-39,5; -10,2]		[9,94; 39,7]	[-36,0; -8,29]
REFERENDUM		[-42,6; 0,806]	[2,05; 36,0]		[-50,8; -2,08]	[6,00; 41,2]
INITIATIVE		[-1,60; 46,0]	[-39,7; -0,72]		[-5,71; 41,5]	[-33,9; 1,945]
NBDPT		[-0,657; 19,5]	[-17,2; 0,021]		[-0,118; 21,7]	[-18,6; -0,610]
HUNI		[-5,75; 149]	[-123; -6,83]		[-21,3; 145]	[-117; 6,81]
AGEES		[-1,61; 24,4]	[-24,0; 3,18]		[7,74; 40,5]	[-35,7; -7,30]
GVTDROITE	[-94,5; -5,29]	[-72,3; 19,8]	[-62,7; 39,0]	[-101; -12,1]	[-76,0; 15,7]	[-65,6; 36,1]
ANELECTORAL		[-6,68; 91,3]	[-87,3; 10,2]		[-11,2; 84,2]	[-77,9; 12,9]
CONCORDANCE		[-4,98; 0,295]	[-0,283; 4,55]		[-6,50; -0,789]	[0,839; 5,66]
MESURESOLDES				[-19,5; 98,8]		[-11,1; 69,4]
PARTSUBVENTION				[-0,0887; 6,39]	[2,67; 11,6]	[-8,10; -0,0328]
REVENU				[0,000370; 0,00715]	[0,00118; 0,00979]	[-0,00637; 0,00210]
REVENUZG				[-0,00277; 0,00117]	[-0,00284; 0,00130]	[-0,00283; 0,00303]
COALITION					[-4,95; 62,7]	[-54,8; 3,33]
GE		[104; 402]	[-414; -470]		[223; 567]	[-553; -152]
RECETTES(-1)			[0,554; 0,707]	[0,785; 0,916]		[0,547; 0,701]
DEPENSES(-1)	[0,813; 0,946]		[-0,692; -0,542]		[0,607; 0,731]	[-0,672; -0,521]
SOLDES(-1)		[0,613; 0,740]				
CONSTANTE	[77,4; 605]	[-97,4; 600]	[-306; 337]	[-94,6; 456]	[-479; 309]	[-128; 545]

Annexe 9: Application du modèle sur les données non ajustées

Tableau A.7

Estimation par les TMC des modèles simultanés des recettes et des dépenses et modèles dérivés puis estimation direct par les variables instrumentales des soldes publics[a]

	Modèle de base				Modèle élargi			
	structurel		*dérivé*	*direct*	*structurel*		*dérivé*	*direct*
	RECETTES	DEPENSES	SOLDES	SOLDES	RECETTES	DEPENSES	SOLDES	SOLDES
RECETTES		0,331**				0,293**		
		(8,04)				(6,62)		
DEPENSES	0,281**				0,312**			
	(7,43)				(8,72)			
CROISSANCE	36,7**	-8,10	33,5**	31,5**	37,1**	-8,48	35,3**	31,3**
	(4,04)	(-0,97)	(4,00)	(3,68)	(4,25)	(-1,02)	(4,22)	(3,63)
CHOMAGE		35,1**	-27,8**	-27,2*		28,9**	-21,9**	-29,6*
		(3,79)	(-3,38)	(-2,16)		(3,05)	(-2,72)	(-2,23)
REFERENDUM	---	-32,8*	26,0**	8,62		-39,4**	29,8**	6,92
		(-2,47)	(2,70)	(0,73)		(-2,63)	(3,15)	(0,51)
INITIATIVE		34,2*	-27,1*	-6,37		29,0*	-22,0*	-9,11
		(2,38)	(-2,31)	(-0,42)		(1,98)	(-2,00)	(-0,58)
NBDPT	---	2,81	-2,23	-7,21		6,82	-5,17	-10,9
		(0,45)	(-0,44)	(-0,98)		(0,99)	(-1,06)	(-1,40)
HUNI		93,9*	-74,5*	-56,8		62,1	-47,0	-67,1
		(2,06)	(-2,29)	(-1,25)		(1,18)	(-1,39)	(-1,34)
AGEES		17,5*	-13,9*	-4,41		29,3**	-22,2**	-1,67
		(2,24)	(-2,02)	(-0,54)		(3,20)	(-2,94)	(-0,21)
GVTDROITE	-82,5**	-56,7*	-15,9	-6,97	-103**	-69,4*	-27,9	-16,3
	(-2,67)	(-1,98)	(-0,52)	(-0,22)	(-3,39)	(-2,35)	(-0,90)	(-0,51)
ANELECTORAL		82,9**	-65,7*	-45,1		85,0**	-64,4*	-44,2
		(2,74)	(-2,37)	(-1,31)		(2,82)	(-2,44)	(-1,28)
CONCORDANCE		-2,54	2,02	1,96		-4,31*	3,26*	2,78
		(-1,59)	(1,47)	(1,12)		(-2,49)	(2,30)	(1,58)
MESURESOLDES					54,3		42,3	47,5
					(1,36)		(1,56)	(1,42)
PARTSUBVENTION					6,89**	10,3**	-2,40	-1,02
					(2,76)	(3,39)	(-1,00)	(-0,43)
REVENU					0,00585**	0,00546*	0,000418	0,00299
					(2,70)	(2,22)	(0,19)	(1,29)
REVENUZG					-0,00133	-0,000287	-0,000821	-0,000788
					(-1,02)	(-0,22)	(-0,52)	(-0,48)
COALITION						38,5^{X}	-29,1^{X}	-18,1
						(1,83)	(-1,75)	(-0,87)
GE		362**	-287**	-234		480**	-363**	-234^{X}
		(4,17)	(-3,16)	(-1,93)		(5,15)	(-3,82)	(-1,90)
RECETTES(-1)	0,708**		0,522**		0,669**		0,521**	
	(18,0)		(10,7)		(17,8)		(11,3)	
DEPENSES(-1)		0,650**	-0,515**			0,672**	-0,509**	
		(16,1)	(-11,0)			(16,3)	(-11,7)	
SOLDES(-1)				0,534				0,522**
				(8,27)				(8,02)
CONSTANTE	553**	415^{X}	78,9	-41,8	344^{X}	91,0	199	-115
	(3,01)	(1,93)	(0,435)	(-0,19)	(1,84)	(0,38)	(1,01)	(-0,50)
Pseudo R^2a	0,983	0,989	0,0394	0,464	0,984	0,989	0,0566	0,463

---: pas d'influence théoriquement attendue.

Les retards des variables soulignées ont été utilisés comme instruments.

[a] Les nombres entre parenthèses au-dessous des paramètres estimés sont les valeurs calculés de student. Les coefficients qui s'accompagnent du symbole ^{X} sont différents de 0 au seuil de 90%, ceux qui sont suivit d'une astérisque (*) le sont au seuil de 95% et ceux qui s'accompagnent d'un double astérisque (**) le sont au seuil de 99%. Les valeurs critiques correspondant à ces seuils sont respectivement: 1,65, 1,96 et 2,58.

Table des annexes

FSC
www.fsc.org
MIX
Papier | Fördert
gute Waldnutzung
FSC® C083411

Kolibri 360 GmbH
Ferdinand-Jühlke-Straße 7
99095 Erfurt, Deutschland
produktsicherheit@kolibri360.de

Druck:
CPI Druckdienstleistungen GmbH
im Auftrag der
Kolibri 360 GmbH
Ferdinand-Jühlke-Str. 7
99095 Erfurt